CULTURA FAZ SENTIDO

Dados Internacionais de Catalogação na Publicação (CIP)
(Câmara Brasileira do Livro, SP, Brasil)

Rüsen, Jörn
Cultura faz sentido : orientações entre o ontem e o amanhã / Jörn
Rüsen ; tradução de Nélio Schneider. – Petrópolis, RJ : Vozes, 2014.

Título original: Kultur macht Sinn : Orientierung zwischen Gestern
und Morgen

Bibliografia
ISBN 978-85-326-4736-8

1. Antropologia – Filosofia 2. Cultura 3. Sociologia I. Título.

13-13801   CDD-306.01

Índices para catálogo sistemático:
1. Antropologia crítica   306.01

JÖRN RÜSEN

CULTURA FAZ SENTIDO

Orientações entre o
ontem e o amanhã

Tradução de Nélio Schneider

EDITORA
VOZES

Petrópolis

Título original alemão: *Kultur macht Sinn – Orientierung zwischen Gestern und Morgen*

Direitos de publicação em língua portuguesa:
2014, Editora Vozes Ltda.
Rua Frei Luís, 100
25689-900 Petrópolis, RJ
Internet: http://www.vozes.com.br
Brasil

Diretor editorial
Frei Antônio Moser

Editores
Aline dos Santos Carneiro
José Maria da Silva
Lídio Peretti
Marilac Loraine Oleniki

Secretário executivo
João Batista Kreuch

Editoração: Maria da Conceição B. de Sousa
Diagramação: Sandra Bretz
Capa: Aquarella Comunicação Integrada
Imagem de capa: Inga Rüsen, 1998

ISBN 978-85-326-4736-8 (edição brasileira)
ISBN 978-3-412-29605-6 (edição alemã)

Editado conforme o novo acordo ortográfico.

Este livro foi composto e impresso pela Editora Vozes Ltda.

Para Lars, Adrian e Johanna, garantias vivas
do futuro e de um sentido próprio para ele.

Sumário

Prefácio

Este livro reúne alguns ensaios inéditos e outros já publicados, numa primeira versão, em diversos lugares. Sua compilação proporciona uma primeira impressão do horizonte do problema ao qual pertencem e da estratégia de argumentação que lhes serve de base comum em sua orientação heterogênea. Do começo ao fim, procuro analisar a formação humana de sentido nas diversas esferas da vida. Tomando como ponto de partida trabalhos mais antigos, dedico também neste especial atenção ao processo específico de formação de sentido que distingue as diversas expressões do pensamento histórico presentes nos diferentes âmbitos da cultura. Assim, combinam-se perspectivas históricas e sistemáticas. Ambas se complementam num todo complexo em que a formação teórica e a perspectivação histórica aparecem como dois aspectos da mesma questão. No entanto, esse horizonte teórico e histórico do problema é fundamentalmente superado no campo das reflexões teóricas sobre o sentido, as quais não mais se referem primariamente ao pensamento histórico, mas a outras esferas da cultura (da religião e da utopia, por exemplo).

Na perspectiva do pensamento histórico, complementam-se as distintas facetas da memoração [*Erinnerung*]* cultural e da consciência histórica: os esquemas histórico-filosóficos clássicos, a ciência histórica como disciplina especializada, a memoração

---

* O autor usa em seu livro dois termos, Erinnerung e Gedächtnis, ambos normalmente traduzidos em português por "memória". O primeiro é dinâmico e designa o ato de lembrar, de fazer memória, recordar, memorar, sendo, por isso, traduzido aqui por "memoração". O segundo tem uma conotação mais substantiva, designando a capacidade de lembrar ou o lugar em que a memória é armazenada, e por isso é traduzido por "memória" [N.T.].

histórica pública. Na perspectiva da teoria do sentido, fica claro que não há operação nem esfera da relação interpretativa com o passado em que pontos de vista gerais não possibilitem a compreensão de experiências concretas. A teoria não deve figurar como grandeza descolada de proveniência reflexiva, mas como impulso vital de apropriação interpretativa concreta do passado nas diversas formações de sentido da representação histórica.

No entanto, o arco das reflexões teóricas sobre o sentido se distende ainda mais: o fenômeno "tempo" é considerado numa perspectiva que visa abordar os fundamentos da formação de sentido histórica e capturar a sua multiplicidade num tipo ideal. Ao mesmo tempo, propõem-se pontos de vista antropológicos gerais com os quais o pensamento histórico pode ser inserido numa esfera mais abrangente da cultura humana. De modo correspondente, a temática do pensamento científico não gira mais precipuamente em torno da ciência histórica, mas do conjunto das ciências culturais, tratando sobretudo da aclaração do conceito de cultura que está na sua base. Essa aclaração tem por objetivo realizar uma verificação crítica das possibilidades de conhecimento oferecidas às ciências humanas pela escolha da cultura como tema-chave; ela visa, ademais, colocar em evidência os potenciais e, ao mesmo tempo, indicar os limites desse conceito de ciência. À luz dessa análise a partir da teoria do sentido, deve ficar claro que as próprias ciências culturais são parte da cultura à qual se dedicam investigando e refletindo. O que se quer é deixar claro que o próprio pensamento científico é uma atividade cultural para, assim, tornar compreensível sua utilidade para a vida. Desse modo, estabelece-se uma conexão interior com a práxis de orientação cultural, da qual se distinguem, ao mesmo tempo, as ciências com suas formas específicas de conhecimento (ou seja, como teoria). Meu objetivo é explicitar o sentido como categoria fundamental da cultura humana de tal modo que ele figure tanto como núcleo do labor teórico científico quanto como grandeza determinante de outras práticas culturais.

Essa maneira de proceder não deve apagar as diferenças entre essas práticas, mas, pelo contrário, salientar os contornos em que se constela essa diversidade. Trata-se do contorno da vida cultural em que a formação humana de sentido se apresenta como um todo, marcado por multiplicidade, divergência, permanente mudança e, ao mesmo tempo, unido pela necessidade vital, comum a todos os seres humanos, de produzir sua própria natureza em forma de cultura. Só no espelho dessa cultura se consegue distinguir o que significa existir como ser humano.

É claro que os ensaios deste livro, em sua interconexão recíproca, não conseguem representar esse todo. Porém, devem deixar claro que o trabalho de interpretação da cultura (e isso inclui as ciências) não pode ser realizado nem compreendido sem a eficácia dessa ideia do todo e sem o correspondente ponto de vista do pensamento, sobretudo o da verdade. Meu objetivo é, portanto, reabilitar a categoria do todo e, correspondendo a esta, a de uma razão comprometida com a verdade na formação de sentido cultural em geral e na sua especificidade científica em particular. Para o pensamento histórico, isso desemboca numa reabilitação da clássica filosofia da história. Esta necessita certamente de uma modificação decisiva: em virtude dos problemas de comunicação intercultural que se colocam no processo de globalização, as concepções de generalidade antropológica somente são plausíveis na medida em que com elas se possa colocar contra a parede exitosamente o etnocentrismo, que até agora está inscrito em todas as culturas como lógica da formação da identidade e cuja problemática é dramaticamente evidente. A formação de sentido cultural e o pensamento científico-cultural só poderão fazer frente a essa tarefa quando os respectivos critérios de sentido normativos forem direcionados para as experiências nas quais culmina o horror do etnocentrismo e modificados junto com elas e nelas mesmas. Deve ser inscrita no sentido a sua constituição pelo sofrimento, fato que ele oculta de modo demasiadamente eficaz. Porém, quando o sentido integra a sombra que o sofrimento humano projeta sobre todas as interpretações da cultura, novos potenciais de interpretação poderão se desenvolver nele.

Tenho o agradável dever de agradecer àqueles que colaboraram na elaboração deste livro: a Friedrich Jaeger, pela coautoria; a Maria Klauwer, pela ajuda competente na redação dos textos; e a Meike Vogel, pela revisão crítica do manuscrito e pela confecção da versão impressa. Por fim, gostaria de agradecer (como sempre) às colegas e aos colegas, às funcionárias e aos funcionários do Instituto de Ciências Culturais. O fato de termos conseguido manter viva e ativa a atmosfera humanamente agradável e intelectualmente estimulante do Instituto, inclusive em tempos de adversidade econômica e política, representa uma parte viva da cultura científica que hoje é mais preciosa do que nunca. Expresso um agradecimento especial a Ingetraud Rüsen. Sem sua participação ativa e sempre crítica meu trabalho é impensável.

I
APROPRIAÇÕES DA TRADIÇÃO

1
Seguindo Kant: ideia europeia de história universal com propósito intercultural *

Com atos e pensamentos, à luz do dia,
é assim que peregrinamos, é assim
que o mundo nos vê peregrinar, e
talvez sejamos chaves só para outros;
e de nosso a admiração apenas e
perguntas.

Christian Morgenstern [1]

Perguntas por princípios, formas, conteúdos e funções da comunicação intercultural desempenham um importante papel nas ciências culturais [2]. Na era da globalização, crescem as redes comunicativas e, ao mesmo tempo, os potenciais de agressão ocultos nos encontros, nas sobreposições e mesclas de tradições, pertenças e delimitações culturais. Ao mesmo tempo, aumenta também a necessidade de lançar um olhar retrospectivo sobre a história

---

* A primeira versão foi publicada em *Forum Supervision*, vol. 11, out./2003, p. 90-99. Em inglês: "Following Kant: European idea for a universal history with an intercultural intent". In: *Groniek. Historisch Tijdschrift 160*. Groningen: Stichting Groniek, 2003, p. 359-368. Tb. em *Ex/Change*, n. 10, jul./2004, p. 4-8. Newsletter of the Centre for Cross-Cultural Studies, City University of Hong Kong. Em chinês: "Zunzhi Kangde – Gua wenhua shiye xia Duzhourende". In: *Shixue Lilun yanjiu* (Historiography Quarterly), vol. 1, 2004, p. 117-122.

1 MORGENSTERN, C. *Werke und Briefe*. Stuttgart, 1911, vol. 1, p. 122.

2 Sobre o pensamento histórico cf. RÜSEN (org.). *Westliches Geschichtsdenken – Eine interkulturelle Debatte*.

da própria cultura, para avaliar as possibilidades e os limites do entendimento intercultural e explorar os potenciais das ações de reconhecimento mútuo em face da alteridade e da diferença. A seguir, gostaria de ensaiar esse olhar retrospectivo. Apresento um texto-chave da filosofia europeia da história como base para um entendimento quanto à identidade europeia na atual situação marcada por uma crescente comunicação intercultural: trata-se de "Ideia para uma história universal com propósito cosmopolita" (1784) de Kant[3]. Não pretendo situar esse texto historicamente, mas traduzir os traços fundamentais de sua argumentação para o discurso atual. Gostaria de vincular com essa tradução a pretensão e a expectativa de tornar a identidade europeia plausível e aceitável em termos interculturais.

O texto de Kant formula o arcabouço de uma narrativa-mestra na fase de formação da modernização. Ele possui um caráter universalista e abrangente e contém a maioria dos princípios que ainda hoje fazem parte dos elementos efetivos da sociedade civil ocidental. Pretendo dar a esse texto uma versão que sirva de arcabouço de uma narrativa-mestra europeia hodierna. Pois considero que a maioria dos argumentos de Kant ainda é convincente e gostaria de validá-los na situação atual.

As ciências culturais e do espírito (bem como a filosofia) têm a tarefa de desenvolver uma orientação cultural intelectualmente responsável no processo de globalização. Essa orientação deve explicitar e refletir as possibilidades e regras que nos capacitam

---

3 KANT. *Schriften zur Anthropologie, Geschichtsphilosophie, Politik und Pädagogik*. Primeira parte, p. 31-61. Cito de acordo com a primeira edição (A). Sobre o cosmopolitismo de Kant cf. CHEVENAL. *Philosophie in weltbürgerlicher Bedeutung* – Über die Entstehung und die philosophischen Grundlagen des supranationalen und kosmopolitischen Denkens der Moderne. [Ed. bras.: KANT, I. *Ideia de uma história universal de um ponto de vista cosmopolita*. São Paulo: Martins Fontes, 2010 – Trad. de R. Naves e R. Terra].

para abordar e fazer face aos desafios das diferenças culturais como problema da formação da identidade. As ciências do ser humano e de sua cultura reivindicam para o seu conhecimento uma validade que se baseia na referência crítica à experiência e na argumentação conceitual. Com base nessa pretensão de verdade, podem desenvolver uma constelação intelectual de comunicação intercultural que tendencialmente pode ser aceita por todos que dela queiram participar.

Minha intenção é relacionar os principais argumentos de Kant – que ele utiliza para esboçar uma narrativa mestra europeia – com as circunstâncias e condições do pensamento histórico no início do século XXI. Pretendo especificar seus argumentos de modo que digam respeito aos problemas da diferença cultural e da comunicação intercultural.

Meu ensaio tem como pressuposto que toda cultura precisa de uma narrativa mestra para expressar, refletir e reiteradamente reformular sua singularidade e sua diferença em face das demais culturas. Não há identidade cultural sem uma narrativa mestra[4]. Gostaria de esboçar os contornos dessa narrativa mestra atual que, na condição de europeu alemão, considero aceitável e apresentável mediante o recurso a Kant. Como um cientista europeu, ofereço à comunidade internacional e intercultural dos cientistas as minhas reflexões sobre a maneira de lidar com o problema da diversidade cultural enquanto objeto da comunicação intercultural e sobre o jeito de solucioná-lo.

Para muitos intelectuais não ocidentais, esse recurso à filosofia da história clássica ocidental pode representar uma provocação. A razão para isso é simples e convincente: em muitos casos,

___
4 A declaração pós-moderna de Lyotard do fim das narrativas mestras indica apenas o fim das narrativas-mestras até agora influentes do Ocidente. Fica sem resposta a questão de como apresentar, depois desse fim, a identidade cultural do Ocidente ou da Europa.

a concepção ocidental tradicional de história universal integrou as culturas não ocidentais à custa de sua autenticidade, de sua auto-compreensão e de sua autoestima. Atribuiu-lhes um valor insignificante ou até negativo ante a superioridade ocidental. Em reação, os intelectuais não ocidentais veem todas as concepções ocidentais de história universal integrativa, que deve expressar a identidade cultural do Ocidente, com grande desconfiança, quando não as rejeitam de maneira geral e estrita.

Num modo de pensar radicalizado, é até mesmo possível que as culturas não ocidentais obtenham sua própria identidade e sua própria autoestima interpretando o pensamento histórico-universal ocidental como um ataque perigoso ou até como uma guerra destrutiva contra as culturas não ocidentais (geralmente, nas cátedras das universidades ocidentais). Um exemplo bastante expressivo é a tese do historiador indiano Vinay Lal[5]. Ele identifica o pensamento histórico ocidental − quando este se refere, por exemplo, na *global history* [história global], a culturas não ocidentais como a indiana − com um "'cultural genocide', politically disempowering, and destructive of the ecological plurality of knowledges and life-styles ['genocida cultural', que retira os poderes políticos e destrói a pluralidade ecológica de saberes e estilos de vida]"[6].

Essa opinião representa uma versão radicalizada de um modo de pensar amplamente difundido que desenvolve ou estabiliza a identidade histórica das culturas não ocidentais numa expressão crítica contrária à cultura ocidental. O problema dessa estratégia de formação da identidade consiste em que ela, em

---

5 LAL. *Provincialising the West*: World history in the perspective of Indian history. Sobre o nexo argumentativo mais amplo cf. LAL. *The History of History* – Politics and Scholarship in Modern India.

6 LAL. *Provincialising the West*, p. 288s.

princípio, persegue o mesmo etnocentrismo[7] que critica na sua forma ocidental – só que ao modo de uma negação radical. Esse tipo de rejeição da tradição ocidental da história universal representa simplesmente uma repetição agudizada do etnocentrismo ocidental com sinais invertidos. Em contrapartida, seria aceitável um conceito de história que superasse o próprio etnocentrismo e contribuísse para uma nova cultura do reconhecimento mútuo das diferenças. Somente essa "cultura do reconhecimento" pode evitar um ameaçador "Clash of Civilizations [Choque de civilizações]"[8]. Nesse conflito, a negação mental da autenticidade e da dignidade dos outros leva da guerra de palavras ao derramamento real de sangue. O 11 de setembro de 2001 é paradigmático.

A seguir, tomando como exemplo a filosofia da história de Kant, trataremos de transformar a tradição ocidental do pensamento histórico-universal numa concepção de relações interculturais. Uma concepção renovada da história universal deve fundamentar e promover essa cultura do reconhecimento. Não tenho a intenção de interpretar historicamente a filosofia da história de Kant[9], situando-a no contexto de sua época. Antes, pretendo traduzir os argumentos de Kant para a linguagem e para o modo de pensar do presente, no qual se trata de comunicar as diferenças culturais pela regra do entendimento e do reconhecimento mútuos. Para levar a cabo essa tradução, acompanharei de perto o texto de Kant.

---

7 Cf. RÜSEN. *How to Overcome Ethnocentrism*: Approaches to a Culture of Recognition by History in the 21st Century.

8 Cf. RÜSEN. *Culture*: Universalism, Relativism or What Else?

9 Cf. KITTSTEINER (org.). *Geschichtszeichen*. ● KITTSTEINER. *Listen der Vernunft* – Motive geschichtsphilosophischen Denkens.

O título

"Ideia para uma história universal" significa: proposta para uma história abrangente da humanidade que engloba todas as culturas e épocas. Essa proposta é dirigida contra um discurso corrente sobre a história universal[10]. Kant apresenta uma proposta, não um resultado, um argumento e não uma história pronta e acabada. Esse tipo de procedimento é convincente também hoje. Uma narrativa-mestra que apresenta a identidade cultural europeia deveria aparecer na forma de um discurso dinâmico e, portanto, estar aberto para outros argumentos, aberto à crítica e à mudança numa comunicação intercultural.

Porém, o que pensar da pretensão de uma "história universal"? A filosofia da história do Iluminismo desenvolveu uma concepção de história universal que, nos seus traços essenciais, é uma história generalizada do Ocidente. Esse tipo de universalização implica uma desvalorização das sociedades não ocidentais. Foi por isso que, já no começo do processo de globalização no século XVIII, ela serviu como instrumento ideológico da dominação ocidental sobre o resto do mundo. A concepção iluminista da história universal é um passo intelectual com o qual a Europa se expandiu sobre o mundo todo. É por isso que esse tipo de história universal foi intensamente criticado, e houve várias tentativas de substituí-lo por outras estratégias do pensamento histórico que abrem mão de uma dimensão universalista. Não obstante, pretendo defender essa abordagem universalista.

A meu ver, a principal razão para proceder dessa maneira reside no fato de que uma narrativa-mestra convincente do tem-

---

10 Os participantes foram, entre outros, Schlözer (*Vorstellung seiner Universalhistorie*, 1772), Herder (*Auch eine Philosophie der Geschichte zur Bildung der Menschheit*, 1774) e Schiller (sua célebre aula inaugural em Iena "Was heisst und zu welchem Ende studiert man Universalgeschichte?", de 1789).

po atual deve descortinar e preencher um horizonte de experiência que corresponda ao atual processo de globalização. Por isso, não vejo alternativa plausível à tentativa de conceber a história no horizonte temporalizado da humanidade. Só nesse tipo de horizonte se consegue tematizar todas as culturas; somente ele abrange a identidade humana como fenômeno cultural.

Identidade é o resultado de um procedimento mental e constitui o núcleo de toda cultura. Identidade é a maneira como as pessoas se referem a si mesmas e, assim, definem a cultura em oposição à natureza. Quando se trata, portanto, de englobar fundamentalmente as diferenças culturais em perspectiva histórica e de modo universalista, a perspectiva kantiana da história universal continua convincente[11].

Não obstante, um problema permanece: identidade é sempre algo específico, singular, individual. Portanto, quando se expressa a identidade europeia no esboço de uma história universal, utiliza-se uma concepção universalisticamente temporalizada da humanidade que inclui todas as culturas. Como, porém, esse conceito pode expressar a diferença e a peculiaridade, ou seja, a individualidade? Como conceber o singular, a diferença dos outros, por meio de uma concepção que inclui os outros?

História universal, pelo visto, se baseia numa concepção abstrata de história que, em geral, não aborda a diferença cultural. Porém, uma vez que é uma concepção histórica, ela se refere a mudanças, e isso pelo menos inclui diferenças. Além disso, tal concepção de história se refere à experiência, e a experiência histórica sempre é uma experiência de diferenças e de diversidade. Ao mesmo tempo, toda concepção de história não só se refere à experiência, mas tem também elementos normativos. E

---

11 De modo semelhante argumenta ROHBECK. *Technik - Kultur – Geschichte – Eine Rehabilitierung der Geschichtsphilosophie.*

é essa normatividade interior que contém um elemento essencial de identidade cultural tal como apresentada na forma de uma narrativa-mestra. Nesse sentido, também uma história universal está orientada na identidade. Mas como? O perigo é grande de que o singular, o identitário, se cubra de modo simples (e extremamente eficaz) de uma roupagem universal. Então, a humanidade contribui, em última análise, para expressar minha própria cultura, e a alteridade dos outros é, no máximo, uma sombra da minha própria. É assim que um conceito de humanidade histórico-universal se converte sorrateiramente num veículo ideológico para dar validade universal à minha própria cultura – em última análise e inevitavelmente à custa dos outros. Trata-se, portanto, de repassar cuidadosamente a argumentação de Kant para verificar se com ela se pode evitar, no conjunto, essa generalização ideologizada das culturas europeias para o desenvolvimento da humanidade.

No título dado por Kant ao seu texto há um terceiro elemento com que podemos estabelecer uma conexão: é a ênfase num "propósito". O propósito é cosmopolita, a visão "de uma sociedade civil que administra o direito de modo universal"[12]. Num aspecto, a concepção de uma perspectiva universalista do desenvolvimento histórico que penetra no futuro é importante para a situação atual da comunicação intercultural: a concepção de Kant se baseia na norma fundamental da igualdade, e a igualdade é um pressuposto necessário para uma comunicação intercultural que pode ser aceito por todos os que dela participam e querem ver reconhecida sua diferença em relação aos outros.

No entanto, igualdade é apenas um pressuposto necessário, mas não suficiente, para uma comunicação intercultural bem-sucedida. Portanto, a concepção cosmopolita de Kant deve ser

---

12 A 394.

convertida numa concepção multicultural com base no princípio constitutivo e abrangente da igualdade. Esse passo deve ser dado resolutamente. Ele conduz de Kant para a filosofia da história do historicismo, ou melhor: ele integra a filosofia da história do historicismo no universalismo do pensamento histórico de Kant[13]. Dado esse passo, aparece a universalidade do gênero humano, aquilo que distingue culturalmente os seres humanos como seres humanos, numa diversidade temporalizada de diferentes culturas e suas modificações: a unidade da humanidade na multiplicidade das culturas. Leopold von Ranke formulou essa versão historicista da filosofia da história de Kant da seguinte forma: "Na atração das diferentes nações e dos diferentes indivíduos para a ideia da humanidade e da cultura, o progresso é incondicional"[14].

Acompanho agora as proposições individuais do escrito de Kant e busco reformulá-las de maneira adequada à época atual.

Primeira proposição

Nesta, Kant diz que a humanidade está destinada a desenvolver todas as aptidões que lhe foram dadas pela natureza de um modo bem determinado, a saber, "apropriado a um fim", isto é, correspondente a um objetivo. Esse objetivo é tão universalista quanto dizer que a natureza representa um ponto de partida geral para a história quando deu origem ao gênero humano[15]. Eu traduziria a proposição de Kant da seguinte maneira: o universalismo da perspectiva histórica, na qual a humanidade deve aparecer numa dimensão temporal, está fundamentada na pró-

---

13 Cf. JAEGER & RÜSEN. *Geschichte des Historismus – Eine Einführung.* • RÜSEN. *Konfigurationen des Historismus – Studien zur deutschen Wissenschaftskultur.*

14 RANKE. *Über die Epochen der neueren Geschichte,* p. 80.

15 Esse ponto de vista foi defendido energicamente por DUX, G. *Historisch-genetische Theorie der Kultur; Instabile Welten – Zur prozessualen Logik im kulturellen Wandel.*

pria natureza humana e, mais precisamente, como necessidade de transformar essa natureza em cultura.

Toda identidade cultural se refere à subjetividade daqueles que querem saber quem são e como se diferenciam dos outros. E, uma vez que essa subjetividade representa o resultado da transformação da natureza em cultura, a multiplicidade cultural e a trama das relações no seu interior estão fundamentadas e têm início justamente nessa transição genérica.

A diversidade cultural tem, portanto, uma raiz comum exatamente onde a humanidade inicia a evolução natural do gênero humano, ou seja, onde o gênero humano é forçado a desenvolver a cultura tendo em vista a sua sobrevivência. A cultura é conquista da subjetividade humana. O ser humano tem que interpretar seu mundo e a si mesmo para poder viver nele e consigo mesmo. A cultura é a quinta-essência dessa interpretação. Como fonte dessa interpretação, a subjetividade humana compete a todos os membros desse gênero, mas imprime-se neles, em cada caso, como algo específico e singular. Por conseguinte, o objetivo do desenvolvimento da cultura só pode consistir em que, com base numa bagagem cultural da humanidade, se concretize essa diferença de culturas no decorrer do tempo.

Essa reflexão leva a indagar se há um ponto em comum nessa diferença, um equivalente da natureza, que distingue todos os seres humanos no âmbito da cultura.

Segunda proposição

A segunda proposição de Kant responde a esta questão: a transformação da natureza em cultura é levada a cabo pela razão humana, e é essa obra da razão que atribui sentido e importância à história. O uso da razão deve ser atribuído dentro da perspectiva da história universal do gênero e não às unidades culturais individuais. Pelo menos nesse aspecto, a concepção kantiana da razão na história pode ser aplicada aos problemas atuais da comunicação intercultural: a razão como faculdade humana para a cultura foi concebida por Kant *de modo inclusivo*. A razão sempre se apresenta quando os seres humanos orientam sua vida por meio da interpretação cultural, por meio da formação de sentido. E, uma vez que isso sempre e em todas as partes se dá onde vivem pessoas, a razão não pode ser reivindicada apenas para manifestações culturais específicas, mas tem de sê-lo, em princípio, para todas. Portanto, a segunda proposição de Kant refuta, de maneira fundamental, a estratégia de exclusão na narrativa-mestra europeia. Porém, Kant avança mais um passo: sendo um processo inclusivo do desenvolvimento histórico, a cultura deve ser concebida como um objetivo do agir humano, e esse objetivo é igualmente inclusivo. O que isso significa para a forma de lidar com a diferença e a diversidade cultural hoje? Segundo Kant, só pode haver uma resposta: a humanidade, como objetivo do agir humano, deve ser concebida de tal modo que a formação da identidade cultural por meio da diferenciação em relação aos outros suceda segundo o princípio da inclusão. Isso deve acontecer na forma de uma concepção de razão, na qual esta é entendida como força cultural do reconhecimento de diferenças com base na igualdade.

Terceira proposição
Na sua terceira proposição, Kant apresenta a razão como qualidade decisiva da história universal. Se o acompanharmos, a razão deverá ser entendida como possibilidade que os seres humanos têm de produzir seu mundo cultural segundo suas próprias ideias. Se entendermos que esse processo de produção da cultura é diferente do processo natural da vida, então deveremos acompanhar essa perspectiva caso pretendamos regular a comu-

nicação intercultural segundo o ponto de vista do consentimento. A perspectiva histórico-universal de Kant se baseia na ideia de liberdade. Para ele, a liberdade caracteriza a maneira específica como os seres humanos transformam natureza em cultura como condição necessária de vida (sem perderem a condição de seres da natureza). A concepção de história que acompanha esse princípio da razão em liberdade que vai além da natureza enfatiza a produção permanente da cultura a partir de si mesma para além da determinação natural.

Assim, o objetivo universal da história pode ser formulado como humanidade e a humanidade pode ser entendida como gênero determinado pela razão – um gênero cujos membros que levam em conta a razão na constituição cultural de sua própria existência humana. Esse objetivo é uma projeção quando se trata da humanidade como totalidade cultural, como unidade do gênero na forma de um produto cultural. Porém, enquanto a razão for entendida como autodeterminação do ser humano na produção da cultura, deve-se aceitar essa projeção. Pois ela põe em vigor diferenças culturais e, ao mesmo tempo, um ponto em comum em todo diferente, a saber, o ponto em comum da possibilidade de que todas as pessoas sigam as regras que impõem a si mesmas nas suas relações sociais vitais (ou as entendem, defendem, desenvolvem e fazem valer como suas). Quanto ao problema desafiador das relações interculturais hoje, essa proposição kantiana pode ser entendida e traduzida como princípio universal da individualização cultural no processo de mudança temporal das condições da vida humana. O historicismo foi, portanto, quem deu a forma temporal da multiplicidade à concepção de uma razão específica do gênero.

Quarta proposição

Diferença cultural significa sempre (também) um "embate de culturas" ("clash of civilizations"). Os procedimentos e processos culturais, em que se alcança e se vive a pertença como diferença em relação aos outros, normalmente é determinada pela lógica do etnocentrismo, e essa lógica põe em vigor o confronto, o conflito ou pelo menos uma tensão como um fato natural da diferença e da multiplicidade cultural[16].

Na quarta proposição, Kant aborda esse "embate" ao apresentar o antagonismo social presente na vida humana como força motriz da mudança histórica. Hoje essa proposição pode ser aplicada sem problemas às ocorrências fenomênicas das diferenças culturais. A maneira como as pessoas lidam com suas diferenças mútuas pode ser entendida como um permanente e infindável embate por reconhecimento da própria identidade na relação com os outros e vice-versa.

A concepção kantiana de antagonismo social, a "sociabilidade insociável" dos seres humanos, pode ser entendida como luta por reconhecimento no contexto da formação da identidade. Quando se faz isso, abre-se uma perspectiva realista na dinâmica desse processo de formação da identidade humana. Exatamente nesse ponto, porém, Kant diferencia essencialmente de Huntington[17], para quem "luta" é a última palavra na relação entre as diversas culturas. Huntington define, assim, a relação entre as culturas como parte da natureza, como *bellum omnium contra*

---

16 Cf. sobre isso RÜSEN. *Für eine interkulturelle Kommunikation in der Geschichte* – Die Herausforderungen des Ethnozentrismus in der Moderne und die Antwort der Kulturwissenchaften. • RÜSEN. *How to Overcome Ethnocentrism*: Approaches to a Culture of Recognition by History in the 21st Century.

17 HUNTINGTON. *Der Kampf der Kulturen; The Clash of Civilizations* – Die Neugestaltung der Weltpolitik im 21. Jahrhundert [ed. bras.: *O choque de civilizações*. 5. ed. São Paulo: Objetiva, 2001].

omnes [guerra de todos contra todos] no sentido hobbesiano. Kant, todavia, projeta essa perspectiva realista em termos históricos e não naturalistas: segundo ele, trata-se de conferir a esse antagonismo a forma de uma relação *humana*. Ele deve ser levado a sujeitar-se a regras, e quem deve fazer isso são os que sofrem por causa dele. Segundo Kant, a dinâmica histórica singular do antagonismo social e da luta cultural por reconhecimento consiste na permanente transformação de um conflito ou uma guerra natural em uma ordem legal baseada na razão, que requer e estabelece a igualdade como quadro de referência da individualização. É precisamente essa transformação que Kant define como *progresso*. Não vejo motivo para rechaçar essa concepção de progresso quando a referimos à duração e à intensidade da luta pelo poder na relação intercultural e à sua força geradora de conflitos na história.

Quinta proposição

Na quinta proposição, Kant descreve esse marco civilizatório do antagonismo social como "uma sociedade civil que administra o direito de modo universal". Essa concepção de processo civilizatório mediante uma sociedade civil pode ser aplicada à luta pelo poder entre e no interior das culturas em que se pugna pelo reconhecimento das diferenças. Como quadro de referência social para regulamentar o antagonismo, a sociedade civil domestica a vontade de poder através de uma forma de vida em que a liberdade do indivíduo ou de um grupo só é limitada pela liberdade de outra pessoa ou de outro grupo. Esse ponto de vista de civilização é inteiramente formal, e justamente por isso admite diferenças culturais. Seu liberalismo em forma de lei e constituição pode ser traduzido no liberalismo das relações interculturais em que o único limite à liberdade de diferenciação reside na liberdade de diferenciação dos outros. Podemos falar, se quisermos, de um *"rule of law"* ["governo da lei"] – ou melhor: do domínio da razão prática na comunicação intercultural.

O liberalismo de Kant é parte integral da identidade política dos países e das nações europeias e ocidentais. Seu princípio fundamental da igualdade é uma norma básica para a regulação das diferenças culturais. Porém, essa igualdade na tradição política ocidental é abstrata e formal. Ela tem um flanco social até hoje exposto, a saber, a garantia das condições sociais sob as quais unicamente é possível aproveitar a chance da liberdade no estilo de vida prático segundo a própria orientação cultural. Nesse ponto, o tema da liberdade se coloca como problema social e econômico. (A meu ver, a Europa e os Estados Unidos se diferenciam pela proporção com que tornam sua proposta de sociedade civil e sua universalização como forma de vida dependentes da solução desse problema, portanto, pela proporção com que domam a força da economia capitalista, convertendo-a em capacidade de produção de uma riqueza que faz o problema social da igualdade parecer solucionável.)

Sexta proposição

Em sua sexta proposição, Kant se dirige à política em vista do desenvolvimento da sociedade civil: sem fazer uso do poder, o antagonismo social, ou seja, a luta pelo poder, não pode ser domado para se transformar em civilidade. Segundo Kant, essa contradição – o uso do poder para domar o poder – não pode ser resolvida. Por isso, a perspectiva de uma sociedade civil universal com suas condições sociais e políticas adquire qualidade utópica para uma cultura da individualização.

Esse argumento pode ser posto em relação com o atual debate sobre a lógica do pensamento histórico. É um argumento que serve à introdução da utopia ou de elementos utópicos na história – um argumento que, inclusive, fortaleceu-se no desenvolvimento histórico posterior a Kant, porque as experiências históricas negativas do século XX só podem ser retomadas e aplicadas pela interpretação histórica por meio de tais pontos de vista contrafáticos [18].

Sétima proposição

Na sétima proposição, Kant trata da dimensão internacional do desenvolvimento em que se leva a cabo a civilização do antagonismo social na forma de sociedade civil. Suas reflexões desembocam na tese de que deve haver um progresso necessário do desenvolvimento interior dos elementos políticos constitutivos da sociedade civil para a relação internacional entre as sociedades e de que nesse ponto reside um objetivo da ação política.

É bem esse o caso hoje, justamente também no que se refere à diferença cultural. A concepção da individualização e do reconhecimento mútuo deve ser aplicada a todas as culturas, inclusive àquelas que nem sequer se encontravam no horizonte da experiência kantiana. A possibilidade de tal ampliação da aplicação e do alcance dessa concepção e as resistências permanentes a ela são nitidamente evidenciadas pelo atual processo de institucionalização de um tribunal penal internacional para julgar crimes contra a humanidade.

Oitava proposição

Em sua oitava proposição, Kant expõe que sua própria filosofia da história pode ser uma força motriz da ação humana, contribuindo, desse modo, para a realização de sua projeção de

---

18 Cf. RÜSEN. *Kann Gestern besser werden?* – Essays zum Bedenken der Geschichte.
• RÜSEN et al. (org.). *Die Unruhe der Kultur* – Potentiale des Utopischen.

futuro. Essa reflexão atinge o cerne do papel que o pensamento histórico desempenha no processo de vida de seu contexto social.

Ela lembra as ciências culturais de que elas próprias são parte de seu objeto de investigação e, assim, são responsáveis pelo papel que a razão desempenha na vida prática, ou seja, precisamente a razão com a qual elas estão comprometidas enquanto ciências.

Nona proposição

Na nona e última proposição, Kant argumenta que essa concepção filosófica deveria ser usada para os fins da interpretação histórica. Naquela época, o pensamento histórico estava no limiar de sua constituição como ciência (especializada). Como ciência especializada estabelecida, a história rejeitou a filosofia da história como meio conceitual adequado aos processos investigatórios empíricos metodologicamente regulados em que se obtinha conhecimento seguro a respeito do passado. Não obstante, há duas importantes razões para reabilitar a filosofia da história (do tipo que Kant apresenta em sua *Ideia*) para o pensamento histórico também em sua constituição científica especializada: (1) Atualmente, a ciência da história e as demais ciências sociais e humanas orientadas na história precisam urgentemente de uma concepção global de história para fazer frente aos desafios da globalização. (2) Isso se tornou ainda mais importante desde que o ato de interpretar perdeu sua qualidade metodológica nas disciplinas especializadas em prol de uma concepção de representação como procedimento retórico e poético primário[19]. Um conceito cognitivo do pensamento histórico, como foi proposto por Kant, deixa claro que o ato de interpretar é algo diferente de formação de sentido retórico e poético, a saber, um processo mental com qualidade de conhecimento que pode muito bem ser metodologicamente regulado.

---

19 Cf. RÜSEN, *Die Ordnung der Geschichte* – Moderne, Postmoderne und Erinnerung.

A referência enfática de Kant à razão deveria ser retomada e reformulada como um apelo a favor da racionalidade metodológica nas ciências humanas. Essa racionalidade está enraizada na razão prática que pode e deve guiar o labor cognitivo das ciências humanas. Enquanto as ciências humanas seguirem regras racionais ao esboçar e realizar histórias, há uma chance de que essas histórias acompanhem o ponto de vista do reconhecimento recíproco das diferenças culturais, expressas e confirmadas precisamente por meio dessas histórias.

2
"A educação do gênero humano" de Lessing

Uma retrospectiva do futuro do passado*

> *Dá teu passo imperceptível, eterna*
> *Providência! Só não me faças, por*
> *essa imperceptibilidade, desesperar*
> *de ti. Não me faças desesperar de ti*
> *mesmo quando me possa parecer que*
> *teus passos retrocedem! Não é verdade*
> *que a linha reta sempre é a mais curta.*
> Gotthold Ephraim Lessing[20]

2.1 A inquietação da tradição, ou: o que significa "retrospectiva do futuro do passado"

Lessing tem um posto assegurado na tradição da Alemanha. Sua vida e sua obra representam conquistas do Iluminismo que ainda hoje são válidas. É homenageado como impávido lutador em prol da liberdade de pensamento e contra sua tutela, do uso ilimitado da razão contra toda tentativa de limitá-la, por mais nobres que sejam os valores em nome dos quais isso é feito. Sobre-

---

* O texto se baseia num discurso proferido por ocasião da celebração do 225° aniversário de Lessing na Biblioteca Herzog-August de Wolfenbüttel. A primeira versão do discurso foi publicada em: SCHMIDT-GLINTZER (org.). *Aufklärung im 21. Jahrhundert*, p. 67-92.

20 LESSING. "Die Erziehung des Menschengeschlechts", § 91. In: GÖPFERT, H.G. (org.). *Werke* – Vol. 8: Theologiekritische Schriften III – Philosophische Schriften, p. 509]. À continuação, limito-me a citar por §.

tudo, porém, é reconhecido como defensor da tolerância contra a inimizade e a opressão na relação entre as religiões. A vida de Lessing representa a intelectualidade como tempero da orientação cultural. Sua obra no campo da literatura, da crítica literária, da teologia e da filosofia indicou caminhos que, no presente, levam ao sólido fundamento das convicções culturais básicas das sociedades modernas.

Homenageá-lo significa certificar-se da solidez dos pontos de vista da orientação cultural nos quais se trata da liberdade e da razão, da herança do Iluminismo incorporada na autocompreensão do presente.

No entanto, essas homenagens não deixam de ter seus problemas. Elas situam o pensador que inquietou a orientação cultural do seu tempo na quieta solidez das convicções fundamentais. Colocam o contemporâneo crítico sobre o pedestal de um clássico digno de homenagem. Isso lhe agradaria? A inquietação de seu pensamento não o teria incitado a criticar a imagem que hoje fazemos dele, do mesmo modo que ele criticou a arte, a literatura, a filosofia, a teologia e, de modo indireto, naturalmente também o sistema de dominação e as relações sociais da vida de nosso tempo?

As reflexões a seguir representam uma tentativa de homenagear Lessing por ocasião do seu 225° aniversário. Farei isso – de modo correspondente à sua maneira de pensar – mediante questionamentos ao seu pensamento que recoloquem em questão o próprio produto desse pensamento, que os alemães incorporaram, como tradição válida, a sua cultura. Pretendo devolver-lhe a inquietação do indagar e argumentar, a inquieta aspiração à verdade que, sabidamente, preferiu à sua posse garantida.

Lessing significa tolerância. Meu questionamento tem o seguinte teor: hoje em dia, tolerância também já é suficiente para fundamentar uma relação pacífica entre as religiões? A crítica da religião, na perspectiva de Lessing, representa a autonomia da razão. Minha pergunta à sua crença na razão é a seguinte: a razão não precisa de estímulos que vão além ou se situam detrás dela para permanecer racional em face do uso irracional do pensamento autônomo? E, finalmente, faço a seguinte pergunta crítica à visão de Lessing sobre a unidade da humanidade no uso da razão: Como fica a diversidade das culturas humanas? A tradição do universalismo cultural do Ocidente não representa uma ameaça ao sentido bem próprio de outras culturas e às margens de manobra de seu livre desenvolvimento?

Com essas questões espero extrair do pensamento de Lessing centelhas de ideias que inflamem uma inquietação que leve à continuidade da reflexão e, assim, à viabilidade futura da tradição que ele personifica para nós e que perderemos caso nos limitemos a torná-la inoperante com homenagens.

2.2 Da tolerância ao reconhecimento – Indo além do Iluminismo?

Comecemos pela tolerância. A tolerância abstrai da diferença religiosa. Transcende o diferente numa igualdade nele presumida. Assim, a religião é destituída de sua qualidade distintiva da diferença cultural e, por assim dizer, empurrada para o canto da indiferença. Lessing se vale de uma figura argumentativa típica do Iluminismo ao diferenciar verdades universais da razão de verdades concretas da história e submeter estas ao primado daquelas. O fator determinante na orientação cultural da práxis da vida humana é o elemento comum, aquilo que é compartilhado pelas pessoas de crenças diferentes. Ele enfatiza o que elas têm em comum e não o que as separa. Esse elemento comum é seu existir humano. A diferença cultural é eliminada numa universalidade antropológica. Existir como humano significa ser dotado de uma razão com a qual os seres humanos estabelecem para si mesmos as regras de sua vida. Essas regras são racionais porque são passíveis de assentimento de acordo com princípios e podem ser universalmente apreendidas pelo senso racional. Lessing partilha essa argumentação com Kant.

Esse existir humano mediante orientação cultural guiada pela razão se converte no quadro de referência da vida social. Com ele se burla a diferença religiosa no plano secular. O existir humano se converte no critério do sentido universal e horizontal da interpretação do mundo e de si mesmo, e com ele se pacifica o conflito confessional. Essa paz que passa a reinar na briga das religiões implica evidentemente uma crítica fundamental à pretensão de dominação da diferença religiosa institucionalizada. Refuta-se a pretensão das igrejas de sujeitar a orientação cultural da práxis da vida humana às verdades de fé por elas defendidas, visto que as respectivas pretensões de universalidade monoteístas distintamente estabelecidas se excluem mutuamente. As religiões abraâmicas são essencialmente intolerantes, dado que vinculam sua qualidade de diferença, sua orientação de fé sempre específica e distinta com pretensões exclusivas de universalidade. Encontram-se num "clash of civilizations" que deve ser pacificado e superado através de uma pretensão plausível e abrangente de universalidade da interpretação racional do mundo e de si mesmas.

Essa crítica da religião é paradigmática para o Iluminismo. Hoje, é esquecida e escamoteada em todas as tentativas em que está em jogo o favorecimento legal de comunidades religiosas. A mais conhecida tentativa de tal favorecimento recorre ao chamado argumento de Böckenförde. De acordo com ele, o Estado de Direito democrático secular moderno vive culturalmente de pressupostos de tipo religioso que ele, por si só, não pode substituir nem superar, mas dos quais necessita para sua própria existência e para sua própria viabilidade futura. É justamente por isso que ele, em função de si próprio, está interessado na existência da religião ou das religiões que colocaram em vigor e mantêm as bases culturais da sociedade civil e do Estado democrático de direito. Aqui se faz referência ao cristianismo e ao judaísmo ou à chamada "herança judaico-cristã do Ocidente". Portanto, a sociedade secular faria bem em proteger e promover a existência dessas religiões. Hoje, esse argumento é utilizado na controvérsia em torno do uso do lenço de cabeça [*ijhab*] para discriminar o islã frente às outras duas religiões abraâmicas, portanto, para proibir nas escolas o uso de lenço de cabeça, mas não os demais símbolos religiosos. Todas essas tentativas de destacar e favorecer uma herança cultural judaico-cristã como conservação de nosso moderno estilo de vida ocidental contra outras religiões não resistem, em minha opinião, à crítica da religião que Lessing expôs de maneira tão convincente e em concordância com Kant.

Não se pode ignorar que a crença religiosa concreta em sua constituição eclesial e dogmática deveria ser superada primeiramente de maneira crítico-religiosa para liberar o potencial civilizador da sociedade civil moderna. Sem dúvida, o judaísmo e o cristianismo deram uma contribuição histórica para ele. Contudo, hoje, após a secularização, eles querem voltar a atribuir esse potencial a si próprios de maneira historicamente absurda sem maiores diferenciações.

Porém, o mandamento da tolerância de Lessing contém um problema não resolvido: ele não permite resolver os problemas de identidade, que residem no fato de a identidade se constituir como diferença. Tal constituição é indispensável. A ipseidade é inconcebível sem a diferença em relação ao outro, sem estabelecer o outro como condição para o próprio. Lessing queria transformar a identidade religiosa numa identidade humana, mas na humanidade do ser humano desaparecem as diferenças religiosas, e sua força construtora de identidade fica invisível. Mas isso quer dizer que ela não é atuante?

Lessing afirma com toda a impetuosidade de seu pensamento iluminista a generalidade do existir humano, a humanidade como critério de sentido, subordinando-lhe – diria até contrapondo-lhe – a particularidade dos indivíduos e grupos. Essa oposição entre humanidade e individualidade é intransponível? Com efeito, a força de fé das religiões não se deslocou na direção dessa generalidade, mas permaneceu na forma de orientações de fé, de convicções fundamentais e de estilos de vida concretos, historicamente singulares. A crença religiosa, na sua forma sempre singular e definitivamente distinta das outras, não se deixou civilizar a ponto de renunciar à sua peculiaridade, lançando-a dentro de uma generalidade de princípios éticos abrangentes e comuns. Ao contrário: a profundidade e a força das convicções religiosas fundamentais se abastecem de sua concreticidade e peculiaridade históricas.

A tolerância permanece algo exterior a essa particularidade e diferença. Em virtude de seu caráter de abstração ante a concreção histórica viva da crença religiosa, a força de motivação cultural não é suficientemente forte para quebrar o aguilhão dessa crença, ou seja, a sua capacidade de gerar identidade pela diferença cultural. A tolerância significa trégua e não a paz no conflito das culturas religiosas.

Somente seria possível falar de paz na relação entre as diferentes convicções de fé quando se desse o passo de uma tolerância que dribla essa diferença para um reconhecimento do próprio diferente, para um reconhecimento que, todavia, só se daria sob a premissa das regras civis abrangentes da igualdade e da reciprocidade.

Quando se dá esse passo, deve-se ampliar e aprofundar o conceito de razão que Lessing partilha com Kant. A razão enquanto crítica da religião deve estabelecer uma nova relação com a religião para ainda poder afirmar como racionais os elementos seus que consistem em sua concreticidade e peculiaridade históricas, ou seja, em que ela não se deixe generalizar na igualdade da humanidade.

A convivência dos seres humanos se encontra hoje sob o imperativo das ações de reconhecimento na relação marcada pela diferença cultural. O Iluminismo foi quem primeiro possibilitou esse reconhecimento com o *páthos* humano da igualdade, mas ele próprio ainda não pôde levá-lo a cabo. Em seus conteúdos e referenciais humanos, as religiões são passíveis de reconhecimento pela sociedade civil. Mas esse reconhecimento realmente se estende até as profundidades de seus conteúdos de fé concretos e peculiares e, por conseguinte, diferentes?

Como se deve pensar uma cultura do reconhecimento dessas diferenças com base na igualdade da sociedade civil que confere o *status* do existir humano? Ela é concebível somente no marco de uma orientação cultural secular da práxis social ou requer para si também forças intrarreligiosas? Existe uma "razão do reconhecimento" intrarreligiosa?

Como quer que hoje se debata e decida essas questões, a discussão deve se conectar com a tradição do Iluminismo, caso não queira ficar aquém dos padrões conquistados de igualdade e tolerância dos direitos humanos. Porém, ela deve abrir a razão humana universal, que torna esses padrões suscetíveis de verdade e plenos de validade, para as peculiaridades históricas, para a contingência. Nesse caso, a certeza das pretensões de verdade orientadas em princípios deve dissolver-se na dinâmica dos processos discursivos; a razão deve historicizar-se na relação consigo mesma.

O próprio Lessing é a principal testemunha do fato de que a razão, na certeza de sua verdade, deve tornar-se imemorial em relação a si mesma para se abrir à multiplicidade das culturas. Ele resumiu sua concepção de verdade num conhecido enunciado, da seguinte maneira: "Se Deus segurasse na sua mão direita toda a verdade e na sua esquerda o único impulso sempre ativo de busca da verdade, embora acrescentasse que eu sempre me equivocaria, e dissesse para mim: 'Escolhe!' Eu me lançaria com humildade na sua esquerda e diria: 'Pai, dá-me esta! Pois de qualquer modo a pura verdade é exclusivamente para ti!'"[21]

O que sucede aqui? Deus se torna imemorial como garantia de verdade da certeza religiosa, e essa imemorialidade religiosa desencobre a partir de si os movimentos seculares do pensamento argumentativo. A certeza da verdade da razão se converte na dinâmica de uma argumentação que torna a suscetibilidade ao erro na condição das pretensões de verdade. Nessa dinâmica, ela se projeta, por assim dizer, numa contingência imemorial de constelações argumentativas, o que significa, como dissemos, quase que forçosamente a sua auto-historização.

Como se sabe, o próprio Lessing deu um passo decisivo para a historização da razão e, assim, para a constituição da moderna filosofia da história como seu escrito *Educação do gênero humano*, de 1780.

Como se vê, nesse caso, a historicidade da razão?

2.3 A racionalidade no processo da história

O escrito de Lessing é um documento-chave para a compreensão histórica da Modernidade. Ele formula a unidade horizontal no tempo da única história, cujo sujeito é o gênero hu-

---

21 LESSING. "Eine Duplik" (1778). In: GÖPFERT, H.G. (org.). *Werke* – Vol. 8: Theologiekritische Schriften III – Philosophische Schriften, p. 33.

mano. Essa concepção de história ingressou, entrementes, na linguagem cotidiana; fala-se simplesmente de "a" história. Essa história única e abrangente tem, segundo Lessing, um nexo interno de sentido com uma clara determinação orientada para um objetivo. Está organizada de um modo *teleologicamente* abrangente e referida ao presente. Seu sentido é a educação da humanidade para a autonomia da razão prática; seu objetivo é o "mais elevado nível do esclarecimento e da pureza" (§ 81). Portanto, estamos lidando com o que se chama de "narrativa-mestra", uma narrativa-mestra do Iluminismo.

O conteúdo dessa narrativa-mestra poderia ser caracterizado com os termos de Max Weber: racionalização e desencantamento. As qualidades divinas da garantia de sentido da vida humana crescem de modo histórico-universal no próprio ser humano. Ele conquista a si mesmo enquanto subjetividade, cuja dignidade consiste em "fazer o bem porque é o bem" (§ 85). A heteronomia dos mandamentos religiosos se converte em autonomia sensata e fortemente motivadora da autorregulação conduzida pela razão.

Podemos continuar pensando assim? Após as experiências de terror do século XX, nada pode estar mais distante de nós do que esse *páthos* histórico-universal de uma história da liberdade civil. Isso vale para a natureza desse pensamento e para a sua própria pretensão de racionalidade. Esta se apodera da história, mas ela realmente faz o que diz? O que significa apoderar-se da história é exposto por Lessing no exemplo da religião. Em sua opinião, o sentido da história da religião ocidental consiste em que a heteronomia religiosa se dissolva em autonomia secular.

A atual concepção de história se distanciou amplamente desse tipo de pensamento. A crítica que serve de base a esse distanciamento pode ser resumida num único argumento: essa história não é suficientemente histórica. Essa razão da autonomia moral não consome a história da qual pretende saber-se produzida? Gostaria de elucidar essa crítica recorrendo à palavra "pureza" com que Lessing caracterizou o objetivo da história. A história é depuração de algo visando a algo. Ela depura o curso temporal do mundo humano da dependência em que a razão humana se encontra de determinantes exteriores, da heteronomia. No processo histórico do seu desenvolvimento, a razão é depurada da contingência, com a qual está entrelaçada nas circunstâncias variáveis da vida humana e que condicionam suas pretensões de validade. Depuração *dessa* condicionalidade significa, ao mesmo tempo, depuração *para* sua incondicionalidade, para seus princípios de autonomia moral. Nas palavras de Lessing: para a "pureza do coração..., que nos capacita a amar a virtude pela virtude" (§ 80).

Nessa pureza da razão prática está encerrado o fim da história. Esse fim é concebido por Lessing como projeto de futuro: como escatologia da subjetividade civil: "Virá, com toda certeza virá o tempo da consumação, em que o ser humano, quanto mais convicto o seu entendimento estiver de um futuro cada vez melhor, não terá mais necessidade de emprestar desse futuro as motivações para suas ações; em que ele fará o bem porque é o bem. [...] Com toda certeza virá o tempo de um novo evangelho eterno" (§ 85, 86).

Esse futuro, como fim da história, não é concebido como algo distante do presente nem como algo utópico. Ele acontece – assim se deve entender Lessing – em cada ato moral do indivíduo segundo as bases universais de sua razão autônoma, e está instantaneamente presente na felicidade propiciada por seu agir àquele que assim procede. Tendo em vista que nesse agir moral se consuma o abrangente curso da história do desenvolvimento humano, poderíamos falar de um ato absoluto que se realiza na história como promessa e esperança de sua consumação. Ele sinaliza, no aqui e agora de um acontecimento moral, o fim de um processo humano abrangente concebido como progresso – um progresso que leva o ser humano individual a estabelecer uma conexão interior com a humanidade como um todo. O que para a própria humanidade ainda é futuro, converte-se para o ser humano individual que age moralmente em presente que consuma a história.

2.4 A história do gênero humano de Lessing tem futuro?

Aparentemente todos os componentes dessa concepção de história carecem de sustentação hoje em dia. Por trás da unidade da humanidade não se esconde a pretensão de dominação da cultura ocidental sobre as outras? A humanidade não serve como construto ideológico no contexto do embate das culturas para desvalorizar a alteridade cultural? A pretensão de autonomia da razão prática não precisa ser inseparavelmente acompanhada de pretensões de poder da subjetividade humana ao lidar consigo mesma e com o mundo, as quais arruínam o mundo e os próprios seres humanos? Justamente por causa das desastrosas técnicas de dominação da razão autônoma, quebrou-se em nós um abrangente nexo de sentido interior da história baseada nessa razão. Em vez de continuidade de sentido e incremento da razão, na atual concepção de história dominam descontinuidade e heterogeneidade, déficit de sentido e dialética do Iluminismo como desastre da razão. Em vez da unidade da natureza cultural humana e de sua igualdade em todas as expressões históricas, hoje estão no primeiro plano a multiplicidade e o estranhamento das culturas. E, por fim, o progresso revelou-se uma ilusão e uma amarga decepção[22]. Portanto, no fim da história, que leva do pensamento histórico de Lessing até nós, encontra-se o nosso desmentido? Em vez de um evangelho eterno está a pergunta de Pilatos?

Não é por isso que se recomenda, forçado já pela experiência histórica, um ceticismo sóbrio ante à consumação do ser humano na organização moral de sua práxis de vida conforme as ideias de uma razão autônoma humanamente constituída? A intenção de demonstrar a devida deferência a Lessing não leva necessariamente a virar-lhe as costas quando se trata de analisar os problemas do presente nos termos das ciências culturais?

Pretendo afirmar o contrário e defender a tese de que, justamente a partir da atual distância em relação ao período áureo do Iluminismo, é possível provocar uma nova centelha de sentido histórico da *Educação do gênero humano* de Lessing.

Antes de tudo, deve-se salientar a unidade da história no que diz respeito à humanidade. Humanidade é um conceito-chave do pensamento histórico porque sintetiza numa unidade sua orientação empírica e sua carga normativa. Empiricamente, a humanidade cobre exatamente a dimensão da experiência histórica, que hoje verdadeiramente se impõe: a globalidade da história mundial. Normativamente, "humanidade" designa uma concepção de valores baseada no fato antropológico fundamental da intersubjetividade constitutiva da cultura[23]. É possível derivar da intersubjetividade a ideia reguladora do reconhecimento mútuo das diferenças que representa uma exigência objetiva da orientação cultural atual.

Também e justamente em virtude da multiplicidade cultural, carregada de conflitos, que aflui como problema da orienta-

---

22 Uma voz crítica contra essa decepção é LÜBBE. *Die Zivilisationsökumene.*

23 TOMASELLO. *Die kulturelle Entwicklung des menschlichen Denkens* – Zur Evolution der Kognition.

ção cultural, deve-se insistir na unidade abrangente da humanidade, se é que ainda queremos que haja pontos de vista segundo os quais essa multiplicidade ainda seja negociável, regulável e vivenciável na relação recíproca dos envolvidos. O ponto alto do nosso pensamento, a saber, que a unidade da humanidade se manifesta na diversidade e variabilidade das culturas se conecta com a ideia de humanidade do Iluminismo e apenas a leva às últimas consequências. Porém, e quanto a um critério de sentido interno que atravessa a história?

Também aqui uma conexão com Lessing é possível quando se dá uma guinada para a intersubjetividade em seu texto *Educação do gênero humano*. É que, segundo Lessing, os seres humanos são educados em termos histórico-mundiais a recorrer a sua humanidade como intersubjetividade para a regulamentação moral de sua práxis de vida. Se há uma perspectiva plausível da atual história universal, então só pode ser uma que dimensiona temporalmente essa humanidade normativa na antecipação empírica do desenvolvimento cultural do gênero.

Contudo, hoje pensamos de maneira diferente sobre tais projetos. Não concebemos o sentido em termos teleológicos, mas reconstrutivos[24]. A história tem seu sentido no recurso reconstrutivo à experiência histórica. Ela serve para dar plausibilidade aos projetos de futuro que orientam a ação. E o sentido desempenha um papel central na relação desses tempos – entre o passado acontecido e o futuro desejado. Desse modo, não se renuncia, em princípio, à teleologia da filosofia da história de Lessing? Não creio, antes pelo contrário: é desse modo que ela é trazida a si mesma.

---

24 Cf. sobre isso RÜSEN. *Kann gestern besser werden?* – Essays zum Bedenken der Geschichte, p. 28ss.

Antes de tudo, porém, é preciso perguntar o que, após as experiências históricas que separam o presente do Iluminismo, ainda faz algum sentido.

2.5 Consideração intermediária: O que ainda faz sentido?

Gostaria de afunilar a questão. Para isso, centro o olhar na falta de sentido insuperavelmente manifesta da experiência histórica que conhecemos: o holocausto. Nesse olhar, revela-se algo inteiramente surpreendente: o que tem sentido nela é exatamente o ato moral que, segundo Lessing, representa a própria razão humana. Gostaria de elucidar isso com base num breve episódio extraído das memorações de Ruth Klüger em seu período em Auschwitz.

Ruth Klüger conta em seu relato sobre o período que esteve em Auschwitz[25] um breve acontecimento que entendo como uma resposta a essa questão do sentido. Por ocasião do processo de seleção na rampa de chegada, a menina de treze anos Ruth Klüger foi salva por uma escrivã que lhe sussurrou para dizer ao médico da SS [*Schutzstaffel* = Esquadrilha de Proteção, polícia secreta de Hitler] que tinha quinze anos. "Ocorreu algo que, sempre que ocorrer, será único, singular, um inconcebível ato de misericórdia, dito de maneira mais simples, uma boa ação. [...] Quanto mais intensamente penso na cena que se segue, tanto mais inconsistente e insustentável parece o fato de uma pessoa salvar a vida de um estranho por livre e espontânea vontade, num lugar que alimentava o instinto de sobrevivência até o limite da criminalidade. Há algo aí que fica além do exemplo e que é, ao mesmo tempo, exemplar. [...] O bem é incomparável e também inexplicável, porque nada o move além de si mesmo e nada mais pretende além de si mesmo" (p. 119s.).

---

25 KLÜGER. *Weiter leben* – Eine Jugend. [Ed. bras.: *Paisagens da memoração*: autobiografia de um sobrevivente do holocausto. São Paulo: Ed. 34, 2005.]

Klüger compara o médico da SS e a escrivã, uma prisionei-
ra: "Quero dizer, seu ato foi arbitrário, o dela, voluntário.
Livre e
voluntário porque, diante de tudo que se sabia a respeito das circunstâncias, pressupunha-se o contrário, porque a decisão dela
rompeu a cadeia causal. [...] Nunca tinha havido um ato livre e
espontâneo como aquele, como o que ocorrera ali, naquele momento. [...] Foi isso que vivi, o ato puro. Reflitam sem criticar,
por favor, aceitando o que está descrito aqui, e o guardem na
memoração" (p. 122).
Em meio à insuperável falta de sentido de Auschwitz sucede
um ato livre. Na linguagem do idealismo, poderia chamar-se de
um ato absoluto. Um ato de pura autonomia. É "puro" inteiramente no sentido de Lessing, um ato da pura razão prática. E
acontece no contexto da insensatez por excelência. É precisamente o contexto da falta de liberdade, da insensatez, da desumanidade, que torna esse ato, segundo Klüger, livre, sensato e humano. "E por isso afirmo que a máxima aproximação à liberdade
só pode ocorrer no mais desolado cativeiro e perto da morte, ali
onde as possibilidades de decisão foram reduzidas a praticamente
zero. No espaço exíguo que ainda resta, ali, bem perto do zero,
está a liberdade. (E quando se chega a zero? Sempre penso que
o zero é a câmara de gás, quando se pisoteiam as crianças, sob o
domínio da angústia da morte. Será que está certo?) Numa toca
de ratos onde o amor ao próximo é a coisa mais improvável, onde
as pessoas rangem os dentes e onde todos os sinais apontam para
a própria sobrevivência, e onde, contudo, resta um pequeno vácuo, é ali que a liberdade pode aparecer como a coisa mais surpreendente" (p. 123).

2.6 Da razão moral da humanidade à reconstrução da história do gênero

Aquilo que Ruth Klüger descreve reforça o nexo interior, enunciado por Lessing, do ser humano individual com a humanidade inteira. Esse nexo tem uma tradição religiosa respeitável. Da tradição judaica e muçulmana conhecemos o dito de que alguém que salva uma pessoa salvou a humanidade inteira, e, no cristianismo, a identificação da humanidade com um único ser humano faz parte do núcleo da fé religiosa.

"Humanidade" é, no seu significado normativo, uma designação enfática da intersubjetividade. O conceito expressa uma relação. Segundo Lessing, esse aspecto relacional recebeu exposição insuficiente em favor de uma fundamentação da subjetividade autônoma dos sujeitos individuais da ação. No entanto, no ato moral absoluto, do qual trata, segundo Lessing, o "novo evangelho eterno" do seu Iluminismo, o que está em jogo é a relação dos seres humanos entre si. Trata-se da liberdade que eles confirmam mutuamente no agir prático racional, no agir moral.

Como se passa do ato individual absoluto da liberdade humana – que acontece de maneira puramente contingente e que, como ato autêntico e originalmente livre, é até improvável e escapa ao nexo temporal do agir humano, rompendo-o, escancarando-o e acontecendo, portanto, no pulo do gato do instante – para uma determinação do sentido do curso da história mundial? E como se chega ali à cultura do reconhecimento?

O ponto de partida deve ser a liberdade e a razão que determinam esse ato absoluto. Trata-se de um fator intencional da ação em que se realiza a humanidade como uma capacidade de reconhecimento original na determinação do sentido moral. Esse critério de sentido da razão prática, critério constitutivo que guia a ação, está sempre no contexto dos nexos de ação do presente. Se o situamos nesse contexto, ele se deixa explicitar como critério de sentido universal da humanidade como realização do reconhecimento. É possível entender esse critério de sentido com base em razões. Ele é racional, é generalizável por excelência, é verdadeiro na prática.

Com essa qualidade, está orientado para o futuro, é expressão da intencionalidade, que determina culturalmente toda ação humana das determinações finais guiadas pelo sentido. A razão prática dessa ação aparece, em primeiro lugar, como incondicional. Ela transcende todas as condições e circunstâncias da ação. Tem o caráter de uma "ideia reguladora" contrafática e apresenta qualidade utópica. Porém, como determinante da finalidade humana, sempre se refere à ação, e, enquanto tal, ela é eficaz na realidade. (Talvez sua origem mais decisiva esteja nas experiências de sofrimento e, portanto, numa relação com a realidade que provoca fundamentalmente a faculdade humana de formação de sentido cultural.) A ação acontece sempre no contexto, no nexo com outra ação, sob as condições e circunstâncias da práxis de vida real. É esse nexo que faz com que o critério de sentido que determina a ação possa ser conectado e comunicado.

Aqui se encontra o impulso para seu dimensionamento histórico. Pois são plausíveis em sua determinação de sentido somente aqueles projetos de futuro da ação humana que se deixam evidenciar na sua referência (retrospectiva) à experiência do passado. Essa referência é guiada pela questão de saber sob quais condições um agir assim determinado pelo sentido é possível ao se tornar possível.

A história é uma cadeia temporalmente ordenada de condições tornadas da possibilidade da ação orientada para o futuro. A ordem temporal dessa cadeia de condições da possibilidade sempre tem, no que diz respeito à situação de ação do presente, um direcionamento – e, se quisermos, uma orientação teleológica. Porém, trata-se de uma teleologia reconstrutiva, voltada para trás de forma indagadora, projetada[26]. Ela detalha a experiência histórica e a atualiza como componente do sentido que guia a ação.

A forma desse direcionamento temporal do passado para o presente e o futuro é a de uma evolução[27]. Com essa categoria evolutiva, nosso pensamento hodierno corresponde logicamente à categoria de progresso do Iluminismo.

2.7 A unidade da humanidade na multiplicidade das culturas

Como se vê, pois, a multiplicidade e a diferença das culturas no contexto da unidade da humanidade? Se razão é intersubjetividade prática no nexo de vida de sujeitos individuais, então ela enquanto tal já gera multiplicidade e diferença. Lessing tematizou isso num outro contexto argumentativo. E o fez sintomaticamente no ponto em que se trata para ele da relação de fé entre o ser humano individual e Deus. Deus representa a plenitude, e o indivíduo em sua individualidade, isto é, sempre em sua diferença do outro, torna sua essa consumação do divino como individualização de si mesmo. "Seres que têm perfeições, que têm consciência de suas perfeições e possuem a faculdade de agir de acordo com elas chamam-se seres morais, ou seja, seres que podem seguir uma lei. Essa lei é tomada de

---

26 No entanto, isto não significa que ela é meramente construída, acontece exclusivamente *post festum*. Tem sempre uma condição de plausibilidade no fato de se conectar aos projetos de futuro pretéritos, que ingressaram na realidade cultural do presente.

27 Cf. GIESEN. *Die Entdinglichung des Sozialen* – Eine evolutionstheoretische Perspektive auf die Postmoderne. • DUX. *Historisch-genetische Theorie der Kultur; Instabile Welten* – Zur prozessualen Logik im kulturellen Wandel.

sua própria natureza, e só pode ser esta: age segundo tuas per-feições individuais"[28].

Gostaria de interpretar essas sentenças, que lembram Hum-boldt, da seguinte forma: a singularização do ser humano como realização do ato livre segundo a razão prática autônoma é um processo de individualização que não só faz os outros iguais no horizonte da dimensão humana da razão prática, mas, ao mesmo tempo, também diferentes em meio ao igual.

Justamente aqui está a fonte do impulso de historização re-presentado pela ideia iluminista de uma determinação de sentido humana da ação racional prática. A humanidade única se desen-volve numa diversidade de culturas nos processos temporais de mudança. E o sentido evolutivo de direção, que como perspec-tiva abre e ordena cognitivamente a experiência histórica, tem o sentido de direção da humanidade única como nexo interativo que encontra sua orientação cultural por meio da razão comum a todos os seres humanos nos distintos contextos. Empiricamente, isso significa que a história só é possível como história mundial. Nessa perspectiva, a história universal do Iluminismo é mais atual que nunca. O modo dessa universalidade é o enredamento [*Ver-netztheit*] e a interligação em rede [*Vernetzung*] de muitas cultu-ras[29]. E o modo do pensamento histórico dessa universalidade só pode ser o de uma comunicação intercultural[30].

Um pensamento histórico que segue essa diretiva está a serviço da orientação cultural de uma práxis de vida dedicada à orientação humana das mudanças temporais do ser humano e de seu mundo. Essa filosofia da história tem, nas palavras de Kant,

---

28 "Das Christentum der Vernunft" (1751/1752). *Werke*, vol. VII, § 25 e 26.

29 A isso se referiu Schlözer em sua "concepção de sua história universal". SCHLÖZER: *Vorstellung seiner Universalhistorie*. Prefácio.

30 Cf. sobre isso RÜSEN (org.). *Westliches Geschichtsdenken – Eine interkulturelle Debatte*.

seu próprio quiliasmo[31]: ela promove, como fator de orientação cultural, justamente o desenvolvimento que ela alça à consciência de quem age, estabelecendo um fim e determinando um objetivo. Há esse quiliasmo da filosofia da história também em Lessing? Os parágrafos finais de seu texto são unívocos: ele fala do tempo vindouro de um novo evangelho eterno; esse evangelho é, porém, ao mesmo tempo, no que diz respeito ao presente, um eficaz fundamento da determinação da ação moral autônoma. O fim da história no ato moralmente livre da razão prática é, ao mesmo tempo, seu objetivo, seu "último" (*éschaton*). O futuro está aberto e, ao mesmo tempo, já está cumprido no próprio ato moral.

Com essa figura da realidade do *éschaton* na efetuação na vida prática presente, Lessing adota uma figura temporal cristã na sua história da filosofia.

2.8 Perspectiva para o futuro da religião

Ora, que papel desempenha a religião nesse processo histórico mundial? A filosofia da história de Lessing é um testemunho eloquente daquilo que Max Weber chamou de racionalização e desencantamento histórico-universais que leva à cultura da Modernidade e que caracteriza o desenvolvimento dinâmico dessa cultura. Mas, no caso dele, a religião é apenas desencantada, de modo que seu pensamento parece débil em face da força e da intensidade dos conflitos religiosos no presente? Em vista dessa questão, mostra-se promissora uma contradição já observada com frequência na argumentação de Lessing. No § 4, Lessing diz que a religião não dá nada ao ser humano "que ele não possa ter por si mesmo"; portanto, o Iluminismo traz a religião a si mesma

---

31 KANT. *Idee zu einer allgemeinen Geschichte in weltbürgerlicher Absicht, 8. Satz* (A 404; Akademie-Ausgabe, v. VIII, p. 27) [Ed. bras: *Ideia para uma história universal com propósito cosmopolita*, oitava proposição].

só de modo secular, e o gênero humano não teria propriamente necessitado dela. Por outro lado, consta no § 77 inequivocamente que a religião teria levado o ser humano a "conceitos melhores e mais próximos da essência de Deus, da nossa natureza, da nossa relação com Deus, aos quais a razão humana, por si só, jamais teria chegado".

Nessa contradição, a contingência dos processos históricos abre caminho no fenômeno da domesticação conceitual. Pode-se entender o escrito de Lessing no sentido de que Deus desaparece na educação do gênero humano, do mesmo modo que o Deus criador deísta, que um dia deu início ao mundo, desaparece na natureza para entregá-lo às leis internas da sua natureza física e moral. Isso se aplica também ao Deus da história? Ele a coloca em movimento a partir de um impulso da natureza do gênero (Kant fala de um plano da natureza) para, em seguida, entregá--la, por si mesma, ao andamento da evolução da razão humana autônoma? Em Lessing, essa questão está em aberto. Porém, sua argumentação abre espaço para uma contingência que ainda retroage sobre a própria razão prática que queria dominá-la no plano da filosofia da história.

A religião é uma produção cultural da interpretação humana do mundo que, na contingência, pode ser vivida e demonstrada como algo carregado de sentido. O divino é a garantia de sentido da contingência. Lessing vincula essa concepção do divino com a ideia da imortalidade do sujeito humano na variante do renascimento. Hoje certamente o argumento seria diferente. Filosoficamente, fala-se menos do divino e mais da imemorialidade dos dados de sentido, os únicos que possibilitam o pensamento histórico. É simplesmente insensato dizer – ainda que seja a *communis opinio* dos mestres pensadores – que o sentido seja pura realização construtiva do espírito humano e que ela é a primeira a conferir sentido ao mundo. É claro que cultura é formação de sentido, mas, ao mesmo tempo, é justamente também um fato social sólido, um dado objetivo de realizações subjetivas. Antes de atuarem na formação de sentido, os seres humanos sempre já são constituídos, ou seja, eles mesmos são construídos pelos dados de sentido de seu mundo vital. Deve-se fazer uma distinção fundamental entre uma determinação de sentido funcional e uma reflexiva ou operativa[32], para deixar claro exatamente onde está o ponto de interseção entre o pensamento secular, por um lado, e a determinação de fé religiosa, por outro lado. O pensamento histórico se refere constitutivamente a um ser construído do mundo já dotado de sentido, a uma realidade de sentido em que o passado anterior sempre já está presente nas ações atuais da vida, mais precisamente, nos dados de sentido manifestos e latentes da própria formação de sentido cultural. Seja apenas mencionado que tais dados sempre são precários e, por isso, exigem uma formação de sentido reflexiva e operativa (de modo que os construtores de sentido ainda têm muito trabalho a fazer).

Nessa perspectiva, a razão prática autônoma com sua orientação para a humanidade sempre já depende das realizações do passado inalcançáveis por ela mesma, as quais estão presentes e são eficazes nas circunstâncias atuais da ação humana. A religião manifesta, em sua própria linguagem, essa imemorialidade dos dados de sentido.

Porém, o que significa o nexo de sentido do acontecimento histórico-mundial que, num distanciamento crítico de Lessing, pode-se obter hoje de suas ideias para as próprias religiões? O que deveria ser dito às lideranças pastorais do presente?

---

32 Mais a esse respeito adiante, na p. 162ss.

Em completa concordância com a ideia da humanidade defendida por Lessing, em termos filosófico-históricos a crença religiosa com seu universalismo interno, com sua própria humanidade deveria ser levada a sério tal qual é essa humanidade do supremo fundamento determinante da ação humana livre e racional. Porém, considerando como esse universalismo foi posto em vigor nas formas culturais da constituição religiosa positiva, particular, a crítica da religião do Iluminismo deveria decididamente ser renovada: O universalismo intrarreligioso deveria ser confrontado com a exigência da razão de não se relacionar mais exclusiva, mas inclusivamente com o universalismo do outro em sua diferença, e isso na própria práxis religiosa. Isso significaria que a diferença religiosa não seria simplesmente tolerada, mas pelas próprias razões religiosas seria reconhecida[33].

Com essa ação de reconhecimento, a própria religião daria uma contribuição para a humanidade que, na assimilação crítica da filosofia da história de Lessing, desenvolvemos como critério de sentido do pensamento histórico. Se isso acontecesse, nosso bibliotecário de Wolfenbüttel supostamente falaria que existe uma razão do reconhecimento superior à da tolerância, e ele acrescentaria que sua *Educação do gênero humano* deve ir mais longe do que seria previsível no seu tempo.

---

33 Mais a esse respeito adiante, na p. 311ss.

3
Droysen hoje

Sobre temas extraviados da historiologia *

> *Os desenvolvimentos não são*
> *fechados. Alguma vez o foram na*
> *história?*
>
> Johann Gustav Droysen[34]

O tema "Droysen hoje", no que diz respeito a sua historiografia[35], pode ter um duplo significado. Por um lado, pode tratar de uma interpretação que abre esse significativo texto a uma compreensão contemporânea[36]. Nesse caso, entra no horizonte dos atuais debates em torno das bases da ciência da história e experimenta uma interpretação histórica atual. Por outro lado, também pode tratar-se de interpretar, com base em Droysen, os atuais debates em torno dos fundamentos da ciência da história, ou seja, de introduzi-los no horizonte de sua historiografia de tal

---

* A primeira versão intitulada "Droysen heute – Plädoyer zum Bedenken verlorener Themen der Historik" foi publicada em: NIETHAMMER & PAETROW (orgs.). *Philosophische Fakultät Historisches Institut*: Droysen-Vorlesungen, p. 177-200.

34 Nota prévia de 1840-1841 às preleções sobre a *História da época mais recente a partir de 1815*, não publicada.

35 DROYSEN. *Historik* – Historisch-kritische Ausgabe. Vol. 1, [org. de P. Leyh]. Cito essa edição, sem dados adicionais, com o número da página no texto principal.

36 Assim, p. ex., num contexto posterior, em JAEGER. *Bürgerliche Modernisierungskrise und historische Sinnbildung* – Kulturgeschichte bei Droysen, Burckhardt und Max Weber.

modo que os problemas pendentes fiquem visíveis e sua solução pareça auspiciosa mediante o recurso aos argumentos de Droysen. Nesse caso, a teoria contemporânea da história experimenta uma interpretação anacrônica. A historiografia do passado não se transfere para um horizonte histórico proposto de forma mais ou menos nova, mas ao contrário: a historiografia do presente estabelece uma conexão sistemática com uma historiografia do passado e poderia contemplar-se nela, como no espelho de um estranhamento histórico, tendo em vista os problemas pendentes, que, do contrário, permaneceriam ocultos a ela. E, além disso, poderia receber estímulos para a solução desses problemas.

Essa linha argumentativa coloca a historiografia droysiana no nível de um texto clássico. Gostaria de elucidar isso brevemente na introdução. (1) Em seguida, pretendo abordar quatro campos temáticos da historiografia, os quais perdemos de vista e a respeito dos quais podemos realmente aprender alguma coisa com Droysen: (2) os métodos de interpretação, (3) o presente do passado como pressuposto do pensamento histórico (posso utilizar também o atual jargão e falar do caráter construído dos historiadores em oposição à construção da história); em seguida, (4) em conexão com Droysen, pretendo fazer algumas reflexões sobre a formação histórica. E, por fim, (5) quero mostrar que com Droysen se pode aprender algo de que necessitamos urgentemente na era da globalização: uma categoria de humanidade e uma concepção do pensamento histórico como autoconhecimento da humanidade ou, como Droysen expressou com o termo grego clássico, como "γνῶθι σαυτόν do gênero humano" (p. 28).

3.1 Droysen visto como clássico

O que significa atribuir a um texto como a *Historiologia* de Droysen a hierarquia de um clássico? Clássicos são textos cujo significado não perde a atualidade ou só a perde aos poucos. São a representação paradigmática de uma tradição válida, sendo utilizados e consultados repetidamente para explicar essa tradição. Inscreveram-se, de certo modo, numa cultura como expressão de sua autopercepção eficaz normativa. A esse significado de representação paradigmática das tradições válidas acrescenta-se mais um elemento: Clássicos são principalmente aqueles textos que entram no horizonte interpretativo de tempos ulteriores e determinam sua maneira de perguntar pelo sentido e pelo significado do mundo e do ser humano. Clássicos eles são inclusive, ou até genuinamente, quando podem dar respostas às questões levantadas num horizonte interpretativo distinto do tradicional, mas transcendendo-o. Os textos clássicos são lidos com frequência durante um longo período e podem dar aos pósteros informações surpreendentes sobre problemas a que o autor ou a autora não se referiram e que inclusive transcendem sua influência como expressão de uma interpretação ainda válida do mundo. No clássico, portanto, está contida uma porção ainda não resolvida ou até irresolvível do passado.

No campo da teoria da história, a historiologia de Droysen – pelo menos no universo da língua alemã [37] – é um texto clássico. Ele expressou de maneira exemplar a compreensão de história e de ciência do historicismo alemão e foi citado sempre que se tratava de aprovar ou criticar esse historicismo [38]. A *Historiologia* é

---

37 Junto com o historicismo alemão, também a historiologia de Droysen recebeu atenção no âmbito da língua italiana. Evidência importante disso é uma tradução para a língua italiana: DROYSEN. *Istorica. Lezioni sulla Enciclopedia e Metodologia della Storia.* Cf. tb. DROYSEN. *L'uomo e l'umanità* (O ser humano e a humanidade).

38 JAEGER & RÜSEN. *Geschichte des Historismus* – Eine Einführung. • RÜSEN. Konfigurationen des Historismus – Studien zur deutschen Wissenschaftskultur. Em seus escritos a respeito do historicismo, Otto Gerhard Oexle minimizou implicitamente a significação de Droysen ao colocar outros autores no centro de suas análises (OEXLE. *Geschichtswissenschaft im Zeichen des Historismus* – Studien zu Problemgeschichten der Moderne). Contra a tentativa de Blanke de limitar temporalmente o historicismo enquanto paradigma da ciên-

clássica como expressão paradigmática de uma tradição científica da ciência da história. Droysen explicitou essa tradição científica com extraordinário rigor sistemático. Ele unifica filosofia da história, epistemologia do pensamento histórico, enciclopédia da ciência histórica, metodologia da pesquisa histórica, retórica da historiografia e didática da formação histórica numa argumentação única, contínua e coerente. Agrega diversas correntes traditivas da reflexão sobre o pensamento histórico. Recorre ao antigo gênero enciclopedista e desenvolve pontos de vista de uma ordem sistemática dos conhecimentos históricos. Sua metodologia ou teoria do método representa o caráter disciplinar do pensamento histórico. Além disso, antecipa a virada neokantiana da filosofia da história para a epistemologia das ciências históricas (Windelband, Rickert, Dilthey, Simmel, Max Weber).

Inclusive no plano histórico, a historiologia de Droysen tem uma importância destacada; ela se encontra numa época de virada em que a história se constitui como disciplina especializada; Droysen, o aluno de Hegel, realiza essa constituição no nível de uma explicação sistemática dos pontos de vista políticos, retóricos, estéticos, cognitivos, estéticos e semânticos, normativos para o pensamento histórico. Reveste-se de um grande significado indicativo o fato de ter sido Droysen quem utilizou pela primeira vez o termo "ciências humanas"[39]. Ao mesmo tempo, ele constela sua argumentação delimitando-a criticamente em relação ao po-

---

cia da história, fazendo com que os autores preferidos por Oexle aparecessem antes como periféricos, ele reagiu com uma invectiva verdadeiramente furiosa, cuja polêmica desleal contra um colega mais novo indica que se tocou num ponto sensível (BLANKE. *Historiographiegeschichte als Historik*. ● OEXLE. *Einmal Göttingen – Bielefeld einfach*: auch eine Geschichte der deutschen Geschichtswissenschaft). Cf. sobre isso as discussões em OEXLE & RÜSEN (orgs.). *Historismus in den Kulturwissenschaften* – Geschichtskonzepte, historische Einschätzungen, Grundlagenprobleme.

39 DROYSEN. "Historik". In: HÜBNER, R. (org.). *Vorlesungen über Enzyklopädie und Methodologie der Geschichte*, p. 369-385, aqui p. 378.

sitivismo e ao naturalismo nascentes, com os quais o pensamento científico ganha influência nas ciências humanas. Ambos os tipos de relação cognitiva com a experiência histórica dão o que fazer à historiologia.

Porém, a historiologia de Droysen também é clássica no sentido de que é utilizada inclusive para debater problemas teóricos complementares. Os problemas surgem também quando a ciência da história sai da esfera de influência do historicismo tradicional e busca se constituir e se fundamentar de maneira nova.

Droysen permaneceu interlocutor da historiologia quando ela avançou – no nível de sua reflexão sobre as questões de princípio da ciência da história – da "velha" para a "nova" historiografia[40]. A riqueza argumentativa da historiografia supera até a oposição entre o pensamento histórico moderno e o pós-moderno[41]. A moderna concepção de história diz respeito ao caráter da ciência da história como disciplina especializada de labor empírico que recorre a procedimentos metodológicos para obter e salvaguardar o conhecimento. Por outro lado, o pensamento histórico pós-moderno enfatiza criticamente, diante da racionalidade metodológica dos procedimentos cognitivos científicos, o caráter não empírico, construtivo, poético-retórico da formação histórica de sentido. A ficcionalidade se contrapõe à empiria; a produção textual literária, aos procedimentos de pesquisa metodicamente regulada; a estética, à cognição; a literatura, à ciência[42]. Decisivo para o significado de Droysen – para "Droysen

---

40 Cf. uma caracterização da "nova" ciência da história em OLABARRI. *"New" history*: a longue durée structure. Olabarri renuncia a uma caracterização parecida da "antiga" ciência da história. No entanto, é fácil identificá-la e descrevê-la como tradição do historicismo do século XIX.

41 Cf. RÜSEN, J. *Die Ordnung der Geschichte* – Moderne, Postmoderne und Erinnerung.

42 Cf. a respeito disso as análises históricas e sistemáticas de FULDA, D. *Die Texte der Geschichte* – Zur Poetik modernen historischen Denkens. • FULDA, D. *Wissenschaft aus Kunst* – Die Entstehung der modernen deutschen Geschichtsschreibung 1760 bis 1860.

hoje", portanto – é que, em sua historiologia, encontram-se argumentações às quais ambas as orientações da teoria atual da história podem se referir, e isso de uma maneira que modera, quando não anula, a intensa oposição entre as duas posições. Droysen sintetizou pontos de vista que inesperadamente se separaram no desenvolvimento do pensamento da teoria da história. Vejo aí um potencial, como de costume, inesgotado desse clássico. Dedico-me, pois, a sua historiologia com o propósito menos histórico que sistemático de afirmá-la como heurística de uma historiologia do século XXI.

3.2 Interpretação como método

A atual problemática da teoria da história está marcada de maneira duradoura pela chamada virada narrativista. Ela diz tão somente que a história se apresenta em histórias, que os historiadores – mesmo que sejam especialistas profissionais – contam histórias. No que diz respeito à lógica do pensamento histórico, essa ideia simples, mas extremamente cheia de consequências, significa que o pensamento histórico segue os princípios da formação de sentido narrativa relativos às experiências temporais e que o conhecimento histórico tem forma narrativa[43].

A partir dessa noção se concluiu, então, que a história não passaria de uma produção literária dos historiadores. Seria apenas o que se faz do passado, *a posteriori*, configurando-o criativamente. Uma vez que essa formulação consiste numa ação narrativa e que o paradigma do ato de narrar consiste nos textos literários, a tese da construção pode servir também para pôr em dúvida o caráter científico especializado da ciência histórica.

---

43 Cf. RÜSEN. *Historisches Erzählen.*

No atual debate em torno das ciências culturais, o conceito de "disciplina" ficou um tanto desacreditado. Considera-se antiquada a concepção de labor científico associada a esse conceito, a fim de favorecer uma nova dimensão do pensamento sobre a cultura humana – a transdisciplinaridade. Por isso se busca também suprassumir a estrutura das configurações disciplinares das ciências culturais numa nova unidade, chamada "a ciência da cultura"[44]. Nesse caso, a ciência da cultura não é mais uma disciplina, mas uma formação curiosa que eu caracterizaria com a categoria antropológico-cultural da hibridade.

Entrementes, a influente posição de Hayden White pode ser considerada clássica para as consequências antidisciplinares radicais que se tira da virada narrativa da teoria histórica. Ele negou ao pensamento histórico toda forma de racionalidade metodológica e, desse modo, também descartou a possibilidade de a história ser uma ciência. Para ele, o pensamento histórico é um tipo poético de formação de sentido[45]. Todavia, essa poesia tem um limite. Num célebre debate com Carlo Ginzburg, que confrontou a configuração poética da história com a dura facticidade do acontecimento passado e reforçou essa confrontação com o exemplo do Holocausto, White não questionou essa facticidade não ficcional, mas situou estruturalmente além dela a produção do desempenho interpretativo do pensamento histórico[46].

Esse debate sinaliza um problema não resolvido da atual teoria histórica: como se relacionam os elementos empíricos do

---

44 BÖHME; Matussek & MÜLLER. *Orientierung Kulturwissenschaft* – Was sie kann, was sie will.

45 WHITE. *The Historical Text as Literary Artefact.* • WHITE. *Metahistory* – Die historische Einbildungskraft im 19. Jahrhundert in Europa. • WHITE. *Auch Klio dichtet oder die Fiktion des Faktischen* – Studien zur Tropologie des historischen Diskurses. • WHITE. *Die Bedeutung der Form* – Erzählstrukturen in der Geschichtsschreibung.

46 FRIEDLÄNDER (org.). *Probing the Limits of Representation*: Nazism and the "Final Solution".

pensamento histórico com suas interpretações *post festum*? Como conciliar a facticidade do passado com a ficcionalidade da produção literária de sentido? [47]

O que realmente sucedeu é assunto da pesquisa empírica. Ela se guia pelos procedimentos metodológicos tecnicamente desenvolvidos da crítica das fontes. Assim, afirma-se, antes de tudo, que os historiadores estão em condição de produzir conhecimento a respeito de alguma coisa da qual se pode dizer com boas razões que realmente aconteceu. Historiadoras e historiadores profissionais podem dar respostas claras, precisas e até objetivas às perguntas sobre o que, quando, onde, como e por que algo sucedeu no passado. Isso pode ser tranquilizador para a "guilda", que é como os especialistas chamam sua ciência. No entanto, permanece uma questão extremamente inquietante pelo menos no plano teórico: essa facticidade do passado já é história?

De Droysen podemos aprender que esse não é o caso. Ele explicou que a pura facticidade do acontecimento passado ainda não possui caráter verdadeiramente histórico. Droysen antecipou o argumento central de White e, assim, o da teoria pós-moderna da história ao enfatizar o caráter suplementar do histórico. Sua conhecida formulação diz que só ao presente é dado fazer história a partir do que sucedeu ao ser humano no passado – ele fala das "atividades" do agir humano: "As atividades se convertem em história, mas elas não são história" (p. 69). Isso significa que o sentido histórico só é formado posteriormente sobre os fatos do passado, não residindo, portanto, nos próprios fatos. Droysen se move, portanto – se assim posso dizer –, no nível das noções que

---

47 Hans-Jürgen Goertz está entre os poucos historiadores alemães que se ocuparam com essa questão central da teoria da história e, assim, delinearam a problemática atual (não tanto em relação a Hayden White, mas fazendo uma revisão crítica dos argumentos de Foucault). Cf. GOERTZ. *Unsichere Geschichte – Zur Theorie historischer Referentialität.*

a teoria histórica pós-moderna tem do caráter construtivo do conhecimento histórico. E, ainda assim, ele mantém resolutamente o caráter científico desse conhecimento. Onde está a diferença? Hoje em dia, a transformação do passado é descrita com a significativa categoria da representação e seu caráter especificamente histórico é explicado como memoração ou recordação. De fato, a memoração remonta a alguma coisa que aconteceu no passado (denominar essa referência mesma de ficcional e não empírica faria com a categoria da memoração perdesse o sentido). A categoria da memoração foi introduzida na teoria da história para problematizar a pretensão científica da ciência da história e reabilitar uma força cultural ao lidar com o passado que se negou ao pensamento científico especializado: a força de registrar o passado nas orientações culturais do presente como algo carregado de sentido e de significado, como algo de grande eficácia. Em especial, essa eficácia foi identificada com a capacidade de formação da identidade humana e, assim, um tema-chave da cultura humana foi ancorado na teoria da história.

A diferença crucial entre a capacidade de memoração geradora de identidade e o pensamento científico especializado é identificado no fato de que a memoração se serve de estratégias imaginativas e estéticas para manter o passado presente e vivo, ao passo que a ciência suspende fundamentalmente essa imediatidade viva do passado presente em favor de um processo distanciador, objetivador de investigação dos fatos [48]. Representação memorativa e reconstrução racional são percebidas e expostas como antagonismos.

Em contrapartida, Droysen expõe a unidade inseparável de recordação e história como ciência. Formula, assim, uma autocompreensão da ciência da história na fase constitutiva do histo-

---

[48] Típicas para isso são as exposições de NORA, P. *Zwischen Geschichte und Gedächtnis*.

ricismo que na diferenciação disciplinar da especialidade ficou oculta por longo período ou até foi perdida. Ranke formulou essa unidade original do que hoje está tão expressamente separado numa aula do início da década de 1830, da seguinte maneira: "A história se diferencia das outras ciências por ser, ao mesmo tempo, uma arte. É ciência ao recolher, encontrar, compenetrar; é arte ao configurar, expor novamente o encontrado, o conhecido. As outras ciências se satisfazem simplesmente em registrar o encontrado enquanto tal; a história tem como elemento constitutivo a faculdade de reprodução"[49].

Com essa formulação, Ranke ressaltou não só o caráter estético do pensamento histórico, seu potencial de representação, mas, ao mesmo tempo, formulou com precisão, com as três palavras "recolher, encontrar, compenetrar", a metodologia da pesquisa histórica explicada de modo complicado por Droysen:

Para Droysen, recolher significa heurística, encontrar, criticar e compenetrar, interpretação. Os três passos do método histórico de Droysen – heurística, crítica, interpretação – entraram na autocompreensão canônica da ciência da história bem antes da publicação de uma edição mais ou menos útil da historiologia (a de Hübner, de 1938). Representam-nos, sobretudo, o *Manual do método histórico*, de Ernst Bernheim, e a *Introdução aos estudos históricos*, de Charles Victor Langlois e Charles Seignobos[50].

A teoria droysiana do método histórico – que se tornou canônica – pode ser esquematizada da seguinte maneira e contrastada com a atual concepção de pesquisa:

49 RANKE. *Vorlesungseinleitungen*, p. 72 (Ideia da historiografia universal, em torno de 1831-1832).

50 BERNHEIM, *Lehrbuch der Historischen Methode und der Geschichtsphilosophie*. • LANGLOIS & SEIGNOBOS. *Introduction aux études historiques*.

Esquema das operações históricas do pensamento

Metodologia tradicional			Discussão atual	
Heurística			Pesquisa (crítica das fontes)	
Crítica	Metodologia		Representação (estética, retórica)	
Interpretação				
Apódeixis	Tópica			

A *apódeixis*, a exposição histórica, corresponde à "faculdade de reprodução" de Ranke ou ao que hoje se entende, na maior parte dos casos, por "representação". Ela foi incluída por Droysen nas versões mais antigas de sua historiologia, entre as operações da pesquisa histórica e, só mais tarde, foi separada e tornada autônoma[51].

Hoje em dia, em comparação com o século XIX, parece ter encolhido (pelo menos no nível da historiologia) a concepção metodológica da ciência da história. A única operação metodológica cujo caráter racional e empírico dificilmente é questionado é a crítica das fontes. Em contrapartida, a heurística e a interpretação se diluíram numa difusa concepção de pesquisa. De maneira distinta, a tópica, a teoria da historiografia, que no decorrer do século XIX havia sofrido uma considerável perda de importância, experimentou uma forte valorização no plano da teoria da história[52].

Assim, deparamo-nos com uma situação expressamente insatisfatória. A razão disso já advém do fato de que de Droysen se pode aprender que a crítica das fontes não representa uma operação cognitiva especificamente histórica. É, antes, uma operação metodológica através da qual se pode dizer – a partir dos

---

51 Cf. RÜSEN. *Bemerkungen zu Droysens Typologie der Geschichtsschreibung.*

52 Isso fica claro na recensão que Hayden White fez da edição da historiologia por Leyh: WHITE. *Droysen's Historik.*

resíduos do passado, de modo intersubjetivo, verificável na experiência – quando, o que, como e por que algo aconteceu no passado. A crítica das fontes não é histórica, na medida em que o puro indicador do ser passado, que apresenta os dados ou os fatos criticamente apurados, é essencial para *toda* experiência. Com isso ainda não se aborda a peculiaridade de uma experiência que expressamos com o termo "histórico". Segundo Droysen, uma operação verdadeiramente histórica só acontece quando se dá um passo decisivo para além da crítica das fontes, o passo da crítica à interpretação. O que é interpretação como operação metodológica? Essa questão, retomada pela teoria metodológica de Droysen, volta-se para o nexo entre a investigação crítica dos fatos e a representação, o qual permaneceu completamente obscuro na atual discussão da teoria da história. É como se o historiador encaixasse os fatos de acordo com um jogo de sua imaginação que não segue nenhuma espécie de regra metodológica. Nessa visão, tal encaixe de fatos não tem pretensões de validade cognitivas comparáveis às da crítica das fontes.

A interpretação interconecta os fatos apurados pela crítica das fontes num nexo temporal que pode ser narrado. O resultado dessa interconexão é a apresentação de uma história carregada de sentido e de significado. Se abstrairmos o procedimento expositivo, não se pode dizer que, ao final da interpretação, já estamos diante da história em questão. A interpretação perfaz na representação narrativa do passado exatamente o que se obtém graças ao procedimento cognitivo metodologicamente regulável. É possível reaver esse aspecto da representação, tendo em vista Droysen – independentemente de acompanharmos ou não a sua elaboração hermenêutica dessa operação. Decisivo é o ponto de vista da regulabilidade e do outro que lhe corresponde, a saber, o da verificabilidade conforme os padrões da racionalidade que podem reivindicar validade intersubjetiva.

Quem contestaria seriamente que procedimentos metodológicos na ciência histórica com os quais se estabelece uma conexão explicativa entre as informações criticamente apuradas nas fontes, uma conexão que pode ser refletida, intersubjetivamente verificada e que possui a força de validade correspondente? Para chegar à síntese narrativa de informações colhidas nas fontes sempre se usa um saber relativo ao nexo temporal dos fatos que possa ser vertido para uma forma mais ou menos teórica. Em conexão com Max Weber, poderíamos falar de construtos do tipo ideal ou elementos do saber.

Assim sendo, é possível usar, por exemplo, uma tipologia da formação histórica de sentido[53] visando à interpretação de achados histórico-historiográficos[54] e à comparação histórica de culturas diferentes[55]. Utilizando outro exemplo: é preciso valer-se de elementos do saber com forma teórica similar para escrever uma história interculturalmente comparativa dos direitos fundamentais[56]. Para realizar investigações comparativas não há como renunciar a construtos em forma de teoria, já que, em última análise, necessita-se um parâmetro de comparação, sendo ele tanto mais aproveitável quanto mais explícita e refletida for a sua concepção. Construtos desse tipo ampliam sistematicamente a visão histórica, dando acesso a novas experiências históricas e, ao mesmo tempo, enriquecendo a percepção e interpretação da própria cultura.

---

53 RÜSEN. Die vier Typen des historischen Erzählens.

54 RÜSEN. Konfigurationen des Historismus – Studien zur deutschen Wissenschaftskultur, esp. o capítulo "Do Iluminismo ao historicismo – Uma tese genético-estrutural" (p. 29-94).

55 RÜSEN. Comparing Cultures in Intercultural Communication.

56 RÜSEN. Die Individualisierung des Allgemeinen – Theorieprobleme einer vergleichenden Universalgeschichte der Menschenrechte.

A interpretação sozinha ainda não faz das atividades do passado uma história para o presente. Como foi dito, ela fornece o modelo para uma história narrável. É a exposição que completa a representação. Ela revitaliza o modelo mediante os seus elementos cognitivos dotados de força explicativa numa história viva dentro do contexto comunicacional da cultura histórica. Não é verdade que a exposição simplesmente segue a interpretação, que ela apenas ratifica as explicações históricas obtidas pela interpretação. Ela segue seus próprios princípios, e estes são do tipo estético e retórico. Os elementos cognitivos da interpretação se encontram numa relação indissolúvel com os elementos estéticos e retóricos da exposição. (Não se deveria esquecer que em ambas, na interpretação e na exposição, pontos de vista políticos desempenham um papel importante.) Faz-se necessária uma aclaração analítica da diferença entre tais princípios e pontos de vista, para que não desapareça do conceito da representação o aspecto cognitivo da dimensão histórica e, junto com ele, a sua qualificação científica.

Hoje, para compreender melhor o que Ranke chamou de capacidade de regeneração, a historiologia necessita de uma nova compreensão da interpretação histórica. Ela é aguçada por contraste pelo nosso saber crescente a respeito da peculiaridade da exposição histórica. Necessitamos de uma reconstrução metateórica dos construtos conceituais e com formato teórico que atuam no quadro de referência narrativo do pensamento histórico[57].

---

57 Ao que eu saiba, ainda não se fez uma tentativa séria de interpretar e tornar compreensível no plano da teoria da narratividade a teoria dos tipos ideais de Max Weber (de entendê-lo melhor do que ele próprio se entendeu antes da virada narrativista). Os tipos ideais de Weber não são, por seu teor, construtos narrativos? E acaso não precisamos de tais quadros de referência conceituais do tipo narrativo para converter as atividades em história?

3.3 O presente do passado

Também para Droysen, a "história" é feita mediante interpretação *a posteriori*, após os acontecimentos do passado, a partir da enunciação empírica do que aconteceu. Nesse ponto, ele antecipa o construtivismo pós-moderno. O atual construtivismo, no entanto, tem um flanco vulnerável: ele se encontra numa relação exterior com a história construída. Os conceitos "invenção", "poética" e "ficção", frequentemente utilizados, sugerem uma relação do pensamento histórico com o passado que o transforma em mero material de uma interpretação sensível. Os historiadores atuam no papel de construtores de sentido, quase como artistas na forma de lidar com aquilo que o passado legou. A exemplo de Deus, eles usam o barro formado pelos restos históricos para moldar a sua criatura, a história.

Mas a história realmente seria, em todos os aspectos, um produto da formação de sentido *a posteriori*? O passado, de fato, só desempenha o papel de um objeto sem vontade do processamento memorativo segundo o parâmetro das necessidades temporais de orientação da práxis vital humana? Droysen acentua o caráter empírico da ciência histórica: com o seu teor informativo, as fontes têm algo importante a dizer na interpretação histórica do que aconteceu. É claro que o decisivamente "histórico" nessa interpretação, o nexo entre o que foi atestado nessas fontes e o que aconteceu mais tarde e foi atestado em outras fontes, definitivamente não consta nas fontes. Ele só resulta do olhar em perspectiva a partir do presente. Porém, o historiador deixa esse olhar vagar livremente sobre o material exposto diante dele contendo eventos cronologicamente ordenados e lhe confere um sentido que ao material por si só não compete? Não se oculta no capricho do posterior construtor de sentido uma pretensão fatal de domínio sobre a história que sugere como consequên-

cia a factibilidade da história? Depois que a factibilidade político-
-técnica da história – como havia sido concebida por ideologias
totalitárias (por exemplo, a do marxismo-leninismo) – levou a
resultados aterradores – renova-se a ilusão da factibilidade da
subjetividade e racionalidade modernas, agora na roupagem apa-
rentemente inofensiva da construção estética? A historiologia de Droysen pode nos ensinar que não se trata disso. Pelo contrário: nela está explicado que o passado é vivo
e atuante justamente onde o olhar histórico se volta para ele *a
posteriori* construindo sentido. Para Droysen, o passado enquanto material da posterior formação de sentido é, em certo sentido,
um fator dessa posterioridade mesma. "Cada ponto no presente,
cada coisa e cada pessoa, é um resultado histórico, contém uma
infinidade de referências que foram imergidas e interiorizadas
nele" (p. 10). Com outras palavras, isso quer dizer que o passado
foi como que "suprassumido" no próprio presente. A partir dessa
"suprassunção", o pensamento histórico visualiza os enunciados
empíricos do passado e transforma esse passado conservado nas
fontes em história carregada de sentido e significado. Droysen
aclara essa anterioridade do passado no pensamento histórico
com a categoria da memoração. "Ele [o ser humano] ilumina o
seu presente com um mundo de memorações, não de memorações aleatórias, arbitrárias, mas com aquelas que servem à explicitação, à interpretação daquilo que ele tem em torno e dentro
dele como resultado dos tempos passados" (p. 10). Memória e
pensamento histórico com seu direcionamento cognitivo para o
saber apto a ser verdadeiro não se confrontam como no atual
discurso da memoração, mas se encontram numa interconexão
constitutiva. Na análise feita por Droysen da conexão constitutiva do conhecimento histórico, a memoração provoca as energias
cognitivas do pensamento histórico; pelo menos, ela as estimula,

põe em movimento. Nesse tocante, para Droysen, o pensamento histórico científico participa das energias mentais da orientação cultural, que facilmente podem ser indicadas pelo poder que memoração [*Erinnerung*] e memória [*Gedächtnis*] exercem sobre a vida dos seres humanos.

Droysen, porém, ultrapassa o horizonte argumentativo do debate atual em mais dois aspectos essenciais: em primeiro lugar, o passado não está presente só no modo da memoração – anterior a todas as operações conscientes da consciência histórica. Ele está ativamente presente, muito antes, aquém e além da memoração em todas as circunstâncias e condições da vida atual como resultado de um desenvolvimento. Ele atua igualmente nos eventos "mudos" da práxis vital. Também onde não chega o alcance mental do consciente humano, mas onde o próprio consciente experimenta a sua moldagem. Além disso, Droysen indica expressamente que não é somente a relação temporal da memoração que constitui a consciência histórica humana, mas a duplicidade da extensão da consciência temporal humana: para o passado e para o futuro ao mesmo tempo. Ele acomoda o caráter presente do passado no leito de uma consciência temporal que, "rememorando e esperando", estica o arco do sentido por cima da experiência da mobilidade temporal da vida humana. A energia mental do espírito humano, com o qual ele motiva intencionalmente o agir, é obtida por meio de "memoração e desejos" e direcionada para o futuro por meio de "esperança" (p. 10).

Com essa argumentação é possível dar uma rasteira no esquecimento do futuro que caracteriza a conjuntura favorável para a memoração na virada científico-cultural das ciências humanas?[58] Segundo Droysen, o pensamento histórico capacita para o futuro com a sua dupla constituição de memoração

---

58 RÜSEN. *Die Zukunft der Vergangenheit.*

e expectativa; em contraposição, parece que nós, hoje em dia, compensamos as angústias geradas pela esperança perdida no progresso das sociedades (pós-)modernas mediante uma memoração que perdeu a perspectiva do futuro.

Para Droysen, naturalmente o passado não se inscreve de imediato como história no consciente humano pelo fato de terem efetivamente se realizado as suas circunstâncias, condições e constituição. Ele necessita, muito antes, de uma representação "pesquisadora", na qual o seu caráter de puro presente se desmembra na sequência temporal do devir. Estes dois lados do consciente histórico humano: o fato de ele ter sido construído de antemão e seu desempenho criador na construção podem ser distinguidos esquematicamente da seguinte maneira:

Ser construído e construção na história

Ser construído	
Agindo e sofrendo, os seres humanos criam um mundo para si e seus descendentes.	Passado ↓
↓	
Corrente das gerações: nexos determinados pelos fatos, "causalidade do destino".	História "objetiva" ↓
↓	
Os seres humanos agem e sofrem sob condições e circunstâncias efetivadas do seu mundo.	Presente
Construção	
Construção de sentido mediante memoração e cultura histórica.	Passado ↓
↓	História "objetiva" ↓
Corrente das gerações: posturas determinadas por valores.	
↓	Presente
As atividades se transformam em história.	

A historiologia de Droysen dá uma indicação decisiva de como pode ser concebido o nexo entre história objetiva e história subjetiva. É possível deduzir essa indicação de sua concepção do modo como o passado sempre já está presente. Poderíamos falar (experimentalmente) de uma posterioridade presente do passado no pensamento histórico[59]. Para Droysen, o ponto de partida do pensamento histórico sempre é o presente. Na efetuação vital do consciente histórico, em sua efetuação prática como momento essencial da cultura humana sobrepõem-se a construção e o ser construído da historiologia. Droysen não diferenciou com o rigor necessário o presente do passado que aqui entra no raio de visão daquele outro presente, com o qual ele acentua o caráter empírico e investigador do pensamento histórico: a presença do passado nas fontes. Nestas, o passado está presente debaixo das camadas de pó dos arquivos, mas não com a impetuosidade mental de orientações culturais inscritas "empiricamente" na práxis vital humana e que reiteradamente exigem novas configurações, porque as circunstâncias de vida, nas quais e sobre as quais deve haver orientação se modificam constantemente. Mas na linguagem que falamos, no *habitus* que vivemos, o passado está vivo.

Esse ser construído do pensamento histórico deve ser sistematicamente afirmado em vista da tese da força construtiva e da execução construtiva do pensamento histórico na teoria da história. Se fizermos isso, poderemos aprender algo de Droysen: o passado não passou, mas continua a viver na base de onde emana a consciência histórica humana. No sentido de Droysen, eu formularia isso de modo ainda mais radical: os mortos não estão mortos, e o *ethos* do pensamento histórico reside na responsabilidade pelo passado[60].

---

59 Aspectos dignos de reflexão sobre a categoria da posterioridade encontram-se em KETTNER. *Nachträglichkeit* – Freuds brisante Erinnerungstheorie.

60 Cf. reflexões para aprofundamento desse tema em RÜSEN. *Kann gestern besser werden?* – Essays zum Bedenken der Geschichte.

3.4 A capacidade formadora do pensamento histórico

A didática da história desde sempre é uma filha preterida da ciência histórica. Atribui-se a ela a "aplicação" ou a "transmissão" do saber histórico (inclusive na autocompreensão dos especialistas), e só com esses conceitos ela já é convertida em algo exterior e de segunda ordem em relação à disciplina científica propriamente dita. De Droysen se pode aprender que essa exterioridade não corresponde ao objeto de que se está tratando. Ele traz a didática para o centro do pensamento histórico, atribuindo-lhe uma função formadora fundamental. Segundo Droysen, a formação não compete exteriormente à historiologia, mas ela é força motriz dentro dela mesma. O que significa formação? Entendo que seja uma competência espiritual de orientação baseada em processos de aprendizagem. Droysen deu a essa competência de orientação uma versão resolutamente histórica: "A ideia da educação do gênero humano torna a história um meio de formação; pois formação significa ter vivido sumariamente no espírito, em termos de ideia, aquilo que foi elaborado durante a história da humanidade" (p. 406) [61].

Pode-se dar uma forma negativa a essa sentença. Nesse caso, ela diz que o pensamento histórico perde a si mesmo quando não exerce mais a sua função formadora. Como se deve entender isso? O pensamento histórico sempre começa com uma pergunta. Esse "começo" fica prejudicado na autocompreensão da historiologia. Nós ainda ensinamos aos nossos estudantes respostas em demasia, sem imbuí-los do ato de perguntar que está na base dessas respostas. Aprender a perguntar de modo sistematicamente histórico não é um impulso forte do ensino acadêmico. Pelo contrário: lamentavelmente, o perguntar como operação

---

61 DROYSEN. *Grundriss der Historik – Die erste vollständige handschriftliche Fassung*, 1857 ou 1858, § 40.

metodologizável do pensamento histórico[62] desapareceu quase por completo da heurística, e o que restou como heurística que precede à crítica das fontes foi tão somente o "achar", a inspeção do material empírico disponível para responder perguntas históricas. Porém, o perguntar histórico produtivo brota da contemporaneidade sensível. Perguntas que realmente levam adiante, isto é, perguntas que inauguram novas perspectivas da noção histórica não se originam apenas de lacunas da pesquisa, mas da percepção de necessidades de orientação do presente e sua conversão em perspectivas temporais, nas quais a experiência do passado possa ser introduzida de maneira nova.

Formação é a capacidade de responder racionalmente às perguntas espirituais por orientação que se colocam no contexto das situações atuais da vida. Tais perguntas constantemente se colocam e se colocam sempre de maneira nova – e isto não ocorre, em primeira linha, no contexto dos processos cognitivos internos de uma disciplina, mas no contexto cultural desses processos cognitivos mesmos. Assim, no ano de 1989, surgiu a pergunta dirigida aos alemães e a seus vizinhos referente a quem são agora os alemães enquanto nação. A meu ver, o livro pródigo em ideias de Lutz Niethammer sobre a identidade coletiva[63] deve ser entendido nesse contexto – como advertência insistente contra explicar o pertencimento a uma nacionalidade com o auxílio de um conceito substancialista de identidade. A obra de Heinrich August Winkler, intitulada *O longo caminho até o Ocidente*[64], constitui outro exemplo de que e de como a historiogra-

---

62 Cf. sobre isso RÜSEN. *Rekonstruktion der Vergangenheit* – Grundzüge einer Historik II: Die Prinzipien der historischen Forschung.

63 NIETHAMMER. *Kollektive Identität* – Heimliche Quellen einer unheimlichen Konjunktur.

64 WINKLER. *Der lange Weg nach Westen.*

fia profissional se envolve com problemas atuais de orientação e recebe deles, ou seja, da preocupação com uma perspectiva de futuro politicamente racional, os seus impulsos determinantes.

Respostas historiográficas com potencial de orientação a perguntas contemporâneas possuem caráter formativo, que diz respeito ao posicionamento das leitoras e dos leitores aos quais se dirige (nesse caso, principalmente os alemães na Europa em formação) em meio à mudança dos tempos. Há grande quantidade de questões desse tipo, como, por exemplo, a da identidade histórica da Europa em formação[65]. Europa é bem mais do que o euro do mercado comum, e inclusive este só funciona a longo prazo num contexto cultural, no qual existe um euro espiritual, uma identidade europeia produtiva e convicta do futuro. As ciências culturais são insubstituíveis para a cunhagem desse euro espiritual[66]. Sem formação histórica, ou seja, sem um saber histórico fortemente orientador, esse euro não é concebível.

Por razões metodológicas – justamente por que, para o pensamento histórico, o contexto cultural do presente causa a ignição inicial da pergunta histórica –, Droysen localiza essa função formadora do pensamento histórico no centro desse pensamento: "Do interesse didático brota a necessidade dessa compreensão histórico-mundial, e só a partir dela é que se justifica a ciência histórica como tal; porque é só então que ela se torna totalmente ela mesma, só então ela converge para a totalidade que de modo geral lhe é desejada" (p. 253s.).

65 Cf. sobre isso, a abordagem, tremendamente estimulante para o pensamento histórico, dessa questão da identidade pela Preleção Krupp 2004-2005. MUSCHG. *Was ist europäisch?* – Reden für einen gastlichen Erdteil.

66 Cf. MacDONALD (org.). *Approaches to European Historical Consciousness*: Reflections and Provocations. • POK; RÜSEN & SCHERRER (orgs.). *European History*: Challenge for a Common Future.

Essa formulação é provocadora: a história é meio para um fim, que é a formação; a própria história da humanidade tem como *télos* essa formação. Ainda será mesmo possível dar plausibilidade a um conceito finalista para o pensamento histórico? Ele não pertence a uma filosofia da história que a ciência histórica com toda razão deixou para trás por razões que promovem o conhecimento? E a didática da história não está sendo irremediavelmente sobrecarregada quando se pretende que, em seus domínios, a ciência histórica venha a ser "totalmente ela mesma", ou seja, que naquela esta chegue à perfeição?

A partir da provocação dessas duas preguntas, é possível adquirir novas noções na área da teoria histórica. Trata-se de noções da lógica do pensamento histórico. A questão do *télos* diz respeito à nossa compreensão de história sobre a base da consciência humana do tempo. E o direcionamento do pensamento histórico para a didática da história diz respeito à nossa compreensão da humanidade enquanto dimensão categorial da identidade histórica. Quando juntamos as duas coisas, trata-se de nada mais nada menos que o sentido da história.

3.5 O sentido da história – O γνῶθι σαυτόν da humanidade

Apesar da sua compreensão neokantiana da construção posterior da história, Droysen ainda está comprometido com a filosofia idealista da história. O passo para além dessa filosofia é tido de modo geral como ato de aliviar o conhecimento histórico do peso morto da metafísica ou até da teologia que ele vinha arrastando consigo. O que não se percebeu foi que, para Droysen, havia razões objetivas para encorpar o seu construtivismo epistemológico com uma filosofia da história substancialista. O progresso rumo a uma era pós-metafísica da teoria da história traz consigo o lado sombrio de uma repressão de problemas.

O problema reside no ponto em que se interconectam e até convergem o ser construído pelo passado, que é atuante nas relações de vida efetivadas do presente, e o construir da história a partir dos enunciados empíricos do passado. "Sentido" é a categoria que pode caracterizar essa conexão, essa convergência, caso se retire dela o significado subjetivista[67]. A categoria do sentido corresponde, quanto ao seu significado lógico, ao conceito do espírito, que Droysen assumiu de Hegel e de Humboldt para explicar o caráter formador do pensamento histórico. Para Humboldt, o espírito constitui antropologicamente o movimento temporal do mundo humano e simultaneamente o conhecimento desse movimento como história[68]. O conceito da formação sinaliza essa unidade: ele ancora o pensamento histórico no núcleo da experiência interpretada da mudança temporal do próprio ser humano e do seu mundo. No período pós-metafísico, esse espírito se converteu no sentido, e até hoje sentido e formação de sentido são tidos, em primeira linha, como quinta-essência da interpretação humana e raramente como qualidade do próprio passado interpretado (embora este, em seus testemunhos, sempre apresente os rastros de realizações culturais de formação de sentido).

Podemos aprender com Droysen que a subjetividade do sentido histórico sempre tem um vínculo retroativo com o acontecimento temporal do passado. Ela está, por assim dizer, fundada "objetivamente" nos contextos culturais presentes, dos quais se origina a pergunta histórica. O sentido desde sempre está inscrito na realidade do mundo vital humano; ele é real – no sentido de eficaz – nas circunstâncias de vida da cultura histórica, na estrutura condicionante do próprio pensamento histórico. Na

---

67 Cf. sobre, o que segue: RÜSEN. *Geschichte als Sinnproblem.* • RÜSEN. *Zerbrechende Zeit – Über den Sinn der Geschichte.*

68 HUMBOLDT. *Über die Aufgabe des Geschichtsschreibers.*

interseção entre condicionalidade objetiva e produção subjetiva do pensamento histórico está encerrada a história – no acontecimento temporal real da práxis vital atual e na interpretação subjetiva desse acontecimento concomitantemente. Droysen concebeu essa unidade da história enquanto acontecimento e enquanto interpretação, nos termos da filosofia da história, em conexão com Hegel, como "a história" (p. 367): "Mas acima das histórias está a história" (p. 409); ele também fala da "história da história" (p. 314, 369). Ele interpretou essa (meta-)história teleologicamente. O *télos* da história é a humanidade enquanto quinta-essência da autoprodução cultural do espírito humano. Há duas razões para tomar essa filosofia da história como ponto de partida: por um lado, a ancoragem antropológica dos critérios históricos de sentido no contexto da mediação entre ser construído e construção da orientação histórica e, por outro, o significado que tem a categoria da humanidade para a construção histórica da identidade na era da globalização.

A filosofia da história de Droysen ancora os critérios de sentido históricos no ponto de interseção entre ser construído e construção da orientação histórica, onde o ser construído constitui a construção e a construção acolhe dentro de si interpretativamente o ser construído. Dificilmente se poderá contestar que existe essa conexão entre ser construído e construção. Todavia, o que se deve discutir criticamente é a lógica do pensamento histórico daí decorrente. Droysen viu na passagem dos dados objetivos de sentido para as construções subjetivas de sentido um progresso implantado na dinâmica de transcendência do próprio espírito humano e que perfaz a história como processo temporal. Diante disso, hoje poderiam ser acentuados os déficits de sentido e as experiências de sofrimento que impulsionam o trabalho de interpretação da consciência histórica humana. Desse modo, seria rompido sistematicamente o otimismo finalista da categoria droysiana do progresso, sem que se abandonasse sua noção de uma qualidade intrínseca de sentido das mudanças temporais do ser humano e do seu mundo como condição da possibilidade do pensamento histórico. Pelo contrário: a negatividade da experiência histórica, seu déficit estrutural de sentido enquanto provocação da formação histórica de sentido não representa um afastamento da antropologia droysiana do espírito humano, mas sua radicalização. No período pós-metafísico, o pensamento histórico substituiu – para não dizer: suplantou – a lógica da teleologia por uma lógica da reconstrução. O que se reconstrói é a cadeia temporal de condições da possibilidade nos processos de mudança da experiência histórica. O olhar não se dirige mais teleologicamente do mais antigo para o posterior a ele. É o inverso: ele literalmente recua para o passado enquanto sequência temporalmente ordenada de condições da possibilidade de vida presentes e seus projetos de futuro.

Desse modo, o futuro ganha enquanto categoria do tempo histórico um significado totalmente novo e até decisivo para o pensamento histórico. Na visão de Droysen, a lógica da história reside em que o ser humano transcende espiritualmente todos os dados culturais anteriores à sua práxis vital, para apropriar-se deles de maneira nova em termos culturais. Ele caracteriza isso com o auxílio dos conceitos "ἐπίδοσις εἰς αὐτό [doação a si mesmo]", tomados de Aristóteles – uma dinâmica antropológica que é impulsionada pela busca humana da liberdade. À luz de uma lógica da reconstrução histórica o estímulo do pensamento histórico provém do direcionamento para o futuro das finalidades da práxis vital humana que determinam sua ação. A experiência do passado é interpretada historicamente sob a questão norteadora das condições de possibilidade temporalmente ordenadas desse futuro. Em comparação com uma teleologia histórica, a reconstrução histórica oferece mais chances de futuro. Ao mesmo tempo, porém, ela precariza a certeza da avalização empírica do sentido na passagem do passado para o futuro. Essa perda pós-metafísica da confiança idealista no sentido pode, no entanto, ser traduzida para uma ética do pensamento histórico que transforma o sentido precário da experiência histórica na solidez de uma orientação cultural do agir e sofrer humanos direcionada para o futuro.

A segunda razão para tomar a filosofia da história de Droysen como ponto de partida reside na importância que tem a categoria da humanidade para a formação histórica da identidade na era da globalização. A humanidade é simultaneamente horizonte de experiência e determinação normativa do pensamento histórico. Isso é assim desde sempre – as narrativas-mestras de todas as culturas ancoram uma representação normativamente carregada da humanidade na determinação do pertencimento dos seus destinatários. Droysen formulou isso enfaticamente nestes termos: "Quando falamos de história da humanidade, o conceito de humanidade é um que ainda quer tornar-se tal conceito nessa sua história e que se torna incansável e ganha existência em cada eu empírico, e isto na medida em que ele não é apenas esse eu empírico. A ideia da humanidade é a egoidade [*Ichheit*] e, mais precisamente, a liberdade, isto é, o fato de o espírito referir-se a si mesmo e determinar-se em si mesmo; e o que contribui para o desdobramento e o desenvolvimento dessa egoidade promove a ideia da humanidade, é histórico" (p. 368s.).

Essa ideia corresponde ao pensamento histórico-universal das modernas sociedades ocidentais. Contra esse pensamento foi objetado, com boas razões, pela crítica pós-moderna, que ele apenas generaliza a sua própria particularidade cultural, representando, desse modo, apenas um meio ideológico de desqualificação da alteridade de outras culturas e de dominação sobre elas. Todavia, fazendo com que esse universalismo da humanidade recue a um pluralismo das particularidades culturais, apenas se substitui a pretensão de subjugação de uma cultura pelo embate de todas as culturas contra todas as culturas (*clash of civilizations* [choque de civilizações]). Droysen oscila entre as duas possibilidades. Por um lado, ele presume que o pensamento histórico tenha em sua base uma antropologia universalista da liberdade humana[69]. Por outro lado, Droysen ratifica a dominação cultural da formação identitária nacionalista em seu tempo num relativismo configurador do conhecimento histórico que, em sua função orientadora, é responsável pelos processos atuais (nacionalistas) de pertencimento e delimitação. Inopinadamente a humanidade se reduz à nação quando se trata de experiências históricas concretas. Isso, porém, não constitui argumento contra a categoria da humanidade, mas uma defesa de seu fortalecimento teórico-histórico contra seu estreitamento nacionalista. Droysen continua um clássico, caso não se queira abandonar a humanidade enquanto grandeza de referência do pensamento histórico – e, em vista do processo real de globalização, isso só seria possível à custa de uma perda muito grande em termos de experiência e orientação, um embotamento da contemporaneidade sensível.

Todavia, a categoria droysiana da humanidade necessita um acento crítico e que leve ao aprofundamento. Droysen relaciona "a ideia da humanidade" ao núcleo da identidade histórica, à "egoidade", que ele define como "o fato do espírito referir-se a si mesmo e determinar-se em si mesmo". Essa teoria da identidade é encolhida, dado que não desenvolve o aspecto comunicativo da egoidade, a referência constitutiva à alteridade dos outros. Esse

---

69 Para uma reconstrução sistemática dessa antropologia cf. JAEGER. *Bürgerliche Modernisierungskrise und historische Sinnbildung* – Kulturgeschichte bei Droysen, Burckhardt und Max Weber, p. 40-52.

estreitamento escancara portas e janelas ao etnocentrismo. Hoje trata-se necessariamente de explicitar de maneira nova a importância categorial de "humanidade" para a identidade cultural. E, ao fazer isso, é preciso acentuar e (re)validar, numa versão crítica ao etnocentrismo, a concepção de igualdade embutida nessa categoria na cultura ocidental. Ao mesmo tempo, porém, a categoria da igualdade tem de ser mediada resolutamente com a experiência da diferença cultural – e isto representaria um passo consistente para o futuro. Nesse caso, ela adquire a qualidade normativa da regra geral de reconhecer reciprocamente a diferença cultural na comunicação intercultural. Esse *télos* da orientação para a ação direcionada para o futuro pode ocasionar uma reconstrução do passado que promete novas noções históricas, a saber, a noção que necessitamos para delimitar-nos em relação ao outros com perspectiva de futuro, isto é, de tal maneira que possamos reconhecê-los. Droysen dá impulsos para isso que podem nos motivar a retomar momentos centrais de sua argumentação teórico-histórica sem restringir-nos a elas.

II
IMPULSOS DO PENSAMENTO HISTÓRICO

1
A cultura da memoração na história da República Federal da Alemanha

Coautoria de Friedrich Jaeger *

History is all the years and the sufferings.
[História é todos os anos e os sofrimentos.]**
Criança de escola

1.1 Cultura da memoração na ciência histórica alemã

Os atuais debates em torno da cultura da memoração e da memoração cultural[1] podem ser entendidos como parte de uma virada histórico-cultural que a ciência histórica alemã executa há um bom tempo[2]. Na esteira dessa virada, a dimensão das percep-

---

* A primeira versão foi publicada em KORTE, K.-R. & WEIDENFELD, W. (orgs.). *Deutschland TrendBuch* – Fakten und Orientierungen. Bonn (Bundeszentrale für politische Bildung), 2001, p. 397-428. E chinês: *The Frontiers of Historiography*. Vol. 1: Writing History, 2002, p. 140-164.

** Resposta de uma criança de escola à pergunta: O que é história? In: MIHALACHE. *History and Memory, asking the children*, p. 118-121, citação p. 119.

1 ASSMANN & HARTH (orgs.). *Mnemosyne.* • ASSMANN. *Kulturelles Gedächtnis.* • LeGOFF. *Geschichte und Gedächtnis.* • HÖLSCHER. *Erinnerungskultur.* • NORA. *Zwischen Geschichte und Gedächtnis.*

2 Cf. VAN DÜLMEN. *Historische Anthropologie; Entwicklung – Probleme – Aufgaben* – Zur historischen Dimension der Kulturgeschichte. Cf. tb. JAEGER. *Bürgerliche Modernisierungskrise und historische Sinnbildung.*

ções culturais, experiências, autointerpretações, normas de ação e também memorações, que fora tirada de foco ou negligenciada na tradição da história social e da sociedade, ingressa no campo visual de maneira nova e também mais intensamente do que até agora. Abordagens a partir da história do cotidiano e abordagens microanalíticas[3], os procedimentos metodológicos da descrição densa[4] e da *oral history*[5] e também a consideração de memorações como fatores da orientação e identidade culturais[6] caracterizam essas correntes mais recentes do pensamento histórico.

A história social e da sociedade havia obtido seu impulso originalmente da desconfiança em relação a essas experiências e memorações hermeneuticamente apreensíveis dos sujeitos e, em contrapartida, afirmaram que a tarefa específica da ciência consistiria justamente em relativar e transcender, nos planos analítico e da crítica ideológica, o horizonte da experiência, interpretação e memoração dos atores envolvidos. No seu mais recente inventário da ciência social da história, Jürgen Kocka reduziu a sua concepção

---

3 BRÜGGEMEIER, K. (orgs.). *Geschichte von unten - Geschichte von innen* – Kontroversen um die Alltagsgeschichte. • LÜDTKE (org.). *Alltagsgeschichte, Mikro-Historie, historische Anthropologie.* • LÜDTKE. *Alltagsgeschichte* – Zur Rekonstruktion historischer Erfahrungen und Lebensweisen. Sobre o conceito investigativo da micro-história cf. VAN DÜLMEN. *Historische Anthropologie*, p. 47ss. • SCHLUMBOHM (org.). *Mikrogeschichte* – Makrogeschichte: komplementär oder inkommensurabel? • SCHULZE (org.). *Sozialgeschichte, Alltagsgeschichte, Mikro-Historie.* Cf. um importante estudo de caso da historiografia micrológica em MEDICK. *Weben und Überleben in Laichingen 1650-1900 – Lokalgeschichte als Allgemeine Geschichte.* Praticamente um clássico é GINZBURG. *Der Käse und die Würmer* – Die Welt eines Müllers um 1600. • GINZBURG. *Spurensicherung* – Über verborgene Geschichte, Kunst und soziales Gedächtnis.

4 GEERTZ. *Dichte Beschreibung* – Beiträge zum Verstehen kultureller Systeme.

5 Cf. a breve síntese com referências bibliográficas para aprofundamento em WIERLING, *Oral History.*

6 ASSMANN. *Das kulturelle Gedächtnis* – Schrift, Erinnerung und politische Identität in frühen Hochkulturen. • ASSMANN & FREVERT. *Geschichtsvergessenheit – Geschichtsversessenheit* – Vom Umgang mit deutschen Vergangenheiten nach 1945.

científica de história à fórmula da "virada analítica" que a ciência social da história teria efetuado na década de 1970: "Virada analítica quis dizer [...] que os historiadores passaram a tender com mais clareza a estruturar conceitualmente sua pesquisa e seus trabalhos, formulando perguntas claras e explícitas em conexão com debates teóricos de cunho mais geral. Eles começaram a definir seus conceitos centrais e refletir sobre eles. Eles utilizaram abordagens tipológicas e comparativas, assim como um amplo espectro de outros métodos. Perguntas causais eram levantadas. E, para respondê-las, foram empregadas teorias que ordenavam as informações oriundas das fontes, mas que não provinham dessas fontes. Os historiadores se despediram das formas mais tradicionais da narrativa. Sua forma de comunicação, tanto entre si como diante da esfera pública, tornou-se mais argumentativa e conceitual, explicitamente ponderada e autorreflexiva. O ponto de referência extracientífico da ciência foi levado a sério, foi reclamada a 'relevância' e afirmada a práxis como ponto de referência, a própria ciência foi entendida como parte do esclarecimento sociopolítico. Fazia-se história para aprender a partir dela e certamente também para libertar-se dela"[7].

O saber histórico no sentido da ciência social histórica traz, portanto, para o campo de visão fatores condicionantes da mudança histórica no passado que rompem o quadro habitual das memorações e narrativas dos sujeitos e escapam à sua compreensão ou à sua conceitualidade; que remetem, portanto, para uma realidade situada além das experiências, orientações e interpretações do mundo cotidiano[8].

A categoria "sociedade" da história social visa correspondentemente, antes de tudo, à interação complexa de macrofe-

---

7 KOCKA. *Historische Sozialwissenschaft heute*, p. 10. Cf. a interpretação crítica da história social em WELSKOPP. *Die Sozialgeschichte der Väter.*

8 KOCKA. *Perspektiven für die Sozialgeschichte der neunziger Jahre*, p. 35s.

nômenos como urbanização e profissionalização, processos de formação de classes e socialização do mercado, burocratização, juridicização, desenvolvimentos demográficos e ciclos conjunturais. Como atores propriamente ditos são tidos coletivos que agem anonimamente, como classes sociais, elites funcionais, federações e burocracias estatais, que juntos se socializam mediante relações legais formalizadas, mecanismos de mercado, interesses de dominação e conflitos sociais. Os indivíduos despertam interesse como representantes desses megagrupos sociais, mas não como personalidades concretas com uma biografia singular. A tarefa da ciência histórica consiste, nesse caso, na análise e na crítica dessas coerções estruturais e desses procedimentos institucionalizados durante a socialização dos grupos sociais, visando torná-las mais transparentes no presente e, desse modo, franquear espaços de manobra para a liberdade nas sociedades modernas[9].

A história social diferencia entre espaços comunicativamente abertos e espaços estruturalmente fechados da realidade histórica, expressando essa diferenciação com a distinção entre cultura e sociedade: "O conceito de sociedade está mais propenso a dar margem à pergunta pelos recursos, pelas desigualdades e relações de poder que, a seu tempo, não estavam comunicativamente manifestas, que não estavam simbolicamente reforçadas e que possivelmente não estavam presentes para os atores contemporâneos, ao passo que o conceito de cultura, reduzindo o alcance e com frequência adotando uma postura lisonjeira, desvia o olhar para os âmbitos da realidade que estavam presentes para os atores como objeto da comunicação e como lugar de representação simbólica"[10].

---

9 Uma exposição extensa dessa concepção se encontra em WEHLER. *Deutsche Gesellschaftsgeschichte.*

10 KOCKA. *Historische Sozialwissenschaft heute,* p. 19.

Sobre a base dessa concepção metodológica anti-hermenêutica da história social, a ciência histórica tornou-se uma instituição que suplanta a autocompreensão e a memoração cultural dos atores sociais por ter ciência das dimensões da mudança histórica não representadas nas memorações e interpretações desses atores. Tendo por base fontes processadas, muitas vezes sequenciais, a ciência se concebe como uma análise de nexos estruturais. Como tal ela consegue disponibilizar informações e interpretações mais confiáveis do que as produzidas pelas memorações subjetivamente toldadas ou até conscientemente unilaterais dos contemporâneos. Estas são tidas, muito antes, em comparação com a ciência que trunfa com a pretensão de objetividade, como um modo deficitário do pensamento histórico.

Diante desse pano de fundo histórico-teórico, o discurso da memoração alemão das últimas décadas adquire contornos mais nítidos, porque, na esteira de uma virada culturalista ou então neo-hermenêutica, submeteu tanto o conceito de ciência quanto o de sociedade da história social a uma clara revisão. A *oral history* da década de 1980 e as discussões em torno da micro-história, da antropologia histórica e da história da cultura tiveram nesse contexto uma função iniciadora dos debates atuais em torno da memoração e da memória, ao reposicionarem, no interior da ciência, o significado das memorações subjetivas, das formas de percepção e das interpretações da realidade de indivíduos e grupos sociais[11]. Tratou-se do resgate de testemunhas da época no modo da memoração histórica que se pretendia registrar e transmitir à posteridade de um modo metodologicamente novo.

---

11 Sobre isso cf. o resumo dessas tendências feito por VAN DÜLMEN. *Historische Anthropologie*. Além disso, seja mencionada, nesse contexto, a revista *Historische Anthropologie*. *Kultur, Gesellschaft, Alltag* [Antropologia histórica. Cultura, sociedade, cotidiano], existente desde 1993.

Um exemplo disso que se tornou influente é o Projeto Oral History intitulado *"Lebensgeschichte und Sozialkultur im Ruhrgebiet* [História de Vida e Cultura Social na Região do Rio Ruhr]" (Lusir), liderado por Lutz Niethammer, com o qual se pretendia reconstruir e documentar, sobre a base empírica de entrevistas memorativas, o cabedal de experiências de contemporâneos do nazismo e da fase inicial da República Federativa da Alemanha [12].

Mediante essas tendências foi quebrada a pretensão monopolista da ciência objetivadora sobre o trabalho memorativo e o pensamento histórico e, mediante o recurso à categoria da memória, ela foi complementada com formas subjetivas ou coletivas de memoração. Oculto encontrava-se na base desse processo um motivo crítico à ciência, na medida em que o conceito da cultura da memoração se encontra em tensão latente ou até franca com os princípios da racionalidade específica da ciência. Os processos comunicativos da formação de sentido próprios da memória social, nos termos de Maurice Halbwachs [13], são contrapostos ao efeito mortificador dos procedimentos metodológicos objetivadores da ciência e, desse modo, ganham o atrativo da vitalidade imediata. No modo da cultura da memoração, o pensamento histórico se converte num procedimento metodológico que expressa e valida os aspectos íntimos subjetivos da mudança histórica. Os procedimentos analíticos de asseguração científica da objetividade são percebidos, em contraposição, de modo similar à crítica nietzscheana da ciência e do positivismo, como uma ameaça à proximidade imediata da vida, ao grupo como referência e ao caráter comunicativo do trabalho memo-

---

12 Sobre os fundamentos metodológico-teóricos desse projeto cf. NIETHAMMER. *Fragen - Antworten - Fragen* – Methodische Erfahrungen und Erwägungen zur Oral History.

13 Sua importância para o discurso mais recente sobre a memoração é enfatizada por ASSMANN. *Das kulturelle Gedächtnis*, p. 34ss.

rativo humano, cuja autonomia teria de ser reafirmada em oposição à ciência objetivadora[14].

Com a virada para a cultura da memoração, a ciência histórica perde o privilégio da memoração cultural: o pensamento histórico, de evento institucionalizado e cientificado de especialistas, passou a ser uma rede de comunicação social entre indivíduos e grupos concretos que concorrem publicamente por interpretações, significados e capital simbólico. Essa rede se apresenta imersa em constante transformação e se evidencia como um acontecimento conflituoso, no qual se luta, tendo como *medium* a memoração, por orientação através da presentificação do passado. Uma alta cultura elitista se converte num assunto de pessoas comuns em situações vitais cotidianas, que pressionadas pelas condições exteriores de vida entram em acordo umas com as outras e se asseguram de si mesmas no modo da memoração.

Isso tudo é acompanhado de uma revisão profunda da concepção de sociedade da história social, na medida em que, na esteira das abordagens analíticas do cotidiano e das abordagens microanalíticas, foram concretizados, nos termos da história da experiência, os processos formalizados de socialização dos megassujeitos anônimos. Desse modo, a sociedade se torna transparente para múltiplas práticas culturais de produção comunicativa de significados, interpretações e orientações, em cujo centro se

---

14 Entrementes essa polarização entre história objetivadora e memoração subjetivadora deu lugar a uma mediação desses dois aspectos da cultura da memoração; isto é acentuado por Aleida Assmann: "Entrementes conseguimos deixar de pensar história e memória como polos opostos. Essa construção antagônica partiu de uma imagem da ciência histórica enquanto processo supraindividual abstrato e isento de posicionamento, que se confrontava do lado da memória com as memorações vivas, isto é, subjetivamente limitadas e afetivamente carregadas. Essa oposição jamais foi totalmente abandonada, mas nós nos tornamos mais sensíveis para os múltiplos vínculos que aparecem na área cinza entre história e memória" (ASSMANN & FREVERT. *Geschichtsvergessenheit – Geschichtsversessenheit – Vom Umgang mit deutschen Vergangenheiten nach*, 1945, p. 30).

encontram as operações organizadoras do tempo da cultura da memoração.

Desse modo, foi aclarado em grandes traços o contexto histórico-temporal e histórico-teórico, no qual a discussão atual em torno da cultura memorativa alemã posterior à Segunda Guerra Mundial deve ser situada. No que segue, ela será tematizada em, ao todo, quatro passos: numa primeira parte, a questão será extrair um conceito teórico com o qual seja possível interpretar adequadamente os fenômenos empíricos da cultura memorativa alemã. Nesse contexto, serão levantadas, antes de tudo, questões referentes à constituição da memoração como fenômeno da consciência histórica (I,1), bem como, ademais, questões referentes às funções orientadoras das práticas vitais da memoração cultural e às categorias centrais da discussão (I,2). No conceito da memoração, sobrepõem-se operações mentais bem diferenciadas: a da percepção ou da experiência cultural; a da comunicação e verbalização; a da orientação da ação; a da legitimação cultural ou crítica da legitimidade; por fim, a da formação da identidade. Assim sendo, a memoração é um fenômeno complexo, que primeiro deveria ser elaborado em sua estrutura pragmático-teórica, antes de passarmos aos aspectos individuais da cultura da memoração na República Federativa da Alemanha após a Segunda Guerra Mundial.

Essa cultura da memoração é o tema da segunda parte. Nesta será descrita, em primeiro lugar, a diversidade institucional das formas da cultura da memoração ou da cultura histórica (II,1), para, por fim, examinar com mais precisão a controvérsia em torno do nazismo como o centro temático e problema desafiador propriamente ditos da cultura memorativa alemã (II,2).

Há quem possa achar que esse programa e as ênfases a ele associadas em nossa contribuição sejam em seu conjunto por demais científicos ou carregados de teoria. No entanto, isso é inteiramente proposital e pretende ser uma reação a tendências no interior do discurso mais recente da memoração e da memória. Nelas, a ciência histórica frequentemente é obscurecida e tirada do foco como fator da memoração cultural e da memória coletiva, e às vezes até interpretada como antagonismo e ameaça a um acontecimento comunicativo de tradição. Nesses casos, os conhecidos motivos do pensamento de Nietzsche celebram um retorno triunfal sumamente problemático. Diante dessas tendências, consideramos a reflexão teórica e a racionalidade científica fatores constitutivos da cultura da memoração e da cultura histórica alemãs. Advém daí também nossa dupla persistência, por um lado, na necessidade da fundamentação teórica da cultura da memoração como concepção de pesquisa e de orientação e, por outro lado, no significado constitutivo da ciência na efetuação de demonstrações públicas da memoração.

1.2 Cultura da memoração: elementos de uma concepção teórica

Estruturas da consciência histórica e da cultura histórica

Consciência histórica é a forma da consciência temporal humana, na qual a experiência do passado enquanto história é interpretada para o presente. A história enquanto conteúdo da consciência histórica é uma grandeza orientadora da práxis vital humana. Ela funciona como meio cultural, no qual são negociadas socialmente as determinações do rumo a seguir nas mudanças temporais, determinações que, em virtude do sofrimento, exigem uma ação e que são postas ou mantidas em movimento pelo próprio agir. Ela funciona simultaneamente também como meio cultural pelo qual os que sofrem e os que agem chegam a um acordo consigo mesmos, no qual negociam o seu pertencimento e a sua delimitação em relação a outros. A partir de tais determinações de rumo e acordos consigo mesmos acaba brotando também uma força motivadora para o agir, com a qual as pessoas completam a sua vida no fluxo do tempo. Tendo essa função orientadora a partir da experiência do passado, a consciência histórica sempre tem o futuro como ponto de referência. Ela sempre está imbricando o horizonte de experiência da orientação humana no mundo, no qual o passado está presente de diferentes modos, e o horizonte de expectativa, no qual o agir (e o sofrer) se projeta(m) de modo finalista. Sendo assim, a consciência histórica não está meramente direcionada para o passado, mas está constantemente provendo esse direcionamento com expectativas normativamente carregadas. Essa imbricação complexa de passado e futuro na consciência histórica e sua função orientadora em cada práxis vital presente foi sintetizada por Jocelyn Létourneau na seguinte fórmula de fácil compreensão: "History is a back-up for the future [A história é uma cópia de reserva para o futuro]"[15]. Ela provê a formação de sentido "história" com a dupla extensão intencional de experiência e expectativa, de retenção e pretensão (Husserl) da consciência humana do tempo[16].

O passado adquire esse caráter de história para o presente no rumo do futuro mediante a práxis mental da formação histórica de sentido, mediante o ato de narrar uma história. Nem todo ato de narrar é histórico; só quando atualiza a experiência do que aconteceu no passado de modo a situá-la numa conexão temporal significativa e relevante com o presente é que ele passa a sê-lo e exerce a função específica da orientação temporal mediante a experiência interpretada do passado. Tais histórias intermedeiam

---

15 Manifestação oral no *Kulturwissenschaftliches Institut* [Instituto de Ciência Cultural]. Essen.

16 HUSSERL. *Vorlesungen zur Phänomenologie des inneren Zeitbewusstseins.*

e mantêm em vigor tradições, mas também as criticam; elas apresentam pertencimento e delimitação e dão ao conteúdo do sentimento coletivo [*Wir-Gefühl*] um cunho, no qual estão sintetizados elementos normativos e fáticos, experiências e intenções, o que já veio a ser e o que quer vir a ser. Histórias históricas podem gerar regras de ação abstratas a partir de acontecimentos concretos do passado e aplicá-las ao acontecimento atual e às expectativas de futuro (*historia magistra vitae* [a história é a professora da vida]).

E elas podem integrar experiências temporais desafiadoras, como, por exemplo, a mudança acelerada da modernidade, numa concepção dinâmica do tempo, na qual a intranquilidade gerada pelo fato de o próprio mundo se encontrar em constante mudança se converte numa chance de agir visando a um objetivo.

A consciência histórica está estreitamente ligada com a memoração. A memoração mantém ou torna o passado tão presente que ele adquire serventia para a vida. Ela o apresenta como uma experiência que torna relações vitais do presente compreensíveis e permite esperar o futuro. Nela a interpretação predomina em relação ao teor factual daquilo que é lembrado. Ela se alimenta das poderosas pulsões da autopreservação e do anseio por reconhecimento, convertendo ambas na capacidade seletiva do esquecer. Aquilo que não foi ou deixou de ser importante é esquecido. Porém, a memoração também bloqueia coisas objetivamente importantes e de graves consequências quando são subjetivamente perturbadoras ou dolorosas. Nesse caso, a memoração serve à repressão, ao adiamento e à reinterpretação falsificadora. A memoração realiza só um dos lados da consciência humana do tempo, a da retenção, do voltar-se para as coisas passadas como condição para manter os pés sobre o chão do presente. Mas, ao fazer isso, ela sempre se refere também indireta ou diretamente ao futuro, pois é só por causa do futuro que o passado está presente ou é mantido mentalmente presente.

A consciência histórica constitui um feitio complexo de memoração. Nela, a experiência como ponto de referência da memoração se torna mais nítida, mais passível de crítica, expansível. O ser humano, de fato, só se lembra propriamente daquilo que lhe sucedeu no seu próprio período de vida. A memoração só vai além disso em sentido figurado. Quando o próprio período de vida é ultrapassado, como na memória coletiva que funda e define o pertencimento cultural, o caráter "histórico" do passado, a diferença entre ele e o que acontece no presente, adquire contornos mais nítidos. O horizonte temporal da interpretação humana do mundo e de si mesmo se expande. Quanto mais se recua no passado, mobilizando-o para compreender o presente, tanto maior é o alcance das perspectivas de futuro que guiam a ação e tanto mais complexo se torna o vulto temporal do meu próprio eu; ele perdura para além dos limites da sua própria vida (por exemplo, no "corpo" cultural do seu próprio povo, no modo concebido pela consciência histórica nacionalista como perduração do próprio eu numa totalidade social abrangente). Na consciência histórica, futuro e passado também se afastam mais claramente na zona limítrofe do presente, para poderem, assim, ser tanto mais clara e refletidamente relacionados um com o outro.

A consciência histórica humana atua de diferentes modos. É possível diferenciar como tipos ideais três desses modos (que também podem ser entendidos como níveis de articulação e de efeito): o funcional, o reflexivo e o pragmático. No modo funcional, a consciência histórica é um fator da própria realidade social. Ela está, por assim dizer, embutida nos procedimentos e nas instituições, nos quais os seres humanos recebem seu cunho cultural ou – recorrendo a uma das metáforas prediletas das atuais ciências culturais – nos quais eles são "construídos". A história enquanto grandeza orientadora da práxis vital faz parte das circunstâncias, das premissas e das condições sob as quais se labora consciente e objetivamente na interpretação e representação do passado. Ela já é, portanto, o caso em pauta e já está ativa, antes de ser fornecida, "construída" como tal pelas ações da consciência histórica. Esse "construir", o posicionar-se consciente em relação à experiência do passado, perfaz o modo reflexivo. Nesse caso, a história não é mais premissa, mas tarefa, não é mais condição inicial da formação histórica de sentido, mas seu término. Aqui seguem-se a práxis cultural da laboração na memória coletiva, na cultura histórica de uma sociedade e naturalmente as realizações das ciências históricas. Esse labor tem consequências para a vida de uma sociedade. Seus resultados ingressam nas orientações ativas da práxis vital. Desse modo, está caracterizado o terceiro modo, o modo pragmático ou operativo da formação histórica de sentido. Ela a torna parte da realidade social à qual se refere (por exemplo, na forma de diretrizes para o ensino da história ou do cultivo público da tradição por meio de monumentos, memoriais ou museus históricos).

A cultura histórica é quinta-essência das atividades e instituições sociais, pelas quais e nas quais acontece consciência histórica. Ela cobre um âmbito amplo e heterogêneo da vida cultural, que pode ser diferenciado de outros âmbitos pela categoria do sentido histórico. Esse âmbito integra experiências, interpretações, orientações e motivações que se referem a experiências do passado como condições para a compreensão do presente e para a expectativa do futuro, numa estrutura coerente de sentido, numa "história". Por conseguinte, a cultura histórica também pode ser definida como quinta-essência das histórias, nas quais e pelas quais se efetua a vida de uma sociedade. Ela é determinada pelos produtores, receptores e mediadores da formação histórica de sentido, pelos modos de sua representação e pelos meios e pelas instituições de sua mediação. Os três modos anteriormente diferenciados caracterizam a práxis social, na qual se efetua a cultura histórica.

Complementarmente pode-se diferenciar três dimensões elementares da cultura histórica, que acentuam os aspectos da percepção, da interpretação e da orientação respectivamente: a estética, a cognitiva e a política. Na dimensão estética, trata-se da congruência formal e performativa e da capacidade de persuasão. Na ontogênese, e também na esfera pública, ela desempenha um papel extraordinariamente importante, com frequência subestimado pela ciência. No plano ontogenético, valendo-se das formas da imaginação, ela confere forma prévia ao feitio da consciência histórica. Na esfera pública, pela via dos meios de comunicação de massa, e também dos museus e das exposições, compete-lhe um efeito de amplo espectro sumamente duradouro, e, por fim, a literatura e as artes plásticas contribuem – frequentemente exercendo um papel vanguardista – de modo determinante para a formação histórica de sentido. Na dimensão cognitiva, trata-se de pretensões de validade que possam ser cumpridas no plano argumentativo. Nesse ponto, a ciência histórica e, junto com ela, as demais disciplinas históricas das ciências humanas desempenham o papel decisivo. A escola transmite seus conhecimentos através do filtro das atribuições pedagógicas, sociais e políticas de sentido no contexto vital intergeracional de uma sociedade. Na dimensão política, trata-se da legitimidade enquanto fator da luta pelo poder. Nenhum sistema de dominação pode renunciar à cultura histórica enquanto instância de legitimação, e a crítica da legitimação sempre recorre também à argumentação histórica. Todas as três dimensões são igualmente originais. Elas não podem ser reduzidas uma à outra, mas se encontram numa relação condicional complexa de diferentes pretensões de validade e direcionamentos funcionais. A sua transmissão necessita de práticas próprias da formação histórica de sentido, como, por exemplo, a da retórica na relação entre estética e política, ou a da religião e da moral para proporcionar uma carga normativa de potência integrativa aos critérios históricos de sentido.

Funções orientadoras da memoração histórica

Já foi mencionado que a memoração torna o passado tão presente que ele se torna proveitoso à vida. Esse "proveito" cultural da historiologia para a vida pode ser circunscrito com a categoria da orientação. Antes de passarmos a abordar, na segunda parte principal desse ensaio, as formas institucionais da cultura memorativa alemã e a elaborar a memoração do holocausto e do nazismo como o seu núcleo propriamente dito, queremos mencionar primeiramente, no quadro de um breve esboço teórico, as principais funções orientadoras da memoração histórica. O que se quer dizer exatamente quando se fala de orientação através da memoração? A que pragmática do mundo vital obedece a cultura da memoração enquanto parte do sistema cultural de orientação de uma sociedade?

Trata-se da apresentação de uma concepção teórica que permite diferenciar entre si as diversas dimensões da memoração. Memorações podem ser entendidas como formas de orientação cultural, nas quais e com as quais os seres humanos experimentam, motivam e normatizam, legitimam e criticam, transmitem e modificam a sua práxis vital individual ou coletiva. No entanto, quais são as operações mentais, as práticas e os fenômenos que se tem em vista quando se pergunta desse modo pelos efeitos orientadores da memoração? É possível acercar-se dessa questão pela via de uma operacionalização e diferenciação conceitual da categoria da memoração, sendo que se pode – como já foi mencionado – diferenciar cinco aspectos entre si, com os quais se presume poder descrever adequadamente as funções das memorações culturais: a memoração humana reage primeiramente à *experiência de problemas práticos da vida*, que funcionam como desafios à memoração cultural; em segundo lugar, ela se realiza no *contexto de comunicações* e como uma verbalização dessas experiências de problemas; em terceiro lugar, a memoração tem *o agir como ponto de referência*, sendo, portanto, sempre também um elemento de orientação da ação; em quarto lugar, associam-se às memorações *pretensões de validade de cunho cultural*, que têm uma relação afirmativa ou crítica com as pretensões de legitimidade; e, em quinto e último lugar, é no modo da memoração que se forma a *identidade dos seus sujeitos*. Todas estas diferenciações são de tipo ideal referentes a aspectos individuais, que na efetuação da memoração histórica na vida prática costumam não estar separadas, mas constantemente confluem umas nas outras e se sobrepõem mutuamente. Não obstante, faz sentido visualizá-las primeiramente em sua respectiva peculiaridade cultural.

1) A memoração humana possui, em primeiro lugar, uma estrutura pragmática e pode ser entendida como uma laboração intelectual de *problemas e desafios da práxis vital*. Na teoria histórica mais recente, faz-se referência a esse ponto de partida da memoração em problemas mediante o conceito da contingência[17]: memorações vinculam-se a experiências que questionam uma concepção orientadora de cunho cultural da conduta de vida humana e exigem novas respostas a uma realidade modificada. Os temas, conceitos e métodos do trabalho de pesquisa da cultura da memoração se associam a ela no plano do mundo vital e da história dos problemas; eles brotam de desafios práticos da conduta de vida

---

17 Como ponto de embarque nas discussões mais recentes cf. sobretudo GRAEVENITZ & MARQUARD (orgs.). *Kontingenz.* • MAKROPOULOS. *Modernität und Kontingenz.*

humana e se desenvolvem num rumo que corresponde à mudança dessas problemáticas históricas [18].

As memorações têm, portanto, as experiências e os problemas como um ponto de referência concomitante [19]. Elas representam um ato de interpretação cultural e remetem ao mesmo tempo a uma cadeia de acontecimentos que é interpretada. As memorações brotam de uma constelação problemática entre sujeito e objeto e estão fundadas na faculdade humana de responder culturalmente à realidade de um mundo precário e contingente com a formação de estruturas de sentido. Sob esses pressupostos não faz muito sentido dissolver o conceito de memoração em termos construtivistas e reduzir a história a uma pura ação de interpretação à qual não corresponde mais nenhuma realidade. As memorações culturais respondem, muito antes, a um acontecimento desafiador, o único de cuja interpretação podem resultar as orientações.

Essa circunstância traz consequências de grande alcance para a especificidade da memoração histórica e permite inferir a sua estrutura prática de vida: na referida natureza dupla das memorações está a razão pela qual acontecimentos do passado, só na relação direta com uma subjetividade interpretadora se transformam em problemas de orientação com significado cultural. Acontecimentos se convertem em ensejo para a interpretação histórica, porque eles rompem com as convenções da subjetividade

---

18 Essa estrutura fundamentalmente pragmática das ciências culturais, que Max Weber elaborou em sua teoria da ciência, tem validade também para a cultura da memoração: "Na base dos campos de trabalho das ciências não estão os nexos 'objetivos' das 'coisas', mas os nexos *ideais* dos *problemas*: onde se vai ao encalço de um novo problema com um novo método e, por essa via, se descobrem verdades que inauguram novos e significativos pontos de vista, aí surge uma nova 'ciência'" (WEBER. *Gesammelte Aufsätze zur Wissenschaftslehre*, p. 166).

19 Sobre isso cf. DEWEY. *Erfahrung und Natur*. Sobre a discussão em torno do conceito de experiência na filosofia mais recente cf. FREUDIGER et al. (orgs.). *Der Begriff der Erfahrung in der Philosophie des 20. Jahrhunderts*.

humana, isto é, com as intenções e normas de ação, os modos habituais de pensar, os padrões de interpretação e as concepções tradicionais de sentido, exigindo novos. Portanto, as memorações históricas no sentido de respostas a problemas de orientação remetem a acontecimentos que têm o presente como um ponto de referência.

A famosa pergunta de Droysen "como as 'atividades' do passado se convertem na 'história' enquanto fator cultural de orientação do presente?"[20] pode ser respondida da seguinte maneira quando se recorre a um conceito pragmático da memoração: o pensamento histórico enquanto ação de memoração constitui um processamento cultural de experiências contingentes e consegue se afirmar como fator orientador da práxis vital humana, interpretando significativamente a mudança carente de interpretação das circunstâncias da vida humana no presente mediante a mobilização cultural do passado. Essa noção está na base da virada teórico-narrativa que a teoria da história efetuou nos últimos anos[21]. A narrativa histórica refere-se aqui a um processo de formação de sentido sobre experiências de mudança temporal, que está vinculado ao meio da memoração e intermedeia a experiência do passado com os problemas do presente e as expectativas do futuro numa concepção de continuidade que engloba as dimensões temporais, visando permanecer apta para a ação e a interpretação na mudança do tempo.

2) As memorações, ademais, precisam ser transmitidas e transportadas; elas só existem em *forma verbalizada*. Inclusive as memorações no sentido de um acontecimento intrapsíquico pres-

---

20 DROYSEN, *Historik*, p. 394.

21 Sobre isso cf. BAUMGARTNER. *Kontinuität und Geschichte.* • RICOEUR. *Zeit und Erzählung.* • RÜSEN, *Zeit und Sinn.*

supõem um mínimo de diálogo (nesses casos, consigo mesmo), que pode ser compreendido, no sentido mais amplo possível, como um *ato comunicativo*. Pois as memorações são constituídas de tal maneira que diversos sujeitos entram em entendimento uns com os outros (ou então um sujeito entra em entendimento consigo mesmo em épocas diferentes e em papéis diferentes). Essa noção da estrutura comunicativa da memoração traz consideráveis consequências para a compreensão de formação cultural de sentido e orientação. Memorar significa ingressar num processo comunicativo, no qual um problema de orientação da própria práxis vital é interpretado mediante um intercâmbio recíproco entre os envolvidos. A memoração se efetua como acontecimento social no quadro de interações entre indivíduos e grupos (ou de um ser humano com o seu próprio passado), que precisam entrar em conflito uns com os outros e com seu meio ambiente natural e social para conseguirem responder aos problemas desafiadores da sua práxis vital.

Em correspondência com isso, nos trabalhos e debates mais recentes sobre a cultura da memoração[22], as memorações são entendidas como espaços de comunicação, nos quais indivíduos e grupos sociais produzem e modificam orientações relevantes de sua práxis vital. A orientação pela memoração se efetua numa trama pública de narrativas, interpretações e significações, sujeita a uma transformação constante causada pela interação social[23].

---

22 HÖLSCHER. *Geschichte als "Erinnerungskultur"*. • ASSMANN. *Das kulturelle Gedächtnis*.

23 Instrutivo, nesse contexto, é o fato de que a questão da memoração cultural também desempenha um papel especial no debate atual em torno do liberalismo e do comunitarismo como teorias concorrentes da esfera pública de cunho político e da sociedade civil. O que está em questão nesses debates é o significado de uma infraestrutura comunicativa das formas de vida modernas e a possibilidade de sua continuidade em vista de uma sociedade atual que a questiona. Michael Sandel remete, nesse contexto, à necessidade de recontar repetidamente a história da democracia política enquanto "public philosophy" clandestina da sociedade moderna, para poder extrair de sua memoração a possibilidade

3) Além disso, a cultura da memoração também pode ser compreendida como um meio de *orientação da ação*, tratando-se de uma questão sumamente controvertida perguntar com base em que ações cognitivas específicas e mediante quais operações cognitivas a memoração histórica consegue orientar o agir humano. É possível diferenciar dois aspectos nesse tocante: por um lado, as culturas da memoração contêm representações do passado como processo do agir humano. Elas estão associadas a representações sobre como no passado efetuou-se o agir humano, isto é, que chances de agir existiam e que condições limitavam essas chances, quem eram os atores decisivos da ação social, quais eram as intenções e as normas que guiavam o seu agir e o que foi efetivado por seu agir.

Por outro lado, as conceitualizações que a teoria da ação faz da mudança histórica têm consequências para a orientação da práxis atual e futura; trata-se, portanto, de representações sobre como e o que é possível "aprender" da memoração do agir passado para o agir futuro, para que se possa efetuá-lo de modo realista e adequado à situação.

Aspectos essenciais dessa problemática do agir da cultura memorativa alemã podem ser visualizados se retomarmos sob esse ponto de vista a controvérsia já mencionada no início entre história social e história cultural. Pois, recorrendo a esse debate, pode-se distinguir entre si, no plano dos tipos ideais, dois modelos diferentes da cultura da memoração enquanto estratégia de orientação da ação.

A estratégia cultural de memoração da história social privilegia as condições estruturais de ação da práxis vital humana em relação às opções de ação de atores. Desse modo, suscita-se

---

de sua configuração futura (SANDEL. *Democracy's Discontent*, p. 351). Cf. uma abordagem mais detalhada dessa questão em JAEGER. *Amerikanischer Liberalismus und zivile Gesellschaft*.

a pergunta referente ao modo como, diante da predominância de limitações estruturais no passado, o presente ainda pode se tornar compreensível como práxis ativa. Como o saber estrutural adquirido no plano da história social pela via das condições e limitações da ação no passado pode ser traduzido num saber que empresta à práxis vital atual uma noção realista de suas possibilidades e chances de ação?[24]

Em contrapartida, a história cultural mais recente conceitualiza a história da práxis vital humana distanciando-se criticamente das tendências estruturalistas da história social enquanto expressão e resultado de um agir humano deslocado para dentro do vasto horizonte de uma práxis simbólica[25]. Embora nessa virada neo-hermenêutica da cultura memorativa alemã possam perfeitamente resultar pontos de interseção entre a história cultural e as tradições mais antigas do historismo alemão, que, por sua vez, são criticadas pela história social como uma recaída em formas há muito superadas da cultura da memoração, a história cultural mais recente está baseada num modelo de ação claramente mais complexo. Ele não está mais restrito à intencionalidade, mas conhece múltiplas formas, impulsos e orientações simbolicamente mediados da ação. Esses vão do extremo da apropriação do mundo puramente orientado pela racionalidade finalista até o outro extremo das experiências traumáticas de uma subjugação pura e simples, como descritas, por exemplo, por vítimas de processos históricos. O agir humano perde o seu aspecto retilíneo e inequívoco e se converte num acontecimento cheio de meandros, que se

---

24 Cf. a manifestação mais recente sobre essa questão em BREUILLY. *"Wo bleibt die Handlung?"* – Die Rolle von Ereignissen in der Gesellschaftsgeschichte.

25 Essa concepção hermenêutica da ação encontra-se enfaticamente formulada em NIE-THAMMER et al. (orgs.). *"Die Menschen machen ihre Geschichte nicht aus freien Stücken, aber sie machen sie selbst"*.

desdobra através de uma pluralidade de fatores determinantes[26]. Orientação cultural do presente mediante a memoração histórica significa, nesse caso, reconhecer essa multidimensionalidade e ambiguidade das ações humanas, suas contradições e ambivalências, para que se possa aquilatar mais realisticamente, a partir desse pano de fundo histórico, os espaços de manobra e os limites de ação da práxis do presente.

Esse modelo orientador de cunho hermenêutico do pensamento histórico, contudo, deve ser confrontado com o argumento estruturalista de que o pensamento histórico forçosamente perde a sua capacidade orientadora se perder o foco das condições não intencionais da ação. Porque orientação mediante memoração significa isto: interpretação de contingência. Se levarmos a sério esse argumento sócio-histórico, isso significa que a memoração histórica só se tornará um elemento orientador da ação humana quando atualizar a história com uma rede de intenções e condições de ação.

4) As memorações não são fenômenos destituídos de valor, mas vinculados a eles estão *pretensões de reconhecimento* que podem receber fundamentações diversas e ser aceitas ou rejeitadas. Essa circunstância confere às culturas da memoração como elemento relevante também um considerável potencial de força. No modo da memoração, acontece o embate pela posse dos "bens salvíficos" como poder material, legitimidade cultural ou verdade intelectual. Uma diferenciação típico-ideal das diferentes pretensões de validade das orientações culturais mediante a memoração poderia ser empreendida, por exemplo, da seguinte maneira: elas dizem respeito, em primeiro lugar, ao significado simbólico das

---

26 Um exemplo dessa compreensão do agir social é oferecido por LÜDTKE. *Alltagsgeschichte, Mikro-Historie, historische Anthropologie*, p. 565ss.

memorações com as quais integrantes de uma cultura desbravam e reproduzem um mundo comum e repartido. Elas se referem, em segundo lugar, enquanto pretensões de validade práticas à legitimidade normativa, jurídica ou política da cultura, à sua vinculação com valores e sua pretensão de reconhecimento. Em terceiro lugar, as memorações têm uma pretensão reflexiva ou cognitiva à verdade ou correção, representada, por exemplo – ainda que de modo algum com exclusividade – pelo método científico como acesso cognitivo ao passado. Outras pretensões de validade de culturas da memoração referem-se, por seu turno, à sua pretensão estética ou, por fim, à sua estrutura narrativa e à pretensão de sentido a ela associada enquanto coerência narrativa.

O pensamento histórico passa a se distinguir pelo fato de que todas essas diferentes pretensões de validade estão conectadas com seus efeitos orientadores: no *medium* da memoração histórica, trata-se da força de validade e da pretensão de validade de sistemas simbólicos e atos simbólicos. Um exemplo eloquente disso é o conflito em torno do memorial do Holocausto, que gira em torno da adequação das formas simbólicas da memoração das vítimas da dominação nazista[27]. Ao mesmo tempo, a memoração histórica possui uma função política legitimadora, seja por meio da formação da tradição, seja pela crítica da dominação. Ela está atrelada a uma luta política por poder e legitimidade da dominação, e isto, independentemente de travar essa luta de modo consciente na autocompreensão de uma "pedagogia política" ou se ela a nega com base numa ideologia da pesquisa pura e, desse modo, sucumbe de vez ao perigo de instrumentalização política.

Ademais, culturas de memoração possuem pretensões de validade de cunho cognitivo que entram em cena como forma

---

27 Sobre isso cf. HOFFMANN (org.). *Das Cedächtnis der Dinge*. Cf. tb. os aportes em KOCH (org.). *Bruchlinien*.

especificamente científica reportando-se à objetividade do método histórico. As exposições de Hayden White sobre a estrutura poética da narrativa histórica evidenciaram, além disso, que as formas expositivas historiográficas inevitavelmente vêm acompanhadas de pretensões de validade de cunho estético[28]. Por fim, vincula-se às memorações históricas a pretensão de coerência no sentido da construção de um nexo. A história é um nexo de sentido obtido pela via da memoração, que eleva a diferença das dimensões temporais e a falta de concatenação entre o acontecido à unidade de uma continuidade trazida para o presente, possibilitando, assim, orientação na mudança do tempo.

5) Todas essas diferentes funções orientadoras das memorações históricas – as funções da articulação de problemas e do processamento de experiências do presente, da comunicação, da orientação da ação e da concretização de pretensões de validade – têm participação na *formação da identidade*. Ainda assim, em função da clareza, esses fatores serão diferenciados um do outro. O conceito da identidade revelou-se extremamente controvertido nas discussões científico-culturais dos últimos anos. Não é só a partir da crítica pós-moderna ou feminista da categoria da identidade como instrumento de homogeneização forçada e como retrato da coerência extorquida, que provoca o sumiço da multiplicidade e da diferença cultural de formas de vida, que se levanta de forma aguçada a questão de sua legitimidade teórica e política. Não obstante, o conceito da identidade se caracteriza por uma complexidade que faz dele um instrumento adequado da análise de culturas de memoração. O conceito se faz necessário justamente para compreender o caráter violento de atribuições e formações identitárias.

---

28 WHITE, *Metahistory* – Die historische Einbildungskraft im 19. Jahrhundert in Europa.
• WHITE. *Die Bedeutung der Form* – Erzählstrukturen in der Geschichtsschreibung.

Por um lado, ele remete à soma das autorrelações historicamente interpretadas, nas quais pessoas e entidades sociais se identificam como indivíduos singulares e inconfundíveis e asseguram a sua posição na mudança histórica de suas circunstâncias de vida. Enquadram-se nesse caso, por exemplo, as autorrelações formadoras de identidade e "etnocêntricas" de grupos e classes sociais, sociedades e nações.

Pode ser claramente diferenciada destas uma dimensão social ou sociogênica de identidades culturais, referente à formação do pertencimento e da membresia no modo da memoração histórica. Questões relativas a fatores mentais do pertencimento a classes e nações, a critérios de cidadania, a estruturas comunitárias de entidades sociais no sentido mais amplo possível podem ser examinadas em seu resultado à luz da categoria da identidade.

Por fim, é possível diferenciar dessas duas dimensões um terceiro aspecto significante da categoria da identidade no sentido de uma categoria relacional: a formação da identidade se efetua não só no *medium* das autorrelações culturais e das formas sociais de socialização, mas também no terreno das experiências de alteridade com potencial conflitivo. No *medium* da memoração, os sujeitos e grupos sociais dão uma resposta especificamente histórica à pergunta por quem eles são (ou se tornaram) em termos culturais, espaciais, políticos ou históricos na relação com outros, ou seja, em que consiste a diferença e a peculiaridade que os delimita em relação aos outros e que lhes permite excluir outros. A intensidade dos debates atuais em torno de fenômenos de diferença e multiplicidade cultural, em torno de formas de transferência cultural e possibilidades de comunicação intercultural, em torno de processos e mecanismos de exclusão violenta, bem como em torno dos problemas de reconhecimento e de normas a eles associados, remete a essa referência identitária constitutiva da cultura da memoração.

Ora, a especificidade do pensamento histórico consiste em não perenizar a identidade dos seus sujeitos, mas mantê-la no fluxo da mudança histórica. A memoração como fator da formação de identidade é um processo de deslimitação cultural dos sujeitos ou grupos sociais mediante a temporalização de sua subjetividade e a aquisição de uma concepção histórica de continuidade, que abarca as dimensões do tempo, de seu devir passado e futuro. Nesse tocante, a memoração histórica é exemplar da capacidade específica do ser humano de transcender-se culturalmente, isto é, de constantemente estabelecer novos limites para depois mais uma vez voltar a transcendê-los.

1.3 Elementos da cultura memorativa alemã e a memoração do nazismo

Instituições e formas da cultura memorativa alemã

As exposições feitas até aqui serviram para esboçar um modelo teórico que permite responder à questão dos contextos práticos de utilização e os efeitos orientadores das memorações culturais. No que segue, serão examinados mais de perto as instituições, os meios, as ocasiões e os lugares da cultura memorativa alemã. Esta é composta por uma multiplicidade de formas bem diferenciadas da reflexão histórica do passado, na qual se exercita a ciência, a política e a dimensão pública.

Nos últimos anos, radicou-se e também se impôs vastamente *o conceito dos lugares da memória ou dos lugares da memoração* como instrumento conceitual para analisar a eficácia e as formas de manifestação da história na vida pública e na vida privada. Por meio dele, a topografia da história no mundo vital cotidiano e o modo de funcionamento do labor cultural de memoração exercido por pessoas, grupos sociais ou sociedades e nações inteiras são examinados com base numa pluralidade de fenômenos heterogêneos[29]. Para Nora, os lugares da memória são manifestações de uma época passada e simultaneamente pontos de contato para o presente labor memorativo, que são requeridos no momento em que se dissolvem comunidades de memoração e comunidades narrativas vivas, que se estendem por séries de gerações e prosseguem transpondo lapsos de tempo. Ocupando o lugar destas, elas funcionam como pontos de apoio da memoração. A expressão "lugares da memória" pouco costuma ser usada para designar as formas especificamente científicas da memoração que se efetuam de modo especializado e profissionalizado no contexto do procedimento metodológico; ela visa, muito antes, ao labor memorativo realizado no contexto de arquivos, museus, memoriais, associações históricas ou de narrativas do mundo cotidiano. Ela tematiza, em primeira linha, a ações memorativas que passam despercebidas, que permanecem clandestinas ou irrefletidas, que se efetuam no contexto simbólico de festas, festividades e ritos e que estão vinculadas com os mais diferenciados meios, como o filme, o teatro, monumentos, fotos, fontes literárias, publicidade[30], exposições e excursões.

Nessas coisas e procedimentos cotidianos da memoração humana emerge uma dimensão estética, simbólica ou afetiva da história, que, num primeiro momento, parece escapar em grande parte ao procedimento analítico-cognitivo da ciência histórica. A história se torna imediatamente visível, audível, palpável, vivenciável com todos os sentidos. Uma compreensão nova dos lugares de memoração se dá quando são encarados como lugares

29 NORA (org.). *Les lieux de memoire*. ● NORA. *Zwischen Geschichte und Gedächtnis*. ● BORSDORF & GRÜTTER (orgs.). *Orte der Erinnerung*. ● FRANÇOIS (org.). *Lieux de Memoire*: Erinnerungsorte. ● FRANÇOIS & SCHULZE. *Deutsche Erinnerungsorte*.

30 Especificamente sobre a publicidade como lugar da cultura memorativa cf. SEIDENS-TICKER. *Geschichte in der Werbung*.

de lamentação e de reflexão, de comoção, de fascinação ou de indignação moral. Nessa condição, eles adquirem um significado novo para o orçamento cultural da sociedade moderna, concretizado em muitos exemplos nos últimos anos.

Nos últimos anos, a concepção dos lugares de memoração e da memória evidenciou-se como esclarecedor em termos heurísticos, metodológicos e analíticos, porque com o auxílio dela a história pôde ser levada a pronunciar-se de maneira nova, e isto, não só de modo afirmativo, mas também de modo crítico e mediante um distanciamento reflexivo. Como consequência desse desenvolvimento há entrementes uma profusão de investigações sobre a cultura memorativa alemã, que revelou ser uma formação multiforme, heterogênea e muito diferenciada, que aqui só pode ser apresentada em seus rudimentos e em poucos traços básicos.

No contexto desses novos modos de acesso à cultura memorativa alemã, esta se torna visível de maneira nova, por exemplo, como uma paisagem muito diferenciada de museus, exposições e arquivos. Trata-se, nesse caso, de um sistema de tradição cultural, no qual os resquícios do passado são reunidos, preservados, restaurados, pesquisados e sobretudo postos ao alcance do público[31]. A produção consciente de espaços de memoração e lugares de memória públicos constitui a tarefa central dessas instituições. Nelas, são dotadas de valor simbólico cultural e de uma aura histórica coisas que permitem experimentar de maneira imediata a diferença entre passado e presente e, nessa experiência da diferença, dão início à memoração coletiva e possibilitam um discurso público. O quanto esses discursos podem ser impactantes, controversos e eficazes em termos publicitários foi evidenciado,

---

31 BOOCKMANN. *Geschichte im Museum*. ● FEHR & GROHE (orgs.). *Geschichte, Bild, Museum*. ● GRÜTTER. *Die Präsentation der Vergangenheit*. ● KORFF, R. (orgs.). *Das historische Museum*.● POMIAN. *Der Ursprung des Museums*.

justamente em tempos recentes, pelo conflito em torno da exposição sobre o papel do exército alemão na Segunda Guerra Mundial[32].

Um importante objeto de investigação da cultura memorativa alemã são, ademais, monumentos e os cultos recordatórios e de memoração a eles associados como fenômenos específicos da história nacional alemã[33]. Os monumentos são lugares da memória e meios de memória que visam manter desperta a memoração de indivíduos ou eventos, porque estes são tidos como dignos de identificação e passíveis de consenso. Por conseguinte, a história da recepção de monumentos se presta para reconstruir de modo especialmente instrutivo a mudança histórica dos paradigmas e das identidades culturais; basta pensar na história da recepção dos monumentos nacionais de cunho heroico do século XIX, que foram sobrecarregados com um teor simbólico monumental e com a função de promover a identidade nacional[34].

Muito eloquente para a história da cultura memorativa alemã é também a mudança de significado cultural pela qual passaram os monumentos aos combatentes que surgiram a partir da Primeira Guerra Mundial. Originalmente concebidos como propostas de sentido, nas quais a comunidade nacional enquanto

---

32 HAMBURGER INSTITUT FÜR SOZIALFORSCHUNG [Instituto de Pesquisa Social de Hamburgo] (org.). *Eine Ausstellung und ihre Folgen – Zur Rezeption der Ausstellung "Vernichtungskrieg. Verbrechen der Wehrmacht 1941-1944".* • PRANTL (org.). *Wehrmachtsverbrechen – Eine deutsche Kontroverse.*

33 HARDTWIG. *Der bezweifelte Patriotismus – Nationales Bewusstsein und Denkmal 1786 bis 1933.* Sobre o papel dos monumentos no espaço público cf. tb. MAI & SCHMIRBER (orgs.). *Denkmal - Zeichen - Monument, Skulptur und öffentlicher Raum heute.* • TACKE. *Denkmal im sozialen Raum. Nationale Symbole in Deutschland und Frankreich im 19. Jahrhundert.*

34 Sobre a história da recepção do monumento ao Hermann, na Floresta de Teutoburgo, cf. DÖRNER. *Politischer Mythos und symbolische Politik – Der Hermann-Mythos: Zur Entstehung des Nationalbewusstseins der Deutschen.* • ENGELBERT (org.), *Ein Jahrhundert Hermannsdenkmal 1875-1975.*

instância secular de sentido ocupava o lugar das ideias cristãs da interpretação da morte e da transcendência da morte, essa pretensão de significado foi sendo reduzida a uma fraseologia vazia durante a história da República Federativa da Alemanha e sob a impressão da Segunda Guerra Mundial. Ela manifestamente foi dando lugar à consciência de que o sentido demandado com a memoração heroico-monumental dos mortos não seria obtido por essa via[35].

Justamente em vista dessa noção que se obteve do limite dos monumentos como lugares da memória cultural, o maior desafio da cultura monumental alemã consiste em encarar a questão das possibilidades de uma exposição e interpretação imagética do holocausto e dos crimes do nazismo[36]. Sendo que um problema ainda não esclarecido é o modo pelo qual, numa época em que, em razão do desenvolvimento geracional, as tradições recordatórias vinculadas a experiências pessoais devem acabar e ser substituídas por alternativas de memoração histórica e de incorporação do passado na própria história, novas formas e lugares de recordação das vítimas do nazismo podem ser descobertas.

---

35 KOSELLECK (org.). *Der politische Totenkult.*

36 Sobre a controvérsia em torno do memorial do Holocausto em Berlim cf. JEISMANN (org.). *Mahnmal Mitte – Eine Kontroverse.* ● KALBE, Z. *Ein Grundstück in Mitte – Das Gelande des künftigen Holocaust-Mahnmals in Wort und Bild.* ● ZUCKERMANN. *Gedenken und Kulturindustrie – Ein Essay zur neuen deutschen Normalität.* Em termos gerais sobre a problemática de uma apresentação sensível do terror cf. tb. HOFFMANN (org.). *Das Gedächrnis der Dinge – KZ-Relikte und KZ-Denkmäler 1945-1995.* ● PUVOGEL et al. *Gedenkstätten für die Opfer des Nationalsozialismus.*

(EISENMANN, P. & SERRA, R. "Monumento aos judeus assassinados da Europa, primeiro projeto". *Die Zeit*, 21/11/1997, p. 64.

Outro elemento da memoração cultural é representado, por fim, pelos dias comemorativos anuais[37] ou então as festas e os jubileus em homenagem a vultos ou dinastias significativos da história nacional celebrados em data única e que são regularmente acompanhados de exposições que atraem grande público[38]. Os exemplos mais conhecidos são a exposição de Staufer de 1977, a exposição de Wittelsbacher de 1980, a exposição da Prússia de 1981, as celebrações por ocasião do ano de Lutero em 1983 ou, por último, as festividades em homenagem a Johann Wolfgang von Goethe e Johann Sebastian Bach. Justamente com base nas

---

37 Um exemplo especialmente bem analisado são agora os dias comemorativos do 8 de maio. Cf. KIRSCH. *"Wir haben aus der Geschichte gelernt"* – Der 8. Mai als politischer Gedenktag in Deutschland.

38 Cf. sobre isso KORFF. *Ausgesrellte Geschichte.* • RÜSEN et al. (orgs.). *Geschichte sehen –* Beiträge zur Ästhetik historischer Museen. Sobre a história da festa política na Alemanha cf. tb. DÜDING et al. (orgs.). *Öffentliche Festkultur –* Politische Feste in Deutschland von der Aufklärung bis zum Ersten Weltkrieg. • HETTLING, N. (orgs.). *Bürgerliche Feste –* Symbolische Formen politischen Handelns im 19. Jahrhundert.

119

discussões públicas em torno dessas figuras paradigmáticas da história nacional alemã, nas quais se condensam por assim dizer biograficamente os elementos que neles são considerados dignos e passíveis de identificação, é possível obter noções valiosas das estruturas fundamentais e dos padrões de desenvolvimento da cultura memorativa alemã.

A riqueza de temas e perspectivas e a multiplicidade de procedimentos metodológicos que se revelaram nos últimos anos na dedicação aos lugares da memória da cultura da memoração de modo algum foi esgotada com essas poucas indicações de ênfases da pesquisa. Ao lado desses pontos fortes indubitavelmente existentes da concepção dos lugares de memoração e da memória não se pode silenciar o seu ponto fraco: este deve ser visto no fato de privilegiar unilateralmente o complexo dos aspectos simbólicos, estéticos e afetivos da cultura da memoração e tender a desviar o foco da dimensão didática, científica e política da cultura da memoração ou então a negligenciá-la. Essas dimensões devem ser afirmadas como fatores em pé de igualdade com os demais da cultura memorativa alemã, caso se pretenda apresentá-la de modo não abreviado.

Levar em conta a dimensão didática significa que da cultura memorativa alemã também fazem parte os processos históricos de aprendizado e socialização na escola e na sociedade, que há anos constituem o objeto de investigação da didática da história[39]. Desde que a didática da história se pôs politicamente em marcha e experimentou seu recomeço intelectual há cerca de 25 anos, ela se entende como uma disciplina que investiga processos sociais de aprendizagem mediante memoração histórica em

---

39 Como melhor resumo da discussão sobre a didática da história nos últimos anos cf. esp. BERGMANN et al. (orgs.). *Handbuch der Geschichtsdidaktik.* ● RÜSEN. *Historisches Lernen –* Grundlagen und Paradigmen.

todos os níveis da vida pública. Klaus Bergmann descreveu essa determinação do objetivo da mais recente didática da história da seguinte maneira: "A nova didática da história desenvolveu-se passo a passo, forçada pelos interesses e questionamentos que norteiam seu conhecimento, de uma didática do ensino de história orientada pelo Estado para uma teoria do aprendizado da história na escola orientada pela ciência e, depois disso, tendencialmente para uma teoria do aprendizado de história de modo geral, que tem a pretensão de poder emitir enunciados essenciais a respeito da cultura histórica e da cultura da memoração. Fundamentalmente pode-se dizer: a didática da história esteve – e está – a caminho de se tornar uma ciência social, projetada para refletir teoricamente sobre o aprendizado histórico na sociedade, investigá-lo empiricamente e orientá-lo na prática"[40].

A didática da história é, portanto, uma instância genuína da reflexão da cultura memorativa alemã, ao refletir sobre o significado da consciência histórica para o presente[41]. Seu campo de investigação é a totalidade dos contextos de aplicação prática e dos efeitos orientadores da memoração histórica na escola e no cotidiano, na ciência e na política, na sociedade, na esfera pública, nos meios de comunicação e na arte, e também nos processos de individualização e socialização dos adolescentes. Como instância de reflexão sobre esses diferentes âmbitos, a didática da história já pode contemplar uma impressionante história de

---

40 BERGMANN. *Die neue Geschichtsdidaktik – ein langer Blick zurück und ein kurzer Blick nach vorne*, p. 132s.

41 Desse modo, ela abriu para si mesma um campo temático de muitos níveis, para o qual se estabeleceu nos últimos anos o conceito da cultura histórica. Sobre a dimensão dessa categoria da didática da história cf. o capítulo "Aspectos da cultura histórica" em BERGMANN et al. (orgs.). *Handbuch der Geschichtsdidaktik*, p. 599-771. Cf., além disso, FRÖHLICH et al. (orgs.). *Geschichtskultur.* • FÜSSMANN et al. (orgs.). *Historische Faszination – Geschichtskultur heute.* • Rüsen, *Geschichtskultur.*

êxitos, que periga ser injustamente esquecida em vista da crise atualmente diagnosticada com certa frequência.

De fato, o clima de pôr-se em marcha, que marcou a didática da história na década de 1970, deu lugar hoje a uma insegurança disseminada que por vezes chega a ser descrita como um declínio, provocado do mesmo modo por esgotamento intelectual, encolhimento pessoal e atrofia institucional. Não obstante, a didática da história tem motivos suficientes para autoconsciência e confiança em sua importância já conquistada como instância de reflexão dos processos históricos de memoração e aprendizado, e isto também e especialmente tendo em vista a pesquisa histórica científica. Pois esta nem sempre constitui uma realização cultural orientadora em sua qualidade de pesquisa, mas definhará em positivismo investigativo esotérico sempre que não colocar para si mesma a questão didática das funções e dos efeitos orientadores específicos da memoração histórica. Sendo assim, a didática da história enquanto instância de fundamentação da conexão entre saber e práxis permanecerá um componente integral da cultura memorativa alemã. As suas tarefas não poderão ser assumidas sem mais nem menos pela própria pesquisa histórica empírica, mas exigirão sempre um esforço intelectual autônomo e uma práxis investigativa própria, dedicadas à consciência histórica, ao seu desenvolvimento e a suas múltiplas manifestações e funções[42].

Essa função da didática da história cairia no vazio se não se apoiasse nas práticas do aprendizado histórico, que convertem os seus impulsos de forma duradoura em camadas mentais profundas da cultura histórica. Para isso se requer um ensino da história com o qual a mais recente didática da história está compro-

---

42 A título de exemplo, sejam mencionados: ANGVIK & VON BORRIES. *Youth and History.* • RÜSEN (org.). *Geschichtsbewusstsein* – Psychologische Grundlagen, Entwicklungskonzepte, empirische Befunde.

metida, e também numerosos impulsos do engajamento público em prol de uma postura dinâmica, aberta e crítica em relação ao passado no processo de educação e de formação. Sejam mencionados, a título de exemplo, os trabalhos do Instituto Georg Eckert para a Pesquisa Internacional de Livros Escolares[43] e o Concurso Estudantil de História Alemã, patrocinado pela Fundação Körber desde 1973[44], cujos êxitos estimulam iniciativas similares em outros países europeus ou até em âmbito europeu. Todavia, os atos de violência xenófobos antissemitas e de grupos radicais de direita deixam claro o quanto são frágeis essas conquistas da didática da história e o quanto elas terão de ser defendidas, levadas adiante e intensificadas.

Levar em conta a dimensão cognitiva significa que a ciência histórica, um tanto negligenciada no atual discurso da memoração e da memória, deverá ser percebida como uma instância racionalizadora da cultura memorativa alemã. O que se negligencia nesse caso é a importância, muitas vezes documentada na história da República Federal da Alemanha, dos historiadores para dar início e canalizar os debates públicos em torno do passado alemão − desde a controvérsia provocada por [Fritz] Fischer até a controvérsia provocada por [Daniel Jonah] Goldhagen, passando pela disputa dos historiadores [*Historikerstreit*]. Em contraposição à polarização entre a calidez comunicativa de uma cultura da memoração dos mundos vitais e a frieza positivista de uma racionalidade metodológica da ciência histórica, ela deve ser levada a sério como instância vitalizadora da memória cultural e como elemento racionalizador da cultura do debate público.

43 BECHER et al. (org.). *Internationale Verständigung. 25 Jahre Georg-Eckert-Institut für internationale Schulbuchforschung in Braunschweig*.

44 CALLIEHS. *Geschichte, wie sie nicht im Schulbuch steht. Der Schülerwettbewerb Deutsche Geschichte um den Preis des Bundespräsidenren*.

Isso é mostrado exemplarmente pelo debate suscitado por Goldhagen na Alemanha[45]. Goldhagen descreveu o Holocausto numa perspectiva em que procura corresponder às novas necessidades de cunho histórico-cultural da participação subjetiva no destino dos seres humanos no passado. Sobretudo os criminosos saíram do anonimato das estruturas e dos processos históricos e se tornaram perceptíveis como pessoas vivas que assassinaram não como marionetes de um sistema, mas voluntária e intencionalmente. Isso foi acolhido pelo público alemão quase com entusiasmo, já que, numa retórica insistentemente acusatória, os criminosos passaram a ser percebidos como sujeitos aos quais era possível referir-se com alto grau de identificação emocional negativa, expressando pavor por aquilo que eles fizeram "voluntariamente". Isso coincidiu com a transição entre gerações na Alemanha, na qual pela primeira vez foi recuperada a relação intergeracional real dos alemães com os criminosos para a autocompreensão histórica e para os processos de uma penosa formação da identidade na maneira de lidar com o Holocausto.

Antes disso, comoção subjetiva significava identificação com as vítimas e distanciamento dos criminosos. A efusividade emocional ligada a essa viravolta mental indicou um movimento nas camadas pré-cognitivas profundas da identidade histórica dos alemães. (Não é possível interpretar a efusividade similar

---

45 GOLDHAGEN. *Hitlers willige Vollstrecker* – Ganz gewöhnliche Deutsche und der Holocaust [ed. bras.: *Os carrascos voluntários de Hitler* – O povo alemão e o Holocausto. São Paulo: Companhia das Letras, 1997]. Dentre a volumosa bibliografia menciono: FURET; VON THADDEN & MEIER. *Goldhagen und die Deutschen.* • SCHOEPS (org.). *Ein Volk von Mördern?* – Die Dokumentation zur Goldhagen-Kontroverse um die Rolle der Deutschen im Holocaust. SCHNEIDER. *Die Goldhagen-Debatte* – Ein Historikerstreit in der Mediengesellschaft. • WAGNER. *Geschichtsschreibung und Psychoanalyse* – Zur Frage der Positionalität in der Goldhagen-Debatte. • LORENZ. *Model murderers* – Afterthoughts on the Goldhagen-method and history. • FINKELSTEIN & BIRN. *Eine Nation auf dem Prüfstand* – Die Goldhagen-These und die historische Wahrheit. • POHL. *Die Holocaust-Forschung und Goldhagens Thesen.* • RÜSEN, *Goldhagens Irrtümer.*

do debate entre [Martin] Walser e [Ignaz] Bubis apenas como movimento contrário, pois ele efetuou a seu modo igualmente um passo na direção da historização mediante o rompimento de uma relação em primeira linha moralmente determinada com a época do nazismo.) A ciência deu uma esfriada crítica nesse acontecimento pré-cognitivo. Ela demonstrou (valendo-se de uma argumentação perfeitamente diferenciada) a insustentabilidade da explicação de Goldhagen para o Holocausto com base num antissemitismo assassino inscrito na nação alemã como um destino inescapável e, mediante sua atuação corajosa contra a ressonância emocional à apresentação retórica que Goldhagen fez dos criminosos como alemães paradigmáticos, fez com que a argumentação ponderada com a experiência histórica permanecesse um elemento essencial da cultura histórica pública alemã. Desse modo, ele como que inscreveu no empuxo de historização ocorrido na relação formadora de identidade entre os alemães e o Holocausto os padrões cognitivos de uma discussão que tem a experiência como ponto de referência.

Por fim, levar em conta a dimensão política significa elaborar o agir político como referência sistemática da memoração histórica. A realização pública da memoração se dá numa interseção em que ela se sobrepõe com interesses políticos e, desse modo, é inevitavelmente confrontada com questões de legitimidade e de poder. Importantes para a aclaração desse contexto político da memoração foram, nos últimos anos, principalmente os estudos sobre os debates públicos em torno do passado nazista desde os primórdios da República Federal da Alemanha, nos quais a dimensão política da cultura memorativa alemã foi claramente elaborada[46].

---

46 Norbert Frei reconstruiu a conexão entre política e memoração, recorrendo ao exemplo das discussões em torno da desnazificação na esfera pública e na política da fase inicial

No *medium* da memoração, trata-se de uma constituição de pertencimento que é obtida mediante delimitação em relação a outros e a exteriorização tendencial desses outros. Contudo, uma peculiaridade marcante da situação alemã desde o período pós-guerra em comparação com outros países consistiu em que o seu próprio passado foi negativamente determinado pela experiência de culpa do nazismo e historicamente obstruído por esta, ao passo que a crescente identificação com os valores normativos fundamentais da tradição ocidental, ou seja, do originalmente estranho, converteu-se em elemento constitutivo da sua própria identidade cultural e política. Essa revaloração crítica do próprio passado e a crescente capacidade de identificação com as tradições e os valores culturais dos ex-adversários devem ser vistas como uma das mais importantes realizações no plano da cultura da memoração levadas a cabo pelas duas primeiras gerações do pós-guerra na República Federal da Alemanha. A questão da legitimidade da democracia política estava assim entremeada desde o princípio com o reconhecimento histórico – ainda que na maioria das vezes tácito – da culpa passada[47]. Essa conexão constitutiva de memoração e reconhecimento de culpa – e o simultâneo reconhecimento do caráter culposo de toda forma de esquecimento – por si só já confere à cultura memorativa alemã um cunho específico. O labor memorativo de cunho histórico transformou-se, desse modo, em constituinte e termômetro da cultura política da República Federal da Alemanha.

---

da República Federal da Alemanha. FREI. *Vergangenheitspolitik – Die Anfänge der Bundesrepublik und die NS-Vergangenheit.* Sobre as implicações políticas da cultura memorativa alemã cf. tb. REICHEL. *Politik mit der Erinnerung – Gedächtnisorte im Streit um die nationalsozialistische Vergangenheit.* ● REICHEL. *Vergangenheitsbewältigung in Deutschland.*

47 Isso foi elaborado com clareza por SCHWAN. *Politik und Schuld – Die zerstörerische Macht des Schweigens.*

Entretanto, as formas e funções da política alemã de memoração também foram objeto de trabalhos de investigação de outro feitio, nos quais foi analisada a utilização de padrões históricos de argumentação em discursos no Parlamento e na retórica político--política em termos gerais[48]. Nesses casos, fica claro em que medida a legitimidade de interesses políticos e da práxis política está vinculada à capacidade de persuasão dos argumentos apresentados em cada caso. História e política de modo algum são duas esferas claramente separadas uma da outra, cada uma delas seguindo uma lógica e uma racionalidade bem próprias, mas são mediadas uma pela outra e se intercalam uma na outra. A plausibilidade das orientações políticas e a capacidade de persuasão das noções históricas não são concebíveis como independentes uma da outra.

Um bom exemplo para a importância de haver congruência entre retórica histórica e retórica política são os discursos de Richard von Weizsäcker por ocasião do 40º aniversário do dia 8 de maio de 1945 e de Philipp Jenninger por ocasião do 50º aniversário do dia 9 de novembro de 1938, que provocaram reações totalmente diferentes entre o público[49]. O fracasso público de Jenninger não resultou de lhe ter sido ou de lhe poder ser imputada uma posição política ambígua. O seu discurso era, muito antes, sustentado por convicções críticas e motivos políticos que não só eram amplamente similares aos de Weizsäcker, mas também eram tidos como consensuais entre ampla parcela do público. A crítica feita a ele não se inflamou nas dúvidas quanto à integri-

48 DUBIEL. Niemand ist frei von der Geschichte – Die nationalsozialistische Herrschaft in den Debatten des Deutschen Bundestages. • OEHLER. Geschichte in der politischen Rhetorik – Historische Argumentationsmuster im Parlament der Bundesrepublik Deutschland.

49 Uma análise detalhada da mediação entre retórica política e argumentação histórica proposta por ambos é feita por OEHLER. Glanz und Elend der öffentlichen Erinnerung – Die Rhetorik des Historischen in Richard von Weizsäckers Rede zum 8. Mai und Philipp Jenningers Rede zum 9. November.

dade política de sua pessoa e de seu discurso, mas, muito antes, numa apresentação do passado nazista que o público sentiu como carente de distanciamento, bem como em sua construção específica da relação entre história e tempo presente. Jenninger fracassou, em última análise, numa constelação semântica falha ou incompreendida pelo público e numa tradução retórica de experiência histórica e ação política.

Esses poucos exemplos já devem ter deixado claro o quanto o passado nazista domina a cultura alemã da memoração desde 1945[50]. A isso corresponde também que importantes eventos midiáticos dos últimos anos – basta pensar no filme *A lista de Schindler* – focaram sua atenção na história do nazismo e do Holocausto. O capítulo seguinte deste aporte mais uma vez leva esse fato em conta à guisa de conclusão.

Nazismo e Holocausto na cultura memorativa alemã

A cultura histórica alemã posterior a 1945 foi marcada de modo determinante pela experiência da catástrofe da ditadura nazista e da derrota alemã na Segunda Guerra Mundial. Os padrões de interpretação histórica efetivos até aquele momento, ou

---

50 Esses fatos foram documentados de modo evidente por uma pesquisa representativa de opinião, realizada em novembro de 2000 por encomenda da Federação Nacional dos Bancos Alemães: a pergunta n. 8: "Que acontecimentos da história alemã dos últimos 100 anos deveriam continuar a ser lembrados?", 41,5% dos entrevistados responderam que à Segunda Guerra Mundial caberia o maior interesse memorativo. 39,8% opinaram que a memoração dos crimes dos nazistas deveria estar no centro da cultura alemã da memoração. Só a uma grande distância seguiram-se os temas "Reunificação 1990" (15,5%), "Primeira Guerra Mundial" (11,5%) e "Queda do muro 1989" (11,2%). Outro resultado importante dessa pesquisa de opinião consiste em que o interesse memorativo pelo nazismo não parece arrefecer na sequência das gerações, mas, pelo contrário, até parece fortalecer-se: em relação às perguntas de n. 11 e 12: "Os alemães deveriam colocar um ponto final na preocupação com o nazismo ou não?" O percentual dos que responderam negativamente essa questão foi maior entre os entrevistados com menos de 30 anos de idade ("Pesquisa de opinião representativa de novembro de 2000").

seja, os de um nacionalismo exacerbado, perderam subitamente a sua plausibilidade e, em consequência, instaurou-se uma profunda crise de orientação. O fim do nazismo foi percebido "como catástrofe alemã" (Friedrich Meinecke[51]), como crise coletiva de identidade que não deixa ninguém incólume. A crise não pôde ser simplesmente neutralizada pela reafirmação de imagens históricas tradicionais, embora repetidamente se tentasse destituir a época do nazismo de sua importância proeminente para a cultura histórica, degradando-a a um momento ao lado de outros da história alemã, que se pode tomar positivamente como ponto de partida. Nos planos local e regional, essa tentativa de "contornar" a questão ocasionalmente foi bem-sucedida, mas dela não se pôde extrair nenhuma perspectiva sustentada de autocompreensão da totalidade dos alemães. Igualmente não se conseguiu substituir a identidade nacional destruída por uma identidade supranacional, europeia, como foi tentado nos anos do pós-guerra. A "Europa" não podia simplesmente passar a ocupar o lugar da nação alemã, porque o nacional enquanto dimensão de pertencimento não pode ser simplesmente dissolvido no supranacional e porque não havia nenhuma tradição europeia que pudesse ser mesmo que aproximadamente equiparada à tradição nacional da cultura histórica alemã.

Até hoje a cultura histórica alemã é marcada pelo esforço para processar e fazer valer a experiência histórica do nazismo e seus crimes numa concepção produtiva e indicativa do futuro do autoposicionamento histórico dos alemães. A história alemã sempre foi uma oportunidade para controvérsias e diferentes interpretações. Os alemães reiteradamente tiveram de trabalhar e superar fortes antagonismos internos. O federalismo que teve início nas camadas profundas da história, o antagonismo confes-

---

51 MEINECKE. *Die deutsche Katastrophe*.

sional e lutas políticas pelo poder marcaram também a consciência nacional alemã e lhe conferiram uma inquietude interna, uma belicosidade que certamente foi encoberta e atenuada, mas que jamais pôde ser superada. Após 1945, a cultura histórica alemã passou a ser uma cultura pronunciadamente polêmica. E permanece assim até hoje.

Não obstante, é possível definir tendências de desenvolvimento e configurações típicas, recorrendo à simplificação e exageração dos tipos ideais. Assim, três tipos de tratamento dado à época nazista podem ser divisados, diferenciados uns dos outros e caracterizados como específicos da respectiva geração[52]. Sua ocorrência sucessiva possui uma coerência lógica interna, o que, todavia, não quer dizer que o *status* geracional dos que representam o respectivo tipo já esteja fixado de uma vez por todas. Os tipos caracterizam posturas e padrões de interpretação, cuja ocorrência sucessiva apresenta uma coerência interna. Com o auxílio deles, pode-se descrever, ordenar e interpretar de forma abstrata e extremada os múltiplos desenvolvimentos da cultura histórica alemã. Eles podem até mesmo ser transpostos heuristicamente com ganho analítico para países e culturas, nas quais igualmente se trata de dar conta de um pesado ônus histórico (por exemplo, África do Sul). Os tipos caracterizam períodos de tempo que podem ser associados a gerações (1945-1968-1989), mas eles não se isolam completamente nem perenizam pessoas em gerações. Trata-se de lógicas mentais na forma de lidar com uma experiência histórica negativa que tem efeitos intergeracionais diretos. Dependendo das circunstâncias, cada lógica pode se configurar com diferente intensidade e numa mescla de diferentes proporções.

O primeiro tipo pode ser caracterizado como *"silenciar"*. Ele foi típico para a geração daqueles que deram sustentação ao

---

52 Cf. RÜSEN. *Holocaust-Erinnerung und deutsche Identität.*

nazismo de modo mais ou menos ativo ou então por acompa-
nharem os demais ou por oportunismo e que, após o seu fim,
construíram os dois Estados alemães sob as premissas das po-
tências aliadas vitoriosas. Dado que os dois Estados parciais não
podiam ser edificados sem que se assumisse as elites do nazismo,
era preciso encontrar um modo pelo qual o legado de seu envol-
vimento com o regime criminoso não causasse o impedimento da
nova forma de Estado. Esse caminho consistiu na estratégia do
"silenciar coletivo": um debate crítico com o próprio passado só
ocorreu em casos excepcionais. (O meio mais propício para isso
era o da literatura.)

O crimes do nazismo não foram negados nem propriamente
reprimidos, mas não chegaram à ser tematizados de modo publicamente efetivo. Isso só ocorreu num período relativamente
tardio. A esfera pública foi despertada por processos nos quais
os carrascos de Maidanek e Auschwitz compareceram diante do
tribunal (1963 e 1975ss.). Um efeito especialmente intenso teve
a série televisiva norte-americana intitulada "Holocausto", que
foi transmitida na Alemanha no ano de 1979. Ela foi assistida
pela grande maioria dos alemães e, em muitas famílias, levou a
acalorados debates.

Esse silenciar, que só bem tardiamente foi rompido (de fato
só pela segunda geração), foi veementemente criticado na República Federal da Alemanha por muitos representantes intelectuais
dessa geração[53]. Porém, ele servia não só para eximir-se de responsabilidade, mas também ao estabelecimento bem-sucedido de
uma democracia do tipo ocidental por um estrato de detentores
do poder marcado por um modo de pensar decididamente anti-
democrático. Ele criou um espaço de manobra para a mudan-

---

53 Um documento dessa crítica que se tornou clássico é o livro de Alexander e Margarethe
Mitscherlich: *Die Unfähigkeit zu trauern*.

ça de mentalidade, no qual ex-detentores de cargos no sistema nazista puderam se tornar protagonistas da República Federal da Alemanha[54]. Essa exculpação através do silenciar também foi reforçada pelo modo como o nazismo foi interpretado intelectualmente, com ampla repercussão pública e força de penetração política no conflito entre o Oriente e o Ocidente. O nazismo foi exterritorializado da história alemã e se tornou marca de um "outro", que foi encarado como um estranho e exitosamente inscrito no traços do inimigo político (entre outros, com o auxílio da teoria do totalitarismo).

O procedimento na República Democrática da Alemanha foi invertido. Ela se legitimou como sistema de governo por meio de um antifascismo que, em termos propagandísticos, foi eficaz num primeiro momento e delimitou-se em relação à República Federal da Alemanha com a acusação de que nela os antigos poderes continuariam dominando. Assim, ele reivindicava ser a "melhor das Alemanhas". Todavia, os dois Estados alemães compartilhavam esse elemento de sua legitimidade, o de responder pelo contrário do nazismo em seus fundamentos normativos.

O segundo tipo pode se caracterizado como *moralização*. A geração dos que tiveram a sua socialização política no período inicial da República Federal da Alemanha penou sob o legado mental do que fora silenciado. Ela conseguiu se livrar dele mediante um afastamento e uma condenação morais incisivos do nazismo. Ao mesmo tempo, ela voltou a inseri-lo no contexto da história alemã, do qual ele havia sido excluído num primeiro momento. Por essa razão, a autocompreensão histórica dessa

---

54 A dimensão dessa mudança, todavia, carece de uma investigação mais acurada. Casos espetaculares como o de Schneider, funcionário da SS [*Schutzstaffel* = Esquadrilha de Proteção, polícia secreta de Hitler] e posterior reitor da Escola Superior Técnica de Aachen Schwerte, ou de proeminentes historiadores como Theodor Schieder são indicadores da problemática. Cf. LOTH. R. (orgs.). *Verwandlungsszene. Nationalsozialistische Eliten in der Nachkriegszeit.*

geração só pôde ser obtida "criticamente" a essa história. Positivamente a sua autocompreensão e sua interpretação do mundo histórico fundou-se nas normas universalistas da cultura política ocidental. Essa postura é determinada por um equilíbrio frágil: de um lado, há um distanciamento crítico em relação à geração mais velha e à época da história alemã pela qual esta é responsável e, do outro lado, uma identificação positiva com tendências históricas da modernização, cuja falta na sua própria história foi vista como um futuro não cumprido do seu próprio passado. As discussões travadas principalmente nas décadas de 1970 e 1980 no âmbito da ciência histórica em torno da "via especificamente alemã" devem ser examinadas nesse contexto. A orientação de uma geração mais jovem de historiadores pelas premissas normativas e teóricas da teoria da modernização do seu tempo possibilitou uma viravolta crítica da cultura memorativa alemã, na qual a história alemã pôde ser interpretada como um caminho equivocado de graves consequências rumo à modernidade.

A relação intergeracional experimentou uma profunda ruptura, aguçada ainda mais por uma identificação com as vítimas do nazismo. Os grandes debates públicos sobre o modo de lidar com o nazismo, a disputa dos historiadores (1986), a disputa em torno da exposição das Forças Armadas (a partir de 1995) e o debate entre Walser e Bubis (1998) giraram em torno dessa tensão entre origem histórica, crítica moral e a tentativa de extrair da experiência negativa da sua própria história a centelha que inflama um outro futuro. Nesses debates, o nazismo se tornou o tema-chave da autocompreensão alemã: ele aguardava a integração negativa na identidade histórica dos alemães.

Fortes indicadores permitem inferir que essa integração de fato foi efetuada: pelo eco intenso e preponderantemente positivo ao já mencionado discurso que o ex-presidente da Alemanha,

Richard von Weizsäcker, havia proferido por ocasião do 40° aniversário da capitulação alemã (8 de maio de 1985), e, depois, pela resolução do Parlamento alemão de erigir um monumento em homenagem aos judeus assassinados da Europa (25 de junho de 1999). Como consequência dessa integração negativa, o vínculo intergeracional objetivo com os criminosos precisou ser resgatado subjetivamente e o distanciamento moral transcendido na forma da mediação histórica.

O terceiro tipo traz a marca dessa *historização*: esta é psicologicamente possibilitada pela crescente distância intergeracional, mas não significa um arrefecimento da pressão exercida pela experiência da época nazista sobre a cultura histórica alemã. Pelo contrário: a discussão em torno dela se aprofunda e se amplia. Nessa fase, a nova geração resgata a sua autocompreensão para dentro da conexão íntima em que se encontra com os criminosos, beneficiários, espectadores e naturalmente também com os (poucos) opositores da dominação nazista e seus crimes contra a humanidade. Torna-se possível dotar essa conexão com a designação do pertencimento, a saber, o pronome "nós"[55]. O monumento do Holocausto em homenagem aos judeus assassinados da Europa, localizado no centro da capital da Alemanha reunificada, significa que a cultura histórica alemã superou a exclusão da época do nazismo e seus crimes, atribuiu a si própria essa época e, ao fazer isso, transformou os impulsos morais do distanciamento numa perspectiva de sua própria origem que aponta para o futuro.

A República Federal da Alemanha começou a historizar-se já antes da reunificação mediante a "Casa da História da República Federal da Alemanha" (1994) e o "Museu Histórico Alemão" (ato de fundação em 27 de outubro de 1987) e, após a reunifi-

---

55 Um exemplo marcante: MEIER. 40 Jahre nach Auschwitz, p. 10.

cação, defrontou-se com a tarefa de transformar a história da República Democrática Alemã numa parte da história alemã com a qual ela própria está de acordo. O início dessa integração consistiu numa moralização que pode perfeitamente ser comparada com a integração negativa do nazismo e que levou ao rompimento da relação entre as pessoas da ex-República Democrática Alemã com a República Federal da Alemanha ampliada. Teve início uma historização, mais na esfera da pesquisa histórica, menos na esfera pública ampla.

A despeito de toda predominância da história contemporânea nos processos discursivos da cultura histórica alemã a partir de 1945, não se deveria deixar de perceber que a consciência histórica publicamente eficaz sempre revelou e apresentou também outras perspectivas. A já mencionada atualização de épocas mais antigas, como, por exemplo, a época de Staufer (1977) ou a do império de Carlos Magno e até mesmo a da história da Prússia (1981) puderam ser encaixadas como pedras de mosaico na cultura histórica da Alemanha mediante exposições que tiveram grande repercussão entre as massas. A referência nacionalista permaneceu predominante (a primeira exposição do Museu Histórico Alemão em 1990 foi dedicada ao tema "Bismarck – Prússia, Alemanha e Europa") também e justamente na discussão com o nazismo e o Holocausto, mas ele também adquiriu contornos de uma diferenciação histórica com a qual alguns componentes tradicionais da história alemã foram apropriados de maneira nova ou puderam adquirir um significado novo e diferente. Somam-se a esta continuamente exposições de grande repercussão pública sobre a história regional, como, por exemplo, a de 1994 no Gasômetro de Oberhausen intitulada "Fogo e chama – 200 anos da Região do Rio Ruhr" ou a conversão de restos incômodos da indústria pesada em marcos paisagísticos esteticamente impressionantes da cultura industrial pela Exposição Internacional da Construção em Emscherpark (1989-1999).

Parque paisagístico de Duisburg Norte

Fonte: IBA EMSCHER PARK. "Werkstatt für die Zukunft von Industrieregionen". *Memorandum der Internationalen Bauausstellung Emscher Park 1996-1999.* Gelsenkirchen, 1996.

A reunificação alemã tornou indispensável uma reflexão e uma nova concepção da identidade nacional alemã. Em primeiro lugar, a história da República Democrática Alemã teve de conquistar o seu lugar na história alemã posterior a 1945, mais exatamente, de tal modo que o pertencimento comum ao Estado da República Federal da Alemanha ofereça a todos os envolvidos o grau de identificação mínimo, sem o qual um sistema comum não pode existir. A República Democrática Alemã compartilhou em sua cultura histórica a integração negativa do nazismo numa nova autocompreensão. Porém, de modo invertido, ela exterritorializou essa experiência histórica do âmbito da história alemã incorporada em sua própria identidade e dotou os "outros", isto é, principalmente a República Federal da Alemanha, com os traços dessa experiência.

Essa utilização recíproca como reflexo invertido de parcelas rejeitadas da história foi atenuada já antes de 1989; após a virada, ela se tornou obsoleta, apesar da considerável propensão à autoavaliação positiva baseada em realizações na história do pós-guerra.

A esmagadora predominância da Alemanha Ocidental na cultura histórica da nova República Federal da Alemanha não consegue impedir que as experiências contemporâneas da Alemanha Oriental devam ser enquadradas no quadro geral da autoavaliação histórica da nova República Federal da Alemanha e ali tratadas crítica e polemicamente. O potencial de ambivalência que a cultura histórica alemã havia acumulado mediante a integração da experiência histórica negativa do nazismo é reforçado por essa nova integração de uma história de opressão.

Porém, justamente essa ambivalência no trato formador de identidade com o próprio passado representa uma chance de futuro que estimula à ação. A relação rompida dos alemães com a sua própria tradição, sem que possam nem queiram se negar enquanto nação, abre o âmbito do pertencimento e da delimitação em âmbitos supranacionais e, desse modo, fortalece simultaneamente também os pertencimentos subnacionais, regionais e as tradições que os sustentam. Desse modo, a cultura histórica alemã se predispõe para a unidade da Europa.

Não se pode dizer que as experiências danosas da história alemã contemporânea tenham sido processadas de tal modo que tivesse se fechado a ferida que o nazismo infligiu à cultura da Europa. Mas, a permanente discussão sempre polêmica e de intensidade variável com o passado certamente emprestou à cultura histórica alemã um perfil em que, pela integração de experiências negativas, a capacidade de persuasão das estruturas etnocêntricas da autocompreensão histórica foi atenuada e até interrompida. Isso abriu possibilidades para que se pudesse não só deixar valer, mas também reconhecer a alteridade e a diferença na formação histórica do seu próprio pertencimento.

A ruptura civilizacional causada pelo nazismo modificou consideravelmente a longo prazo os padrões de interpretação da cultura histórica, e isto não só na Alemanha. A história não é mais principalmente *medium* de autoavaliação positiva e delimitação em relação aos outros, mas pode ser e é empregada como *medium* de uma comunicação, na qual a diferença cultural é exercida, suportada, e, enquanto condição necessária da nossa própria autoestima, obtém, mediante ações de reconhecimento (e – ao menos rudimentarmente – mediate o luto por perdas de sentido na nossa própria história[56]), uma nova valoração na conexão histórica entre passado e futuro.

1.4 Tendências atuais e desafios futuros

Não há como predizer nem projetar normativamente sem mais nem menos os desenvolvimentos de longo prazo da cultura histórica alemã. A cultura histórica sempre reage a desafios do presente, e estes naturalmente não podem ser preditos nem sistematicamente estimados. Porém, certamente é plausível nomear tendências implantadas a longo prazo no passado, que predispõem para desenvolvimentos futuros e simultaneamente abrem um espaço de manobra para variadas possibilidades de configuração.

Agora já é possível vislumbrar que a historização do nazismo aumentará na próxima sucessão de gerações. De modo correspondente, o moralismo abstrato que predominou por muito tempo no modo de lidar com essa época da história alemã se dissolverá em prol de uma falsa normalização ou então prosseguirá rumo a uma autocompreensão histórica normativamente carregada dos alemães – para o que, de qualquer modo, já existem fortes indicativos. Uma normalização falsa da experiência

---

56 Sobre isso cf. LIEBSCH & RÜSEN (orgs.). *Trauer und Geschichte.*

contemporânea que até agora predominou na cultura histórica alemã consistiria em que ela seria reintegrada sem delongas nos padrões tradicionais de interpretação e perderia seu caráter perturbador. Nesse caso, poderiam ter continuidade e consolidar-se os mecanismos culturais de formação etnocêntrica de identidade que haviam levado o nazismo a uma consequência homicida.

Uma normalização "correta", em contrapartida, significaria converter os elementos históricos negativos em componentes óbvios de um quadro histórico, no qual se refletem os variados pertencimentos e delimitações multidimensionais dos alemães. Tal normalização poderia significar ao mesmo tempo uma integração mais forte da história catastrófica da ditadura alemã na história alemã e europeia mais universal. A singular cisão da cultura histórica alemã numa história contemporânea de carga negativa e uma "outra" história (geralmente mais antiga), encarada em contraposição à primeira como apta para ser transmitida, deverá ser esmerilada numa concepção histórica integral que apresenta fortes traços de ambivalência histórica.

A ambivalência até o momento não faz parte das características da cultura histórica. A sua integração deveria se estender à história alemã mais antiga e à mais nova simultaneamente: em relação à mais antiga o que importa é constatar déficits, a partir dos quais o nazismo pode ser explicado no longo prazo (nesse tocante já existem há muito interpretações pertinentes). Ao mesmo tempo, porém, deveriam ser extraídas desse passado experiências fecundas para o futuro que também podem ter existido antes da experiência do nazismo (mesmo que essa experiência necessariamente lhes fornecesse uma carga de ambivalência maior do que a que costuma caracterizar as tradições norteadoras da ação). Com certeza o nacionalismo alemão tradicional será visto como inepto para a tradição naqueles pontos em que o nazismo se vinculou a ele, desenvolvendo-o e suplantando-o no aspecto racista. Em contrapartida, a reunificação exige uma compreensão histórica do pertencimento nacional das cidadãs e dos cidadãos da República Federal da Alemanha.

Não é fácil delinear os contornos de uma nova identidade nacional dos alemães. O que contribuiu para isso foi o enfraquecimento radical do nacionalismo após o ano de 1945, assim como a autocompreensão separada da população da Alemanha Ocidental e da Alemanha Oriental sobre como deveriam entender-se de maneira nova depois de 1945. Na Alemanha Ocidental, houve sobretudo entre a inteligência de esquerda e entre os jovens uma corrente que propunha enfraquecer ou até renunciar à concepção de um pertencimento pangermânico em prol de uma identidade alemã ocidental específica com forte direcionamento para a Europa, ao passo que os alemães orientais se agarravam mais resolutamente a uma identidade que englobasse os dois Estados alemães, inclusive quando o regime da República Democrática Alemã, em prol da consolidação de sua própria condição de Estado, considerou inoportuno o ponto de vista comum e quis substituí-lo pela função representativa de uma nação alemã entendida em termos socialistas.

Ademais, uma nova autocompreensão histórica dos alemães acerca de sua identidade nacional também está ameaçada por uma concepção falsa de normalidade. Como "normal" é tido o nacionalismo dos demais povos europeus, que diferentemente dos alemães não tiveram de processar nenhuma experiência de ruptura radical em sua autoconsciência nacional. A tão conjurada normalidade da autocompreensão nacional inglesa, francesa ou norte-americana, em princípio, padece dos mesmos elementos ou de elementos similares de uma apreciação decididamente assimétrica da sua própria história em comparação com a dos "outros", que até hoje constituem uma das fontes das guerras europeias mais recentes e dos conflitos existentes. É que a postura positiva em relação à sua própria nação quase sempre está associada com a depreciação dos demais.

A autocompreensão nacional dos alemães, assim como a de todos os seus vizinhos, depara-se com o mandamento objetivo da europeização. Desse modo, ela se abre para uma dimensão supranacional de entendimento histórico de si mesma que pode tirar a virulência do etnocentrismo e, em consequência, representa uma das condições essenciais para a paz duradoura na Europa. Ainda não está definido em que consiste uma europeização da cultura histórica alemã. Pelo menos já é possível nominar as condições de seu êxito ou fracasso, que apareceram no processo até aqui percorrido da união europeia.

Essa união se efetuou muito mais intensamente nos campos econômico e político do que no campo cultural. Neste último, há declaradamente a necessidade de recuperar terreno. Todavia, essa demanda, de início, deixaria de ser atendida se a união europeia no campo da cultura histórica fosse levada a cabo de tal modo que os direcionamentos do autoentendimento histórico, que até agora tiveram um cunho fortemente nacionalista, fossem simplesmente substituídos por uma visão europeia abrangente. Uma Europa desse gênero seria uma formação artificial enquanto grandeza orientadora de cunho histórico, pois lhe faltariam justamente as energias para a configuração futura da Europa, as quais ainda estão ativas nas tradições nacionais.

Uma cultura histórica genuinamente europeia teria de surgir e se desenvolver a partir dos fatores extremamente heterogêneos e entrecruzados das culturas históricas nacionais (e também regionais) já estabelecidas dos países europeus. Nesse sentido, há não só ensejos políticos atuais, mas também um número suficiente de razões intra-históricas: tradições compartilhadas como a racionalidade ocidental, a arte estética, os direitos humanos e cidadãos, mas também experiências negativas comuns como as guerras e os conflitos no interior da Europa, bem como, no final das contas, a investida imperialista da Europa contra o resto do mundo com suas consequências, em parte homicidas, para os povos e as culturas atingidos. O mais promissor para uma dimensão europeia da cultura histórica alemã parece ser a perspectiva de mediação entre as experiências históricas que permitem evidenciar e tornar plausível o pertencimento europeu e as experiências históricas negativas que representam uma força propulsora da própria união europeia.

Paralelamente à europeização da cultura histórica com a abertura moderadora da autocompreensão nacional em esferas supranacionais ocorre uma regionalização que atenua a pressão por uniformidade da identidade nacional, quando não a converte inclusive em seu oposto. Nesse aspecto, a história alemã oferece uma profusão de pontos de contato, já que apresenta fortes elementos que habilitam para o futuro, quais sejam, divergência e diferença regional e estruturas federais de unidade.

Uma exigência especial da cultura histórica alemã consiste na integração entre a Alemanha Oriental e a Alemanha Ocidental. Pode-se embasar e esperar que, depois de 1989, concresça aquilo que se pertence a partir de um desenvolvimento histórico de origens profundas. Porém, isso justamente não quer dizer que os elementos da autocompreensão alemã previamente dados pela tradição tenham sido suficientemente fortes para produzir como que ao natural, por si sós, a integração exigida. Pelo contrário: a divergência mental evidente entre a Alemanha Oriental e a Alemanha Ocidental como consequência das chances de vida assimetricamente repartidas após a reunificação exige um trabalho de mediação a longo prazo em todos os campos da cultura histórica.

A delimitação na relação recíproca (assumindo, na cultura histórica oficial da República Democrática Alemã, traços francamente neuróticos) que dominou a história do período pós-guerra nos dois Estados alemães, não pode ser simplesmente anulada ou até invertida.

Ela precisa ser sistematicamente "trabalhada do começo ao fim", e para isso não basta um distanciamento crítico em relação ao sistema estatal da República Democrática Alemã com seus traços totalitários nem um inventário das devastações que esse sistema causou na consciência de suas cidadãs e seus cidadãos. Seria simplificar demais se apenas se inscrevesse criticamente a história do período pós-guerra da República Democrática Alemã na história já estabelecida de autoentendimento da República Federal da Alemanha mais antiga. Isso poria a perder alguns elementos da crítica socialista ao capitalismo que permitem chamar a atenção, inclusive após 1989, para os aspectos sombrios das democracias ocidentais e pelo menos levantar as questões referentes aos padrões de segurança e justiça social até agora não suficientemente assegurados.

A revisão crítica da autocompreensão histórica da República Federal da Alemanha teria de ser projetada em termos muito mais abrangentes. Essa revisão pode, sem delongas, tomar como ponto de partida a pesquisa mais recente sobre a história contemporânea alemã, na qual o processo de transformação do sistema nazista no da República Federal da Alemanha foi tratado com mais atenção. Desse modo é possível visualizar condenações e situações problemáticas da fase inicial da República Federal da Alemanha que facilmente puderam ser ignoradas em virtude da satisfação generalizada com o êxito no estabelecimento de um tipo ocidental de democracia parlamentar e de direito público na

143

Alemanha. No quadro assim distensionado e criticamente delineado da história alemã do pós-guerra, os traços da República Democrática Alemã poderiam ser inseridos sem a costumeira divisão em bons e maus.

Todos esses pontos de vista só poderão fundamentar uma autocompreensão histórica sólida dos alemães se não forem validados com o objetivo de chegar a um quadro histórico passível de consenso universal. Pelo contrário: eles deveriam aparecer como fatores de uma discussão permanente, de um movimento crítico, nos quais os alemães chegam a um entendimento de si mesmos e de sua relação com seus vizinhos no espelho da sua própria história enquanto parte da história europeia e mundial. Esse entendimento teria de acontecer pela via do conflito e da controvérsia; nesse caso, a multiplicidade e a divergência não se manifestariam só como conteúdo da memoração histórica, mas como motor de seu próprio desenvolvimento. O alto grau de reflexividade, franqueza e dinâmica exigido nesse processo poderia se tornar uma característica da cultura histórica alemã do futuro, assim como no passado também foram justamente os grandes debates públicos (por exemplo, a disputa dos historiadores) que tornaram o pensamento sobre a história significativo muito além dos círculos de especialistas responsáveis por ele.

A europeização da cultura histórica alemã também suscita o problema de sua resposta à globalização. Uma das exigências culturais que a experiência da globalização do presente tornou evidente representa uma crítica às "narrativas mestras" disponíveis até agora, nas quais a cultura ocidental assegurou sua superioridade em relação às demais e, desse modo, pagou tributo ao etnocentrismo universalmente disseminado do autoentendimento histórico. Esse etnocentrismo atribui elementos normativos positivos à sua própria cultura e, inversamente, confere conotação negativa às demais culturas, das quais a sua própria é diferenciada. Exemplo conhecido é o tópico que afirma que "nós" somos civilizados e os "outros" selvagens ou bárbaros. Até hoje é corrente a diferença entre "desenvolvido" e "subdesenvolvido". Nessa assimetria normativa do pertencimento histórico e da delimitação histórica aninha-se um "clash of civilizations [choque de civilizações]", que em seu cerne é belicoso e conflituoso[57]. Porém, a autodissolução crítica das narrativas mestras, do tipo que o Ocidente cultiva desde o século XVIII como tradição da história universal, não resolve o problema. Porque, nesse caso, a questão do pertencimento e da diferenciação ficaria sem resposta, estabelecendo-se nada mais que um irritante emaranhado difuso na orientação histórica da práxis social. Em contrapartida, seria recomendável tomar como ponto de partida o universalismo com que a cultura ocidental potencializou os princípios normativos de sua autocompreensão, formulando-os e cunhando-os na "perspectiva da humanidade". Porque na base desse universalismo está o princípio normativo da igualdade, que tende a anular a assimetria normativa do etnocentrismo. Todavia, a configuração intelectual anterior desse universalismo evidencia uma grave deficiência: ele exclui a diferença cultural. Essa diferença, na verdade, é posta fundamentalmente sob o mandamento da igualdade, e, desse modo, é pacificada, ao menos tendencialmente, a "guerra das culturas"*, enquanto uma nação não se identificar com a humanidade e, desse modo, expor as demais como deficitárias

---

57 HUNTINGTON. *Der Kampf der Kulturen* – The Clash of Civilizations; Die Neugestaltung der Weltpolitik im 21. Jahrhundert [ed. bras.: *O choque de civilizações*. 5. ed. São Paulo: Objetiva, 2001]. Cf. a crítica a Huntington por Müller: *Das Zusammenleben der Kulturen* – Ein Gegenentwurf zu Huntington.

* "Krieg der Kulturen [Guerra das culturas]" ou "Kampf der Kulturen [Luta entre culturas]" é a tradução alemã para "clash of civilizations" [N.T.].

em termos de qualidade humana. A concepção ocidental clássica das nações fora potencializada com esses elementos universalistas e, desse modo, aliviou-se a consciência para as pretensões de dominação no conflito com outros povos e outras nações. As grandes correntes migratórias e a comunicação intercultural cada vez mais estreita aumentou o potencial conflitivo do etnocentrismo tradicional. Isso faz com que a seguinte tarefa se torne cada vez mais urgente: o autoentendimento histórico do Ocidente deve ser ampliado num ponto de vista de significado categorial, a saber, o do reconhecimento recíproco da diferença cultural.

A cultura histórica alemã poderia contribuir essencialmente para o estabelecimento de uma nova cultura histórica do reconhecimento intercultural. A partir dos elementos negativos da história contemporânea alemã, ela pode tornar plausível a necessidade dessa nova categorização da dimensão histórica. Por fim, ela também pode mobilizar tradições do reconhecimento da diferença cultural: ao menos na dimensão cognitiva da cultura histórica poderiam ser reformuladas as tradições do historismo e da hermenêutica (naturalmente não sem uma autocrítica de suas limitações eurocêntricas) e, desse modo, conferir validade ao ponto de vista da unidade mediante a diversidade não só em vista da Europa, mas visando a nova formatação do mundo único no processo de globalização.

2
Sobre alguns movimentos na cultura histórica

Moral, luto e perdão*

*Até durante o sono destila para o
coração a agonia que recorda o
sofrimento; e a pessoa se revolta
quando não lhe é permitido entender.*

Ésquilo**

Há experiências históricas tremendamente difíceis de superar. Esse é o caso sempre que essas experiências apresentam elementos do traumático[58]. Quando se identifica o caráter do traumático com a propriedade de que aquilo que aconteceu e foi experimentado destrói todo o sentido que se constrói sobre ele, então é da essência do trauma evadir-se fundamentalmente de uma superação interpretativa. Isso, porém, em última análise não é possível no âmbito da experiência histórica. Porque são justamente esses conteúdos incômodos da experiência histórica que

---

* A primeira versão foi publicada em JOHN, J.; VAN LAAK, D. & VON PUTTKAMER, J. (orgs.). *Zeit-Geschichten* – Miniaturen in Lutz Niethammers Manier. Essen: Klartext, 2005, p. 206-213.

** Ésquilo, *Agamêmnon*, V, 170ss. (conforme a trad. alemã de Dietrich Ebener) [cf. ed. bras.: *Agamêmnon*. São Paulo: Perspectiva, 2007].

58 Cf. sobre isso RÜSEN. *Krise, Trauma, Identität.*

clamam por interpretação. Uma possível resposta a esse desafio consiste em tematizar o luto como estratégia cognitiva para lidar com a experiência histórica negativa[59].

Luto é uma atividade mental mediante a qual se processa uma perda que ameaça a identidade dos atingidos. Portanto, o luto confere sentido a uma experiência que ataca e põe em perigo o si-mesmo humano. O luto histórico se refere a experiências desse tipo feitas no passado que são constitutivas para a própria identidade histórica. Quando se trata de experiências de perda (derrotas, humilhações, aniquilações), elas põem em perigo e ameaçam uma localização possibilitadora de vida do próprio si-mesmo mediante o pertencimento a outros e delimitação em relação a eles; nesse caso, a memoração do passado põe em perigo a certeza de si no presente e a esperança no futuro. Visto que a identidade sempre é também uma relação com outros, tais acontecimentos ameaçadores acabam destruindo igualmente essa relação. Isso é inevitável e muito especialmente o caso quando os acontecimentos históricos traumáticos em questão remontam a pessoas ou coletivos que podem ser definidos como "os outros".

Porém, independentemente de tais elementos destrutivos no interior da perspectiva histórica da identidade humana, na relação entre o próprio e o outro está encerrado um problema fundamental: ele consiste em que a identidade humana é determinada por um respeito próprio de carga normativa e uma apreciação do outro de carga não tão positiva ou até negativamente definida. Na cultura histórica, essa avaliação assimétrica é potente como força do etnocentrismo[60]. Essa força aumenta quando a memoração histórica contém acontecimentos, nos

---

59 Cf. LIEBSCH & RÜSEN (orgs.). *Trauer und Geschichte.*

60 Cf. RÜSEN. *How to Overcome Ethnocentrism*: Approaches to a Culture of Recognition by History in the 21st Century.

quais nós mesmos ou o nosso próprio povo fomos feridos, perseguidos, maltratados ou expostos a coisas ainda piores pelos outros. Ora, quando tal acontecimento histórico é avaliado mediante recurso a padrões morais universalmente válidos, então essa moralidade passa a ter profunda influência sobre o processo da formação histórica da identidade: esse processo constitui problemas bem específicos na relação entre o próprio e o outro, entre o si-mesmo e a alteridade do outro. A formação histórica da identidade sempre é determinada também por fatores normativos. Ela até se refere à experiência histórica, a algo que aconteceu no passado, mas só quando esse acontecimento tem significado, é importante para o presente. Esse significado e essa importância só resultam de posturas valorativas em relação a acontecimentos do passado. Porém, quando nesses processos passam a vigorar padrões morais que devem ser aceitos não só por nós mesmos, mas também e precisamente por aqueles outros que são moralmente condenados, surge a relação especial entre vítimas e criminosos enquanto grandeza determinante da identidade histórica.

Nas últimas décadas, o *status* de vítima se tornou um fator extraordinariamente importante na formação da identidade coletiva. A capacidade de persuasão do *status* de vítima repousa sobre valores universais universalmente aceitos: os respectivos outros têm de aceitar que eles ou seus antepassados fizeram algo no passado que deve ser moralmente condenado. A concordância na avaliação moral do que aconteceu atribui às vítimas e seus descendentes a qualidade moral oposta, ou seja, uma qualidade moral sumamente positiva. Os outros, os criminosos e seus pósteros, são deslocados para dentro das sombras escuras da criminalidade. Sua alteridade é constituída por uma avaliação moral negativa, com a qual têm de concordar se tiverem os mesmos padrões morais universais das vítimas.

149

Numa perspectiva histórica geral, essa argumentação moral não é nem um pouco óbvia. Ela é uma conquista de tempos mais recentes. Habitualmente uma comunidade (por exemplo, uma tribo, uma comunidade religiosa, um povo) atribui a si mesma o padrão civilizacional mais elevado e, em correspondência, deprecia os outros como menos civilizados ou bárbaros[61]. A identidade é determinada, por conseguinte, pelo orgulho da conquista de tais padrões civilizatórios e de sua realização histórica. Por essa razão, vitórias militares desempenham um importante papel na autoapreciação histórica: elas representam a superioridade do meu próprio grupo em relação aos outros. Foi por isso que, por exemplo, a vitória dos exércitos alemães contra os franceses em 1871 e a prisão de Napoleão III ingressaram de imediato na cultura histórica pública do Segundo Império Alemão, o qual se constituiu ao término dessa vitória ainda em terra inimiga. As derrotas são interpretadas de modo correspondente – por exemplo, como desafios para uma vitória futura. Essa costumeira unilateralidade tradicional é legitimada pelo modo como se recorre à moral em cada caso. A moral geralmente é apenas uma questão da própria cultura. A alteridade dos outros é definida pela falta da moral que nos é própria ou por um desvio negativo em relação a ela. O etnocentrismo vive dentro e a partir de uma moral dupla: os padrões morais no interior da própria cultura não valem para os outros nem são aplicados a eles; os outros são tratados segundo outro sistema de valores, mais exatamente, no qual o trato

---

61 Cf. MÜLLER. *Ethnicity, Ethnozentrismus und Essentialismus*. De modo sutil, esse também é o caso na discussão acadêmica. Seja mencionado um exemplo atual disso, a saber, a tentativa impressionante de Huang Chun-chieh de atribuir à cultura chinesa a forma mais resoluta do pensamento histórico, naturalmente contra a tradicional reivindicação ocidental desse desempenho em favor de sua própria cultura. HUANG. *Salient Features of Chinese Historical Thinking*. Cf. meu comentário sobre isso: RÜSEN. *A Comment on Professor Chunchieh Huang's "Salient Features of Chinese Historical Thinking"*.

com eles satisfaça a exigências morais menores ou até a nenhuma exigência moral. (Em culturas arcaicas, até mesmo se nega aos outros o *status* da humanidade.) Essa dupla moral dissolveu-se nos processos culturais de desenvolvimento, nos quais se formaram modernas sociedades civis, em favor de padrões morais universalistas. Esses padrões estão fundados sobre valores universais e fundamentais que são pura e simplesmente atribuídos ao ser humano como ser humano e, portanto, que atribuímos a nós mesmos tanto quanto aos outros. No padrão de interpretação dessa moral, um comportamento que contraria seus princípios se torna imoral. Ele perdeu a inocência da segunda moral, da "outra" moral que permite tratar o outro segundo parâmetros morais inferiores (por exemplo, escravizando-o). O tratamento desumano dos outros, aos quais é atribuído o mesmo *status* de humanidade que se atribui aos integrantes do próprio grupo ou da própria comunidade, passa a ser uma qualidade decididamente moral do mesmo tipo da primeira moral, da "minha própria" moral. Em casos extremos, esse tipo de ação imoral é qualificado como crime contra a humanidade e, portanto, como violação da norma universal, da norma mais elevada do comportamento moral. Tais crimes contra a humanidade constituem, então, acontecimentos históricos que podem servir como meios extraordinariamente eficazes de valer-se da qualidade moral de comunidades como característica de diferenciação entre o próprio e o do outro.

Entrementes tornou-se uma estratégia mundialmente aceita das culturas históricas valer-se de padrões morais universais para estabelecer a diferença entre o próprio e o do outro. Os traços históricos do próprio e da alteridade do outro são projetados na tela da moral universalista. A identidade histórica se define, em cada caso, como uma feição singular do rosto da humanidade.

Essa natureza moral da formação histórica da identidade tem uma consequência problemática: as pessoas do presente são responsabilizadas pelo que fizeram seus antepassados. Essa responsabilidade desempenha um papel cada vez mais importante nas relações políticas internacionais: os representantes de nações ou Estados começam se desculpando oficialmente por aquilo que seu povo ou seus cidadãos fizeram a outros no passado[62]. Os descendentes dos criminosos são levados a comprometer-se com a reparação do dano causado por seus antepassados. Essa práxis parece tornar-se tão corriqueira quanto é obscuro em que consiste propriamente essa responsabilidade "histórica"[63]; porque a moralidade moderna universalmente aceita com seu direcionamento universalista atribui responsabilidade por malfeitos apenas aos agentes imediatos. O que os torna responsáveis por algo que eles próprios não fizeram? Porém, independentemente dessa questão filosófica ainda aberta, essa responsabilidade enquanto responsabilidade especificamente histórica precisa ser reconhecida de maneira geral no plano da vida cotidiana e da política simbólica. (Esse dado possui um interessante acento anticonstrutivista: a partir de filiações genealógicas, atribui-se objetivamente às pessoas uma responsabilidade que subjetivamente nem lhes compete. A moral se torna um elo histórico objetivo entre passado e presente; a história se converte em potência objetiva, em razão de determinação do comportamento subjetivo[64].)

---

62 Cf. Lübbe, *"Ich entschuldige mich"* – Das neue politische Bussritual.

63 Cf. HEIDBRINK. *Gibt es Verantwortung für die Vergangenheit?*

64 Christian Schneider explicitou esses dados históricos antecedentes, essa inscrição moral do passado nas coisas presentes, em termos psicanalíticos, como "sonho de transição" (SCHNEIDER et al. *Das Erbe der Napola* – Versuch einer Generationengeschichte des Nationalsozialismus, p. 197ss.).

A moral dota a identidade histórica, de um lado, com a força da inocência e, do outro, com culpa, vergonha ou desonra. A força de atração do *status* de vítima se baseia na superioridade da inocência; culpados são sempre os outros[65]. Porém, justamente a moralidade que serve de base aqui cria problemas enormes no processo de formação da identidade. Pois os outros, que são onerados com culpa, desonra e vergonha, só conseguirão obter o respeito próprio histórico, que representa um elemento necessário da utilidade de concepções identitárias para a vida, mediante a autocondenação. Isso, todavia, é uma contradição em si – não é base para a estabilidade mental. Porém, quando os descendentes dos criminosos se identificam com as vítimas, visando introduzir uma qualidade moral positiva em seu respeito próprio[66], eles passam a ignorar a conexão intergeracional historicamente objetiva com os criminosos. Essa identificação cumpre a responsabilidade histórica, mas, ao mesmo tempo, obscurece uma grave deficiência da relação intergeracional na perspectiva histórica da respectiva autopercepção. Essa moralidade incisiva e rígida corta os laços históricos que constituem objetivamente a identidade histórica.

Porém, também o *status* intergeracional de vítima é problemático. Ele põe sobre o respeito próprio a carga da experiência de sofrimento e, desse modo, paralisa a dimensão histórica do agir. Em casos como esse, a dimensão do futuro que dá seguimento à memoração histórica só poderá ser inaugurada mediante

---

65 Um exemplo paradigmático de como os pesos morais na construção da identidade são repartidos, em termos historiográficos, é o da interpretação que Goldhagen faz do Holocausto. GOLDHAGEN. *Hitlers willige Vollstrecker – Ganz gewöhnliche Deutsche und der Holocaust*. Sobre isso cf. RÜSEN, *Goldhagens Irrtümer*.

66 Isso não foi raro na primeira geração pós-guerra na Alemanha Ocidental. Sobre a relação geracional típica dos alemães com o Holocausto cf. RÜSEN. *Holocausterinnerung und deutsche Identität*.

a conversão de sofrimento em ação. Tal perspectiva de ação positivamente determinada é encerrada dentro de uma autorrelação histórica determinada pela vitimização. Isso fica muito evidente no lema "jamais se repita" que caracteriza essa relação entre passado e futuro: a perspectiva de ação que dá acesso ao futuro é puramente negativa. (A reação como que "natural" e provável da vingança contraria a moralidade do *status* de vítima.)

Por causa desse tipo de tensões e contradições, o processo cultural da formação de identidade vai além da dimensão de sentido de uma moral universalista. O *status* de vítima capacita os atingidos para o respeito próprio enquanto inocentes e, desse modo, para a superioridade moral em relação aos criminosos. Porém, ao mesmo tempo, a vitimização põe sobre a autorrelação a carga pesada do sofrimento. O sofrimento urge o seu oposto – um agir que, guiado pela concepção da felicidade, conduz para fora do sofrimento. Ser vítima é um desafio para se libertar da vitimização e capacitar-se para controlar a própria vida. Para isso, é necessário renunciar à inocência da vitimização de modo a defrontar-se com a alternativa de deixar para trás a dor da vitimização à custa da perda da superioridade moral?

A mesma tendência de refazer a própria autoimagem opera na consciência daqueles que estão suportando a pesada carga do imoral. Em casos extremos, nos casos de crimes contra a humanidade, a sua autoimagem é empurrada para uma densa sombra, pelo fato de terem destruído junto com a humanidade dos outros também a sua própria. Sem luz nessa escuridão – como poderá a experiência histórica dar acesso a um futuro em que o respeito próprio representa o contrário daquilo que aconteceu no passado?

A busca por ir além da moralidade surge também na relação entre criminosos e vítimas e seus descendentes. A moralidade os separa e até mesmo os coloca em oposição. Sobre a base de princípios morais separados e reciprocamente confirmados do modo humano de existir eles vivem juntos à beira do abismo da exclusão recíproca. A universalidade dividida de valores os separa radicalmente. Eles confirmam uns aos outros que carregam um legado perturbador em sua identidade histórica. Eles vivem como gêmeos siameses que crescem ligados um ao outro – impedindo-se mutuamente de levar uma vida independente e autodeterminada, na qual possam realizar os valores morais separados em suas respectivas condições de vida distintas. É possível separar os gêmeos? Nenhuma tentativa tem garantia de ser bem-sucedida.

A possibilidade de sair desse dilema da moralidade na formação do processo identitário poderia consistir em esquecer os acontecimentos a serem moralmente condenados. Poderia servir de exemplo a Antiguidade grega, na qual os acordos de paz, via de regra, previam que as partes que os firmavam deviam esquecer o que a guerra havia causado e o que nela acontecera? [67] O fato histórico de que, apesar desse esquecimento oficial, as cidades--Estado gregas eram constantemente assoladas por guerras significa que experiências históricas lesivas não podem ser simplesmente esquecidas, mesmo quando a racionalidade política exige isso. Isso se aplica tanto mais quanto mais profundamente os acontecimentos do passado estiveram entranhados nos traços do meu próprio eu e nos do anterior adversário. Ao menos no plano do inconsciente o esquecido permanece extremamente vivo.

Não há, portanto, alternativa para a tarefa difícil e amarga de trabalhar as experiências pesadas, mais precisamente, de maneira a que seja superado o caráter excludente da minha própria identidade, que lhe adveio de padrões universalistas vividos no âmbito de uma constituição moral. O primeiro passo rumo a uma

---

67 Sobre isso cf. FLAIG, *Amnestie und Amnesie in der griechischen Kultur* – Das vergessene Selbstopfer für den Sieg im athenischen Bürgerkrieg 403 v. Chr., p. 129-149.

perspectiva de futuro deve afastar da ligação interior, determinada por valores e formadora de identidade com o passado, da ligação imediata e deslocada para o plano atemporal. Tal distância pode ser lograda mediante o luto. A perda experimentada pelas vítimas e seus descendentes é trazida à consciência mediante o luto. Esse processo solta as amarras que prendem o eu dos enlutados ao que foi perdido. Ao mesmo tempo, porém – e isto é o decisivo –, as partes e os elementos perdidos da própria identidade (por exemplo, sua dignidade humana) são, em sua ausência, novamente recuperados para o presente[68]. Desse modo, eles são apropriados de uma maneira totalmente nova. A partir do passado perdido, eles se deslocam, como estimulantes da ação, para dentro da perspectiva de futuro da minha própria vida. Por essa via, acresce-se à identidade lesada uma nova dimensão e qualidade da memoração e da consciência histórica com perspectiva de futuro.

Uma transformação parecida pode ser posta em marcha pelos criminosos e seus descendentes. Eles podem tomar consciência a seu modo da perda da humanidade provocada neles próprios pelo imoral, pelo comportamento criminoso, e, na ausência (histórica) dessa perda, trazê-la para o presente. Ao fazer isso, eles ampliam o horizonte de sua identidade mediante a consciência de sua humanidade, fortemente estimulante da ação, que de fato está (historicamente) ausente, mas que é novamente atualizada para dentro do seu próprio futuro.

Tornar presente mediante o luto o que foi perdido e, portanto, o que está ausente para a autorrelação histórica e, nessa transformação, torná-lo apto para o futuro – o que significa isso em distinção ao fato singelo de que essa perda ocorreu? O que foi perdido não pode ser simplesmente ressuscitado para a vida.

---

68 Sobre isso cf. RÜSEN. *Historisch trauern* – Skizze einer Zumutung.

Mas pode perder seu caráter deprimente de humanidade assas-
sinada numa identidade partida. Aqueles que sofrem por causa
desse assassinato e que, ao mesmo tempo, estão cientes de sua
inocência e do direcionamento moral do seu agir daí decorrente,
conquistam um lugar para o terrível no âmbito de sua identidade,
onde se modifica o seu caráter: da pura força destrutiva ele passa
a ser um desafio à vida.

Quando o trabalho de luto é bem-sucedido, os enlutados
conferiram à sua memoração e à sua consciência histórica uma
nova qualidade. Eles superaram o caráter excludente de sua moralidade, pelo qual bem e mal eram usados para definir a eles próprios e aos outros. No caso dos criminosos e seus descendentes,
eles se tornam os outros de si mesmos. O lado obscuro de sua
história não é mais excluído e não é mais deslocado para longe
do seu próprio eu visando salvar um resto de respeito próprio –
seja a qualidade moral da inocência seja a autocondenação por
assumir a responsabilidade (histórica). Esse lado obscuro passou a fazer parte da sua própria história – "própria" no sentido
de uma parte de si mesmos apropriada mediante memoração e
consciência histórica.

Essa apropriação é uma chance para superar a carga de vítima inocente e de criminoso responsável e sua exclusão moral
recíproca. Nela reside uma chance para o perdão[69]. Pela via do
perdão é ultrapassado o âmbito da moralidade enquanto força
mental de formação da identidade. Ele devolve tanto os que per-

---

69 Sobre isso cf. os trabalhos de Klaus M. Kodalle sobre a análise filosófica do ato de
perdoar: *Diesseits der Logik des Moralismus*: Vom "Geist" der Verzeihung bei Kierkegaard, Nietzsche, Scheler, Dostojewski und Camus. • *Gabe und Vergebung* – Kierkegaards Theorie des verzeihenden Blicks. • *Verzeihung nach Wendezeiten?* – Über
Unnachsichtigkeit und misslingende Selbst-Entschuldung. • *Verzeihung; Hegels
Denkanstoss* – Wider die Verdrängung eines zentralen philosophischen Themas. Além
disso, cf. RICOEUR. *Das Rätsel der Vergangenheit* – Erinnern - Vergessen – Verzeihen. • RI-
COEUR. *Gedächtnis, Geschichte, Vergessen*, p. 699ss.

doam quanto os que são perdoados a si mesmos, e isto, num plano identitário que se situa aquém e além da validade rigorosa dos valores universalistas. É o plano de uma autoaceitação pré e pós-moral, no qual o sujeito humano é capaz de reconhecer a condição humana daqueles que perderam ou tiveram violada radicalmente a sua humanidade. É o plano constitutivo, abissal da intersubjetividade humana, no qual o reconhecimento de outros é a condição primeira da vida humana[70]. Perdão é a recuperação de si mesmo em vista da perda histórica da sua própria humanidade. Ele pode ser efetuado como ato de libertação da carga representada pelo *status* de vítima[71]. E ele devolve aos criminosos a qualidade do existir humano que eles destruíram com o seu crime[72].

Não existe nenhuma cultura evoluída do perdão histórico nas sociedades modernas. Mas existe uma consciência crescente da necessidade de construir pontes sobre o abismo entre o bem e o mal. Isso teve início com pedidos de desculpas públicos por injustiças históricas. E no mesmo plano da cultura histórica pública houve pedidos de perdão[73]. É uma questão aberta se tais manifestações e desenvolvimentos indicam uma mudança na

---

70 Fundamental a esse respeito é TOMASELLO. *Die kulturelle Entwicklung des menschlichen Denkens. Zur Evolution der Kognition.*

71 Um exemplo sumamente impactante é dado pela sobrevivente de Auschwitz Eva Mozes Kor. MOZES KOR. *Heilung von Auschwitz.* • MOZES KOR. *Echoes from Auschwitz*: My journey to healing.

72 Isso é enfatizado – a partir do contexto do tratamento dado aos crimes do *apartheid* – por GOBODO-MADIKIZELA. *A human being died that night* – A story of forgiveness. • GOBODO-MADIKIZELA. *Remorse, forgiveness, and rehumanization*: Stories from South Africa. É objeto de intensa controvérsia se o perdão está vinculado à condição do arrependimento. Em termos abstratos, trata-se da questão se o perdão é um ato absoluto, categórico ou um ato condicionado. Dependendo de como se concebe a qualidade do existir humano do ser humano, concede-se a mesma também ao insensato, cuja humanidade se perdeu na inumanidade de suas ações.

73 P. ex., o Presidente Johannes Rau na Knesset. Cf. LÜBBE. "Ich entschuldige mich" – *Das neue politische Bussritual*, p. 15.

memória histórica e na cultura histórica atual – rumo a um novo reconhecimento da humanidade na percepção plena da inumanidade cometida no passado.

3
Facticidade e ficcionalidade

Movimentos de sentido do pensamento histórico nas proximidades da teologia*

> *O primeiro sentido diz pouco: avante*
> *com passos cautelosos! Para chegar ao*
> *segundo precisas roer, adiante, adiante*
> *até o terceiro!*
> FAUSTO. Tragédia parte III, coro dos
> Sinnhuber**

Qual pode ser a contribuição da historiologia para a discussão entre a ciência histórica e a teologia? A historiologia é autorreflexão da ciência histórica, na qual se trata de pontos de vista determinantes do conhecimento histórico formulado em termos especializados. Nessa autorreflexão são levantadas questões de princípio. Estas levam para além do pensamento histórico de cunho científico, mais exatamente: elas levam a um ponto anterior a ele, de volta aos contextos da vida cultural em que algo como o pensa-

---

* Primeira versão com o título "Facticidade e ficcionalidade da história – O que é realidade no pensamento histórico?" publicada em: SCHRÖTER, J. (org.). *Konstruktionen von Wirklichkeit* – Beiträge aus geschichtstheoretischer, philosophischer und theologischer Perspektive. Berlim: De Gruyter, 2004, p. 19-32.

** Deutobold Symbolizetti Allegoriowitsch Mystifizinsky [isto é, Friedrich Theodor Vischer]. *Faust* – Der Tragödie Dritter Theil, treu im Geiste des zweiten Theils des Goetheschen Faust. 6. ed. Tübingen: Laupp, 1907, p. 165.

mento histórico começa a surgir e onde tem suas bases e a partir dos quais se pode tornar plausível a sua constituição científica[74].

É no contexto dessa reflexão que são traçados também os limites entre a ciência histórica e teologia[75]. A ciência histórica, como toda e qualquer ciência, é "especificamente alheia a Deus"[76]. Suas realizações na área do conhecimento se comportam de modo neutro em relação a interpretações religiosas do mundo; elas são por princípio formuladas em termos seculares, isto é, recorrem a maneiras de pensar que podem ser esperadas de cada ser humano, independentemente de suas convicções religiosas. A teologia, em contrapartida, visa explicitar racionalmente e tornar compreensíveis convicções de fé especificamente religiosas. Ao fazer isso, ela recorre fundamentalmente à mesma maneira de pensar das demais ciências. Em especial, ela esclarece aqueles que têm tais convicções religiosas ("fé") sobre o que é essa fé. Assim sendo, ela faz a mediação entre pensamento racional-científico e fé religiosa. Em que consiste no detalhe essa mediação e se ele leva ou pode levar a uma modificação do pensamento científico e de sua finalidade cognitiva fundamental são questões abertas para a ciência histórica.

Porém, a historiologia não é só um instrumento cognitivo para demarcação de limites entre especialidades. Muito antes, ela explicita simultaneamente pontos de vista do pensamento histórico cuja abrangência transcende as especialidades. Esses pontos de vista conectam a ciência histórica com todas as disciplinas especializadas de orientação histórica e ademais com o pensamento histórico de modo geral enquanto modo da orientação existencial de cunho cultural na práxis vital humana. Nesse aspecto, a histo-

---

74 Cf. RÜSEN. *Historische Vernunft – Grundzüge einer Historik I: Die Grundlagen der Geschichtswissenschaft.*

75 Cf. ESSEN. *Geschichte als Sinnproblem – Zum Verhältnis von Theologie und Historik.*

76 WEBER. *Wissenschaft als Beruf,* p. 12.

riologia é interessante ara a teologia[77], e nesse aspecto a teologia também pode se tornar interessante para a ciência histórica. Porque, no final das contas, ela decifra elementos e formas do pensamento histórico especificamente religiosos, cujo conhecimento pode contribuir para a percepção de sua lógica.

Desde o Iluminismo, a controvérsia entre a ciência especializada secular e a teologia se concentra na questão referente a quais são os pontos de contato com a realidade constitutivos em cada caso. A compreensão de realidade articulada na Bíblia foi criticada e rejeitada como incompatível com as realizações racionais humanas do pensamento científico[78]. O discurso religioso – sendo paradigmáticas disso as narrativas bíblicas de milagres – foi acusado de ter uma relação transtornada ou pelo menos problemática com a realidade. O pensamento racional apto para a ciência que fundamenta essa acusação reivindica para si, em contrapartida, a capacidade de explicar em conformidade com a razão o teor objetivo e a pretensão de validade do discurso religioso e, desse modo, apontar o lugar da religião nos "limites da simples razão" (Kant).

A religião, todavia, nunca ficou muito satisfeita com o lugar que lhe foi apontado, principalmente porque nos limites da simples razão não era possível sustentar suas concepções específicas de salvação e redenção. Pelo contrário: essas concepções tinham de ultrapassar ditos limites para permanecer plausíveis.

Porém, para onde leva esse transcender "suprarracional" das possibilidades cognitivas da argumentação histórica racionalmente regulada? Ele aponta para fora, para além da realidade

---

77 Cf., p. ex., ESSEN. *Historische Vernunft und Auferweckung Jesu* – Theologie und Historik im Streit um den Begriff geschichtlicher Wirklichkeit. • REINMUTH. *Hermeneutik des Neuen Testaments* – Eine Einführung in die Lektüre des Neuen Testaments.

78 Típicos para isso são os textos "Über den Beweis des Geistes und der Kraft [Sobre a prova do espírito e da força]" (1777), de Lessing, e "Streit der Fakultäten [O conflito das Faculdades]" (1798), de Kant.

ou para dentro, para o cerne da realidade? Essa questão leva para o centro do debate em torno da relação entre ciência histórica e teologia. No que segue, gostaria de dar minha contribuição para esse debate, explicitando os traços básicos da compreensão da realidade e da relação com a realidade próprios do pensamento histórico de cunho científico. Desse modo, gostaria de visualizar ao mesmo tempo a área do pensamento em que a ciência histórica e a teologia se tocam e têm algo a dizer uma para a outra.

À primeira vista, parece estar claro o que é real para a ciência histórica[79]: com suas estratégias metodológicas da pesquisa histórica ela visa àquilo que considera a realidade do passado. Ele almeja uma reconstrução do que no passado de fato aconteceu. Para esse fim, ela recorre a um sofisticado sistema de procedimentos metodológicos. Esses procedimentos permitem apurar de modo verificável o que do passado atualmente ainda é "real" (no sentido de experimentável) e quais as informações confiáveis que ainda se pode extrair daí sobre o acontecimento do passado. O método determinante para essa referência à realidade do pensamento histórico é a crítica das fontes[80]. No horizonte do procedimento investigativo determinado por ela, realidade é aquilo que, no passado, segundo a informação das assim chamadas "fontes" (portanto, de tudo aquilo que do passado ainda está presente e acessível à experiência), "realmente" aconteceu.

Ora, para quem tem discernimento está claro que nem tudo que aconteceu no passado foi transmitido empiricamente e, sendo assim, nem tudo pode ser constatado mediante a crítica das

---

79 Mais extensamente sobre isso, BARRELMEYER. *Geschichtliche Wirklichkeit als Problem* – Untersuchungen zu geschichtstheoretischen Begründungen historischen Wissens bei Johann Gustav Droysen, Georg Simmel und Max Weber. • GOERTZ. *Unsichere Geschichte* – Zur Theorie historischer Referentialität. Além disso: LORENZ. *Historical Knowledge and Historical Reality*: A Plea for "Internal Realism".

80 Cf. RÜSEN. *Rekonstruktion der Vergangenheit* – Grundzüge einer Historik II: Die Prinzipien der historischen Forschung.

fontes. A pergunta dos historiadores pela "realidade" tem em vista, portanto, saber se o teor informativo das fontes é suficiente para constatar qual foi a ocorrência ou, nas palavras de Ranke: "como foi propriamente"[81]. É que as fontes, em virtude da contingência do que restou como testemunho do acontecimento real, sempre oferecem apenas um quadro incompleto do acontecimento passado. E até mesmo aquilo que eles atestam é matizado de múltiplas formas pelos interesses dos que legaram essas fontes.

Por conseguinte, o pensamento histórico sempre tem de ir além do teor informativo das fontes, para extrair dele um quadro mais ou menos coerente do acontecimento passado. As informações colhidas nas fontes devem ser complementadas e, em especial, têm de ser postas em relação umas com as outras de tal maneira que o decurso temporal que documentam assuma a forma de um acontecimento significativo que possa ser apresentado na forma de uma história. Entre o acontecimento dessa história e o teor informativo das fontes escancara-se fundamentalmente uma lacuna.

Essa lacuna consiste, de um lado, em que certas coisas do acontecimento exposto nem foram diretamente transmitidas pelas fontes, devendo ser inferidas a partir de informações colhidas em outras fontes. Desse modo, ingressam no conhecimento histórico elementos de suposição e incerteza que, por princípio, não podem ser evitados nem eliminados. Por conseguinte, reiteradamente se encontra, nas reflexões dos historiadores especializados sobre a relação entre a sua ciência e a realidade, a concepção de que se trata apenas de uma aproximação, e que seria fundamentalmente impossível representar adequadamente a "realidade propriamente dita" do passado.

Porém, essa lacuna ainda tem outro aspecto. Há uma divergência entre o acontecimento do passado e o seu conheci-

---

81 RANKE, *Geschichten der romanischen und germanischen Völker von 1494-1514*, p. VIII.

mento histórico no presente que possui um significado mais fundamental do que apenas a falta de informação empírica. Pois o conhecimento histórico não só reproduz o teor informativo das fontes, mas também o interpreta. Interpretar significa ordenar o saber empiricamente obtido sobre o acontecimento passado de tal modo que o decurso temporal desse acontecimento possa ser compreendido. Ele se torna compreensível quando pode ser considerado plausível com base em razões. Essa noção é representada graças a uma ordem narrativa, na qual a conexão cronológica externa do acontecimento obtém uma significatividade interna. Ela retira o decurso do acontecimento da pura contingência de eventos isolados cronologicamente enfileirados e o insere no teor de sentido de uma história. A interpretação torna o acontecimento real do passado narrável no presente.

O passado não narra a si próprio como história nas fontes, mas são os historiadores que processam o teor narrativo das fontes em nexos de sentido de cunho narrativo e, desse modo, convertem um acontecimento do passado numa história para o presente. Nesse ponto aparece, então, uma divergência epistemológica fundamental entre a facticidade do acontecido e seu valor histórico no quadro de sua interpretação pelo presente. O que do passado ingressa nas histórias do presente não está inscrito em sua pura facticidade, mas lhe é atribuído posteriormente pelo presente para conferir-lhe sentido. Portanto, precisamente aquilo que é historicamente importante e significativo para o presente na realidade do passado situa-se além da sua pura facticidade.

A teoria da história deixou-se persuadir pela ciência literária a denominar *ficcional* essa dimensão metafática que caracteriza o acontecimento fático do passado no quadro de sua representação histórica no e para o presente[82]. Ficcional significa: não ser real

---

82 WHITE, *Metahistory* – Die historische Einbildungskraft im 19. Jahrhundert in Europa.

no sentido em que algo realmente aconteceu no passado. À luz dessa argumentação, a relação do pensamento histórico com a realidade repentinamente se converte no seu oposto: precisamente aquilo que perfaz a qualidade histórica do acontecimento real do passado não é real. Os fatos do passado apurados mediante a crítica das fontes são fáticos; mas aquilo que neles tem de especificamente histórico é ficcional.

Após a assim chamada virada linguística e, depois dela, também da virada culturalista, a relação do pensamento histórico com a realidade se volatizou na ficcionalidade da formação histórica de sentido. Não há como negar que o conhecimento histórico possui um teor empírico, ou seja, que as histórias formuladas pela especialidade histórica possuem um teor fático que pode ser verificado intersubjetivamente[83]. Porém, aquilo que caracteriza essas histórias enquanto histórias, o seu caráter genuinamente interpretativo e, portanto, uma parte essencial, quando não a parte decisiva da dimensão cognitiva do próprio saber histórico, precisa ser assentado além dessa facticidade. Ele é tido – como entrementes virou hábito dizer – como "construção". Para sublinhar o seu caráter metafático, ficcional (ou, como também se diz: retórico[84] ou poético), fala-se também de "invenção" (*invention*). Diante do olhar aguçado da historiologia, a relação do conhecimento histórico com a realidade e o árduo trabalho empírico da pesquisa histórica evaporam numa ação construtiva do tipo metaempírico, que é atribuído à subjetividade dos historiadores e não mais ao teor experiencial das fontes.

• WHITE. *Literaturtheorie und Geschichtsschreibung.* • RIGNEY. *Semantic slides*: History and the Concept of Fiction. • RIGNEY. *Imperfect Histories* – The illusive past and the legacy of romantic historicism.

83 Isso se torna especialmente notório no caso do Holocausto. Cf. FRIEDLÄNDER (org.). *Probing the Limits of Representation*: Nazism and the "Final Solution".

84 P. ex., RIGNEY. *The Rhetoric of Historical Representation* – Three narrative Histories of the French Revolution.

Desse modo, os historiadores acabaram perdendo a realidade do passado justamente no ponto em que seguiam sua pista mediante o pensamento e o conhecimento: à luz de seu significado histórico para o presente, ela se transforma num esqueleto batendo os ossos secos da pura facticidade, carente da capacidade imaginativa do pensamento histórico para lhe insuflar o fôlego de vida da história. Foi assim que se expressou ninguém menos que Karl Lamprecht: "O historiador deve poder insuflar o presente no passado, a exemplo do Profeta Ezequiel: ele anda por um campo cheio de ossos de mortos, mas atrás dele rumoreja a vida a despertar"[85].

Poderíamos citar também Max Weber para caracterizar essa "perda de realidade" da ciência histórica, para o qual leva o olhar analítico em decorrência do modo como o pensamento histórico de cunho científico lida com o teor informativo das fontes. Para ele, a facticidade destituída de sentido do acontecimento do passado se defronta com a ficcionalidade carregada de sentido do pensamento histórico, e ambos são interconectados mediante uma "relação de valor" que converte a realidade destituída de sentido do passado num conhecimento significativo para o presente[86].

À luz de tal interpretação da relação do conhecimento histórico com a realidade, a relação entre a ciência histórica e a teologia resulta pronunciadamente distensionada: se de qualquer modo se trata de critérios de sentido alçados acima da realidade, cujo uso interpretativo converte o acontecimento do passado em histórias significativas para o presente, então fica a cargo do pluralismo das variadas concepções de sentido do presente decidir que histórias deverão ser contadas e para quem. Porém, alguma coisa parece não estar correta nesse pluralismo. Caso contrário não haveria essa tensão entre uma interpretação histórica teológi-

85 LAMPRECHT. *Paralipomena der deutschen Geschichte*, p. 4.

86 WEBER. *Die "Objektivität" sozialwissenschaftlicher und sozialpolitischer Erkenntnis.*

167

ca e uma interpretação histórica da especialidade histórica, entre sentido religioso e sentido secular. Toda a pressão do problema na relação entre compreensão religiosa e compreensão secular da ciência desaparece no construtivismo do pensamento histórico, mas justamente só ali, ao passo que onde pessoas vivas se orientam, em seus processos vitais, culturalmente pelo saber histórico, diferentes concepções de realidade se entrechocam. A interpretação secular e a interpretação religiosa do mundo encontram-se indiscutivelmente numa relação de tensão com a qual os próprios envolvidos ainda têm de encontrar uma maneira de comportar-se (e as ciências humanas são um meio desse comportamento).

Evidentemente a realidade do pensamento histórico, da qual se falou até agora, tem pouco ou possivelmente até nada a ver com a realidade que compete ao próprio pensamento histórico, na medida em que este é parte da cultura real que perfaz a práxis vital.

Indiscutivelmente estamos lidando com duas realidades: uma, na qual o próprio pensamento histórico "atua" com a energia da orientação cultural do agir e do sofrimento humanos, e a outra, na qual tal energia é constatada no acontecimento do passado com base em seus resquícios empíricos. Esta se relaciona com aquela como a sombra com a luz; aquela com esta como uma "realidade verdadeira" com uma verdade derivada, secundária, como uma realidade forte se relaciona com uma realidade fraca. A primeira realidade atua dinamicamente, a outra é reificada em fatos; uma é efetuação da vida, a outra um dado do que deixou de viver. Uma é presente, a outra é passado. Que ligação há entre ambas?

Para decifrar essa conexão, gostaria de recorrer à artificialidade analítica para analisar o pensamento histórico quanto aos seus fatores constitutivos e à interconexão sistemática destes. No que segue, recorro a uma argumentação que se deve à concepção de uma "matriz disciplinar do pensamento histórico".

Com o auxílio dela é possível descrever teoricamente a estrutura do pensamento histórico, mais precisamente de maneira que a especificidade de sua constituição especializada se torna visível sobre o pano de fundo de sua lógica antropologicamente universal e fundamental[87]. À luz dessa estrutura complexa, a unidade do pensamento histórico será desmembrada numa interconexão sistemática de cinco fatores que cada um para si é necessário e todos juntos são suficientes para a constituição do procedimento mental da formação histórica de sentido.

Esquema da matriz disciplinar da ciência histórica

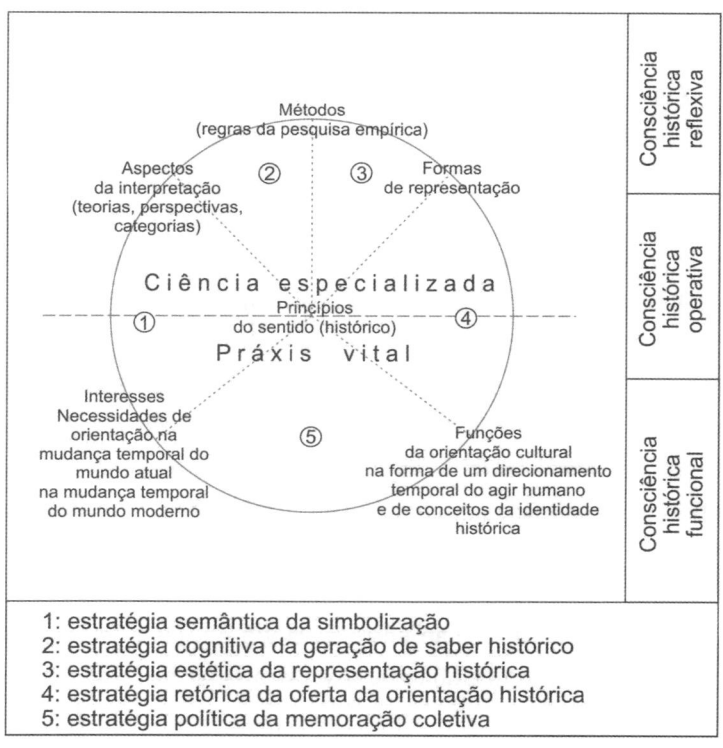

1: estratégia semântica da simbolização
2: estratégia cognitiva da geração de saber histórico
3: estratégia estética da representação histórica
4: estratégia retórica da oferta da orientação histórica
5: estratégia política da memoração coletiva

---

87 Sobre isso, por último, RÜSEN. *Disziplinäre Matrix*. No que segue, esse esquema estrutural será complementado e ampliado.

O pensamento histórico é constituído por cinco fatores

Interesses cognitivos, que se originam das necessidades de orientação da práxis vital humana em vista da experiência de mudanças temporais;

Aspectos da interpretação em vista da experiência de mudanças temporais no passado; no quadro desses aspectos da interpretação, o passado adquire o caráter de uma história carregada de significado para o presente;

Regras, segundo as quais a experiência do passado é processada na perspectiva do presente que lhe confere significado;

Formas de representação, pelas quais é exposta de maneira viva a experiência do passado processada na perspectiva que lhe confere significado;

Funções da orientação cultural em forma de direcionamento temporal da práxis vital humana e da autorrelação humana (identidade).

Os cinco fatores naturalmente podem se modificar no decorrer do tempo, mas sua inter-relação, sua conexão sistemática, na qual dependem reciprocamente uns dos outros, permanece a mesma. Essa conexão sistemática é regulada por um critério superior que provê a sua coerência. Esse critério decisivo pode ser identificado e interpretado como "sentido histórico"[88]. Ele decide o que e como a experiência da mudança temporal no passado adquirirá sentido e importância para a orientação cultural da práxis vital humana no presente e pode e deve ser elaborada numa perspectiva de futuro que guia a ação.

A estrutura da relação entre os cinco fatores pode ser conceitualizada e diferenciada em cinco estratégias da formação histórica de sentido:

---

88 Sobre isso cf. RÜSEN. *Geschichte als Sinnproblem*.

Na relação entre interesses e aspectos, desdobra-se a *estratégia semântica da simbolização histórica*; essa estratégia confere ao pensamento histórico fundamentalmente sentido e importância para o agir e o sofrer humanos. Nela são desenvolvidos os critérios de sentido que decidem sobre a peculiaridade e a função do pensamento histórico, sobre sua configuração concreta no contexto cultural que já encontrou dado. Nela é concebido o que é "história".

Na relação entre aspectos e métodos, desdobra-se a *estratégia cognitiva da geração do saber histórico*; sob certas condições da modernidade, essa estratégia pode perfazer o caráter "científico" (acadêmico-disciplinar) do pensamento histórico baseado no arsenal metodológico da pesquisa histórica.

Na relação entre métodos e formas de representação, desdobra-se a *estratégia estética da representação histórica*; nela, o saber histórico extraído da experiência adquire uma forma, na qual ele se converte em elemento da comunicação cultural acerca da dimensão temporal da vida humana. O saber sobre o passado adquire traços da vida presente; esta é dotada com as energias daquele, com as quais a consciência humana move a práxis vital.

Na relação entre as formas de representação e as funções da orientação cultural, desdobra-se a *estratégia retórica* que envia o saber histórico e a interpretação histórica ao endereço da práxis vital. Ela é forjada como arma para a luta política pelo poder.

Na relação entre as funções da orientação cultural e o interesse na interpretação do passado como história, desdobra-se a estratégia política da memoração coletiva. Nesta, a obra dos historiadores é incluída na luta por poder e reconhecimento travada na vida social; nesse contexto, ela funciona como meio de legitimação ou deslegitimação de todas as formas de poder e dominação; e, nesse contexto, ela se converte em meio da formação identitária coletiva e individual.

À luz desse modelo analítico-estrutural fica claro que a tese do caráter construtivo dos critérios de sentido determinantes do pensamento histórico refere-se apenas a uma dimensão desse pensamento, tirando o foco da outra. Pode-se evidenciar isso com o auxílio da diferenciação esquemática entre práxis vital e ciência especializada. Interesses e funções são modos de efetuação da práxis vital humana real e não podem ser descritos adequadamente como produções de sentido da subjetividade humana.

Pelo contrário: nessa dimensão do pensamento histórico, o sentido histórico como que gera a si próprio para dentro dos sujeitos e faz deles o que eles são como sujeitos que pensam historicamente. Suas condições de vida marcam o seu modo de pensar, o seu modo de lidar com a experiência temporal e os modos de sua atualização narrativa do passado. Nesse aspecto, a consciência histórica humana é tudo menos construtiva em sua atividade construtora de sentido; aqui ela é diretamente construída. Ela pode ser caracterizada como *funcional* e compartilha a realidade viva do contexto vital, do qual é a função.

Em contraposição a isso, as práticas da interpretação, do processamento metodologicamente regulado das experiências e da configuração do saber histórico são determinadas pela predominância da subjetividade ativa. Em distinção à consciência histórica funcional, poderíamos falar aqui de uma consciência histórica reflexiva. Ela se defronta com o contexto vital real, eleva-se acima dele, trata-o interpretativamente e transforma a realidade do mundo vital em sombra da facticidade histórica.

A consciência histórica funcional e a consciência histórica reflexiva são mediadas por um terceiro modo: o operativo ou pragmático, no qual o labor histórico de interpretação se converte em elemento cultural da própria práxis vital humana, e isto de um modo que não está sob controle dessa interpretação. A interpretação elevada acima da realidade retorna, por assim dizer, para dentro da realidade, entra em relação com ela.

É no contexto da mediação entre consciência histórica funcional, reflexiva e operativa que se efetua o processo vital da cultura histórica. É nele que o trabalho histórico da interpretação da consciência histórica humana tem sua própria temporalidade e historicidade interiores. Essa sua historicidade coloca o pensamento histórico à mercê da mudança temporal, a qual ele só pode recuperar retrospectivamente, mas jamais dominar interpretativamente. Poderíamos falar de uma *imemoriabilidade do movimento temporal da consciência histórica como modo de sua própria historicidade*. Aqui também está a razão pela qual a história precisa ser permanentemente repensada e reescrita. Porque as interpretações realizadas em cada caso específico são expostas, no contexto de sua função orientadora, à dinâmica temporal da práxis vital humana de um modo que é, ele próprio, contingente – contingente na relação com a ordem temporal do conhecimento histórico.

Como se comporta, no contexto de mediação dos três modos, nos quais a consciência histórica humana efetua o seu trabalho de formação histórica de sentido, a relação do pensamento histórico com a realidade? Sinteticamente essa questão pode ser respondida como a dialética de ser construído e construção.

O pensamento histórico se deve a uma incidência da práxis vital real na ação consciente dos sujeitos que efetuam essa práxis (no campo das estratégias da memoração coletiva). Nesse ponto, a história sempre já é real antes de ser historicamente pensada. Naturalmente não como história explícita, isto é, na forma de uma explicação narrativa de cursos temporais, mas na força concentrada das circunstâncias vitais interiores e exteriores, nas quais o passado está presente, a saber, presente na efetivação dessas relações, circunstâncias e conexões condicionais reais. Na falação a respeito do caráter construtivo do saber histórico perde-se de vista essa impetuosidade da realidade do mundo vital[89].

Portanto, a história pura e simplesmente está presente e é real antes de qualquer interpretação do passado. Ela "constrói" os seus construtores que foram "lançados" (valendo-me do conceito muito expressivo de Heidegger) nela com sua história de vida. Enquanto pressão exercida pelas relações, ela desafia os que são por ela pressionados a dar conta dessa pressão mediante o trabalho de interpretação. Os seres humanos precisam, por assim dizer, em benefício da sua vida, aliviar a pressão exercida por sua realidade, interpretando culturalmente as circunstâncias e relações que determinam a sua vida de modo a poderem agir nelas intencionalmente e suportar sofrimentos. Por causa desse benefício para a vida, a subjetividade humana se eleva, em seus feitos interpretativos de cunho cultural, acima das premissas de suas circunstâncias e relações vitais. Então ela, de fato, começa a "construir", desenvolvendo aspectos da interpretação, mobilizando experiências de modo metódico, desenvolvendo formas de exposição e preenchendo-as com saber empírico sobre o passado. Nesse passo para além da impetuosidade das relações dadas, nas quais o passado enquanto presente efetivado é potente e real, essa realidade se perde na sombra da empiria das informações colhidas nas fontes. Em outro plano, ela é simultaneamente sublimada na estratégia retórica e na estratégia estética, mediante as quais a experiência do passado é posta em conexão com as relações vitais atuais e dotada de força orientadora. A realidade do mundo vital se estende, por assim dizer, para dentro da qualificação do significado da perspectiva histórica e da força configuradora

---

89 David Carr chamou inequivocamente a atenção para o fato de que a história enquanto fenômeno cultural é componente integral da realidade social. CARR. *Narrative and the Real World*: An Argument for Continuity. • CARR. *Die Realität der Geschichte*.

da representação narrativa do passado. Ela se converte em força eficaz da construção que a subjetividade humana não obtém de um "lugar nenhum" de constituição transcendental, mas sempre já possui na efetuação da práxis vital.

Ser construído e construir são contraposições abstratas que obscurecem o seu nexo intrínseco. Aquilo que se denomina sentido do pensamento histórico, ou seja, aquilo que decide a respeito de sua peculiaridade cultural e sua concreção histórica, já antecede e embasa a própria diferenciação entre ser construído e construir. O sentido está gravado imemorialmente na subjetividade humana e é, ao mesmo tempo, suprassumo de todas as gravações que ela precisa fazer em si mesma e no seu mundo para poder viver. No processo de pensar e interpretar, a realidade que esse sentido tem no mundo vital se volatiliza em material, nos "objetos" dessa interpretação. Ao mesmo tempo, porém, essa realidade vital permanece eficaz na interpretação histórica. A proporção de senso de realidade dessa interpretação decide se ela será bem-sucedida ou não. Essa interpretação é razão essencial de determinação do que acontecerá com os sujeitos que a efetuam na prática como orientação cultural do seu agir e sofrer.

Essa realidade contínua no contexto de mediação de ser construído e construção do pensamento histórico pode ser desmembrada ainda mais com o auxílio da análise estrutural. Então ficará claro como os dois polos poderão ser manifestados e abordados cada um para si[90].

O pensamento histórico efetua uma "história objetiva" ao, por assim dizer, ratificar as condições e circunstâncias efetivas nas quais ele acontece no modo de voltar-se para o passado e processar seu acervo de experiências. Mediante essa história "objetiva"

---

90 Cf. sobre isso a figura na p. 75.

os sujeitos se apropriam intelectualmente do passado, que sempre já está ativo na realidade das suas circunstâncias efetivas de vida, para, por essa via, poderem ser ativos nele e com ele. Nessa atividade, efetua-se concomitantemente uma história "subjetiva", na medida em que, no recurso pensante à experiência do passado, atitudes normativas e axiológicas direcionadas para o futuro, medos, desejos, esperanças e temores determinam o olhar lançado sobre a experiência do passado e, na perspectiva do seu olhar, esta experiência converte "atividades em história", recorrendo à conhecida formulação de Droysen[91].

O pensamento histórico é uma efetuação das duas histórias ao mesmo tempo e de uma só vez. Nessa efetuação, a realidade acontece de modo imemorial aquém da diferenciação entre construção e ser construído, entre norma e fato, entre facticidade e ficcionalidade. A questão referente a como essa realidade deveria ser pensada está aberta. De qualquer modo, deveria ser de tal maneira que ela se explicite nesses dois modos e em seu contexto de mediação intrínseco e, ao fazer isso, desdobre uma dinâmica temporal que o pensamento histórico sempre já está rastreando sem poder assumir o controle dela.

O que significa isso para a relação entre ciência histórica e teologia? A ciência histórica não tem o controle cognitivo sobre os critérios de sentido de que sempre faz uso ao elaborar o teor informativo das fontes em forma de histórias carregadas de sentido e significado que podem exercer uma função orientadora na vida cultural do seu tempo presente. Todavia, ela introduz no acontecimento de sentido da cultura do seu tempo pontos de vista e modos de pensar relevantes em termos de sentido, os quais ela própria sustenta enquanto ciência e com os quais ela exerce uma função especial que só ela pode cumprir: conceitualidade, controle

---

91 DROYSEN. *Historik*. Vol. 1, p. 69 e passim [org. por P. Leyh].

das experiências, regulamentação metodológica, formas discursivas argumentativas etc. Em resumo, poderíamos falar aqui de racionalidade ou também de razão – quando se leva em conta a conexão entre esse pensamento e o acontecimento cultural de seu tempo. Todavia, essa razão enquanto capacidade cognitiva e ação cognitiva depende da imemorialidade de uma realidade do sentido que tem de ser presumido como condição da possibilidade das pretensões de validade do pensamento histórico. O que torna o sentido eficaz? A impregnação da realidade no pensamento histórico já é um acontecimento de sentido, um acontecimento no qual é gerado sentido histórico. Sem essa sua realidade imemorial, ele não poderia determinar o pensamento histórico nas operações mentais da consciência histórica como se faz necessário para cumprir sua função orientadora de cunho cultural. Sem esse sentido, pensamento e razão e toda a atividade construtiva da subjetividade humana seriam de antemão absurdos, pois sem ele estes não teriam com a realidade a relação que caracteriza constitutivamente o pensamento histórico na interação entre interesse cognitivo e função orientadora.

A imemoriabilidade desse sentido enquanto elemento da realidade do mundo vital do sofrer e agir humanos – é isto que de antemão une o pensamento secular e o pensamento religioso. A religião confere a essa imemorialidade uma qualidade bem própria de sentido. Diante desta, o pensamento histórico secular se mantém reservado, mas, em última análise, bebe de fontes de sentido similares. Isso nos revela um rápido olhar para a história do pensamento histórico[92]. Saberíamos bem mais sobre a peculiaridade e as variadas manifestações culturais do pensamento histórico (na ciência, na esfera pública, na literatura, na arte e

---

92 Cf. RÜSEN. *Historische Methode und religiöser Sinn* – Dialektische Bewegungen in der Neuzeit.

justamente também na religião), se o olhar da teoria histórica visualizasse mais de perto essa fonte de sentido. Para isso, no entanto, precisa-se de uma constelação interdisciplinar da teoria da história, na qual a especificidade do sentido religioso, sua diferença em relação ao sentido secular e, em especial, em relação ao sentido especificamente científico ficassem claras. Ao mesmo tempo, porém, ficariam manifestos os aspectos comuns em termos de sentido que fazem da teologia e da ciência histórica manifestações da cultura à qual ambas pertencem.

4
Formação histórica de sentido como problema da didática histórica

De que serviria folhear o livro dos
sonhos do passado se, comparando-o
com as coisas do presente, dele não
tirássemos conclusões para o futuro?

Herder *

Entendo por formação histórica de sentido a quinta-essência dos procedimentos e das atividades mentais mediante as quais a experiência do passado é interpretada e atualizada como história. Descrevo, portanto, com o auxílio desse conceito o que é a consciência histórica enquanto atividade. Apenas um novo nome para velhas coisas já comprovadas? É que a consciência histórica ainda não foi de fato discutida detalhadamente na didática da história. Ora, se as velhas coisas forem boas, novos nomes podem ocasionalmente torná-las melhores. Essa é a minha intenção. Mediante a categoria do sentido, gostaria de retomar a virada histórico-cultural nas ciências humanas no ponto em que ela traz mais nitidamente para o campo de visão uma dimensão da experiência histórica e do pensamento histórico que até agora ainda não foi devidamente considerada. Nessa dimensão da práxis vital humana denominada "cultura" e diferenciável de outras dimensões, sentido

---

* HERDER, J.G. *Sämmtliche Werke.* Vol. 23. Berlim, 1877-1913, [org. por B. Suphan].

caracteriza um fator fundamental, antropologicamente universal da relação humana com o mundo e consigo mesmo[93].

Sentido é a quinta-essência da interpretação humana do mundo e de si mesmo. Os seres humanos precisam interpretar seu mundo e entender a si mesmos na relação com outros para poderem viver. Esse feito interpretativo faz do mundo e do ser humano uma formação de sentido que, enquanto quadro orientador, torna o sofrimento compreensível e determina o agir. O mundo e o ser humano não se esgotam nesse sentido (este é o grande equívoco dos culturalistas); sentido não é tudo, mas sem ele tudo é o mesmo que nada.

A categoria do sentido possui outra vantagem de cunho heurístico: ela permite visualizar uma conexão intrínseca entre o ato de explicar, o ato de estabelecer uma finalidade e a autorrelacionalidade, que praticamente não mais percebemos nas elaborações analíticas de nossas competências cognitivas. O sentido unifica percepção, explicação do mundo, projeto de ação e formação de identidade num todo coerente, ao qual correspondem no plano do mundo vital da existência humana práticas e atividades mentais (portanto, espirituais, emocionais e volitivas) concretas[94].

O ato de narrar histórias é uma prática desse tipo. Ele representa um processo específico de formação de sentido, no qual se trata de dar conta de uma experiência temporal mediante interpretação[95]. Atualmente esse processo é analisado e discutido nas

---

93 Sobre a explicação filosófica da categoria do sentido e seu significado para as ciências da cultura cf. RUSTEMEYER. *Sinnformen – Konstellationen von Sinn, Subjekt, Zeit und Moral*.

94 A fecundidade heurística da categoria do sentido para o conhecimento histórico concreto é comprovada pela coletânea: HÖLKESKAMP et al. (orgs.). *Sinn in der Antike – Wertkonzepte, Leitbilder und Orientierungssysteme im Altertum*.

95 Sobre isso cf. RÜSEN. *Geschichte als Sinnproblem*. • RÜSEN. *Historisches Erzählen*.

ciências humanas como memoração[96]. Deixo de lado a questão referente a que essa categoria realiza e a como deve ser determinada sua relação com a da consciência histórica[97]. O ponto que me interessa aqui situa-se essencialmente no campo de interseção das duas perspectivas às quais esse conceito fundamentalmente dá acesso.

Formação histórica de sentido significa interpretar a experiência temporal de uma maneira bem determinada, a saber, mediante recurso à experiência do passado. Ela é interpretada de tal maneira – retomo aqui a definição corrente de consciência histórica[98] – que o presente possa ser entendido e o futuro possa ser projetado repleto de normas e esperado repleto de experiências.

A categoria do sentido permite decifrar analiticamente e interpretar sinteticamente esse processo, elementar para a vida humana, da interpretação temporal mediante apropriação do passado em forma de história. Ela permite visualizar as atividades mentais decisivas que perfazem a consciência histórica humana. Sumarizo-as como segue: experimentar, interpretar, orientar, motivar.

---

96 Paradigmático é ASSMANN. *Das kulturelle Gedächtnis* – Schrift, Erinnerung und politische Identität in frühen Hochkulturen. • ASSMANN. *Erinnerungsräume* – Formen und Wandlungen des kulturellen Gedächtnisses.

97 Algumas reflexões sobre isso em RÜSEN. *Kann Gestern besser werden?* – Essays zum Bedenken der Geschichte, p. 111ss.

98 RÜSEN. *Was ist Geschichtsbewusstsein?* – Theoretische Überlegungen und heuristische Hinweise.

As quatro operações mentais da formação de sentido

Todas as quatro são necessárias, mas só juntas são suficientes para cumprir aquela ação da consciência que associamos com o conceito da história. Elas são tão estreitamente ligadas que uma não pode ser pensada sem a outra, e, não obstante, é possível distingui-las uma da outra de maneira logicamente clara na forma de tipos ideais. Assim sendo, não há experiência sem interpretação, mas experiência ainda assim é algo diferente de interpretação. Ela exige interpretação, pode modificá-la e até negá-la. (Em vista disso, a categoria da construção, que ganhou renome nas ciências humanas com a virada científico-cultural, induz a pensar erroneamente que a história seria algo cujo sentido pudéssemos criar sem referência crítica à experiência puramente a partir dela mesma.)

Na *experiência* histórica, trata-se sempre de sentido, mas sobretudo também dos sentidos como porta de entrada do mundo exterior na subjetividade humana. O tempo é experimentado historicamente, mas não simplesmente como transformação e mudança, e sim como uma transformação importante para a vida humana, que possui significado, mais exatamente: que precisa ser dotada de significado para que a vida possa prosseguir na mudança experimentada pelo ser humano e pelo mundo. A experiência originária do histórico carente de significado é a virada de época entre passado e futuro, a contingência do presente, na qual a ordem mundial atual da nossa forma de vida é questionada e tem de ser assegurada culturalmente pelas pessoas envolvidas.

Interpretar é a resposta a essa pergunta desafiadora da contingência. Ela relaciona o tempo experimentado com o senso temporal interior, no qual a subjetividade humana se afirma como interação de memoração e expectativa. Dito em termos filosóficos: a contingência se transforma em portadora de sentido. Ela perde o aspecto aterrador da virada de época e se converte na charneira da ordem temporal do mundo. A mudança temporal é configurada como um processo no qual os seres humanos envolvidos podem encontrar a si mesmos e querem viver. O passado se torna história, o ontem se torna melhor[99]. Cada ser humano é, em princípio, um (pequeno) Hamlet que tem de dizer para si mesmo: "The world is out of joint, oh cursed spite, that ever I was born to set it right [O mundo está fora dos eixos. Mas que maldição eu ter nascido para endireitá-lo!]".

Paradigmática para esse feito interpretativo é uma concepção de decurso do tempo que une passado, presente e futuro de tal maneira que o futuro com carga normativa se torna compatível com o passado carregado de experiência e a situação que se abre entre experiência e expectativa, a saber, a situação das circunstâncias presentes da vida apareça como proveitosa para a vida. Isso quer dizer duas coisas: o sofrimento pelo tempo perdido – o esvanecimento daquilo que se atribuiu ao próprio eu – se torna suportável porque aquilo que desapareceu é mantido ou

---

99 RÜSEN. *Kann Gestern besser werden?* – Essays zum Bedenken der Geschichte.

tornado presente como algo que passou[100]. E o agir é convertido em ganho de tempo pela interpretação histórica: a apropriação de novos elementos das circunstâncias de vida torna-se possível como ganho para si mesmo.

Orientar significa dar uma versão prática a essa interpretação do tempo. Ela é posta em relação com a pressão do sofrimento e a direcionalidade finalista do agir como fator de sua intencionalidade; ela é, por assim dizer, levada à plenitude do seu direcionamento. Nesse processo, o sentido histórico se torna pragmático. Concepções de decurso temporal ingressam nos quadros orientadores de cunho cultural da práxis social. As estipulações normativas de finalidade ganham conformidade com a experiência, e as experiências se tornam explicitamente relevantes para a ação.

Essa orientação possui *um lado externo e um lado interno*. No *externo* trata-se do mundo, no interno, da subjetividade humana. A ocorrência passiva de mudança e a efetuação ativa de mudança tornam-se intencionalmente disponíveis em vista das circunstâncias vitais humanas. No lado *interno*, trata-se do si-mesmo dos envolvidos, de sua relação consigo mesmos, que são eles próprios (subjetividade), de sua tão evocada identidade. Nesse ponto, orientação histórica significa que o próprio eu ou nós se forma em vista do futuro *nos* e *com* os conteúdos da experiência histórica. Nessa referência identitária reside a fonte do etnocentrismo, que hoje em dia decerto representa o mais importante desafio da cultura histórica[101].

---

100 ANKERSMIT. *The sublime Dissociation of the Past*: Or How to Be(come) what one is no longer.

101 Cf. mais detalhes a respeito disso em RÜSEN. *Interkulturell kommunizieren* – die Herausforderungen des Ethnozentrismus und die Antwort der Kulturwissenschaften.

Por fim, *motivar* significa enviar o tempo interpretado ao endereço da vontade humana. Como se sabe, o que caracteriza a vontade humana para além de sua pura natureza de poder é sempre um direcionamento finalista para algo. Essa direcionalidade possui um componente temporal, e nele tornam-se eficazes orientações históricas. Nele elas, por assim dizer, tornam-se cientes de si mesmas, atingem o cerne do agir intencional. Menciono um exemplo crasso: imagens históricas de cunho nacionalista podem mobilizar militarmente massas de pessoas e causar banhos de sangue. O *World Trade Center* em Nova York também se converteu num monte de escombros fumegantes em decorrência de uma experiência de sofrimento com interpretação histórica, a saber, antiocidental.

O que significa isso tudo para a didática da história? Abstraio, por ora, das vantagens de uma teoria da formação histórica de sentido para a compreensão da consciência histórica. Gostaria de ressaltar, muito antes, as vantagens práticas: o aprender histórico se torna translúcido, nos termos da teoria do sentido, para dimensões e fatores que estão presentes tanto no cotidiano quanto numa cultura histórica elaborada e que naturalmente têm atuação determinante em todo e qualquer processo de aprendizagem. A formação histórica de sentido tanto pode ser explorada como dado da vida de crianças e jovens quanto organizada como questão de processos de aprendizagem, e isto de modo ao mesmo tempo elementar e complexo. Elementares são os quatro procedimentos diferenciados em tipos ideais, complexo é a sua conexão sistemática.

Tendo ambas as coisas em vista, é possível compreender o aprendizado histórico como processo bem próprio de formação de sentido, no qual se trata tão somente da aquisição da competência para esse processo. E essa competência pode ser decodificada assim: sua aquisição pode ser projetada e levada a cabo didática e metodologicamente. Desse modo, o aprendizado histórico fica livre do seu estreitamento cognitivista e de seu abstracionismo escolar acima da condição mental dos discentes. Ao mesmo tempo, os docentes obtêm novas informações sobre o que deve propriamente ser ensinado para que não seja o puro passado como acervo de saber sem vida, e como se deve aprender para que a história se torne viva na consciência dos discentes.

O que se deve aprender no e com o passado humano é exatamente aquilo que o torna significativo como história, e essa significatividade pode ser aprendida nos modos da experiência, da interpretação, da orientação e da motivação em sua diferença e em sua interconexão.

O que significa isso?

O aprendizado histórico é aquisição de *competência experiencial*. Como a história se dirige aos sentidos, que são a porta de entrada para a experiência passível de sentido? O que significa experiência histórica de modo geral? Não há respostas satisfatórias para isso nem no plano teórico nem no plano didático[102]. O decisivo é que não se trata do passado como tal, dos assim chamados fatos históricos, mas da diferença temporal qualitativa que se manifesta nos fatos e na qual o passado de modo geral pela primeira vez adquire significado histórico. As crianças e os jovens precisam aprender que passado, presente e futuro têm qualidades diferentes de sentido ou significatividades diferentes. Decisiva é uma experiência fundamental da diferença temporal, um "não mais" e um "ainda não" ou então também um "de novo" e um "ainda". Isso pode ser elementarizado de modo sumamente impactante em especial no caso das crianças. A fascinação exercida pela alteridade histórica é uma fonte de aprendizado de primei-

---

102 Passos iniciais decisivos para isso em ANKERSMIT. *De historische Ervaring*.

ríssima grandeza que nem de longe foi suficientemente explorada em termos didáticos.

O aprendizado histórico é aquisição de *competência interpretativa*. A competência interpretativa diz respeito ao saber e à capacitação para o uso reflexivo de modelos de interpretação que permitem fazer a travessia ou a mediação da diferença temporal. Nesse ponto, trata-se de aprender as concepções de decurso do tempo e sua concretização e diferenciação nos diferentes acervos de experiências históricas. Levando esse argumento ao extremo: o lugar da filosofia da história não é nas classes mais avançadas da escola, quando tudo já se consumou, mas no início, quando as crianças começam a ingressar no espaço da experiência histórica e este deve ser explorado como campo temporal próprio[103]. É importante que esses modelos de interpretação sejam desenvolvidos com base em conteúdos experienciais e depois tornados concebíveis por meio da reflexão e, por fim, experimentados, concretizados, modificados e aperfeiçoados com base em outros conteúdos experienciais.

O aprendizado histórico é aquisição de *competência orientadora*. A competência orientadora surge pela aplicação refletida de modelos de interpretação repletos de experiências a experiências de sofrimento, problemas de ação e processos de autoentendimento que ocorrem no presente. Os elementos normativos e projetos de futuro que sempre já estão em atividade ou ao menos que estão implantados nos modelos de interpretação precisam ser explicitados e experimentados em problemáticas atuais.

---

103 Cf. sobre isso o ensaio prático de RÜSEN. *"Das Gute bleibt – wie schön!"* – Historische Deutungsmuster im Anfangsunterricht. Originalmente explicitei, nos termos da didática da história, uma categorização de tipos ideais desses modelos de interpretação como formas de aprendizado. Ao fazer isso, porém, explicitei, em última análise, apenas uma única forma de aprendizado, a saber, a da interpretação, deixando as demais na sombra. Rüsen. *Historisches Lernen. Grundlagen und Paradigmen*, p. 85ss.

Como conteúdos da própria competência, os modos de orientação precisam ser elaborados, diferenciados e analisados criticamente, como, por exemplo, faculdade histórica de juízo enquanto capacidade de aplicação de regras experienciais generalizadas a assuntos do presente ou a estrutura genética peculiar de concepções de progresso e formações de sentido afins. Naturalmente não pode faltar aqui a pretensão de objetividade do argumentar metodológico-racional. Ele não representa uma neutralidade estranha à vida, mas uma chance de orientação mediante a validade intersubjetiva[104].

No que se refere à orientação temporal interior da subjetividade humana, trata-se de tornar conscientes os processos de identificação histórica e extrair deles sua lógica determinada por normas. É quase óbvio que, desse modo, a relação entre pertencimento e delimitação, entre o próprio e o outro, não poderá ser elaborada e refletida isoladamente de modo abstrato, mas tem de sê-lo com base no material histórico concreto e em sua interpretação. Se houver alguma chance de, não digo superar, mas ao menos civilizar o etnocentrismo nativo da formação histórica de sentido, então ela se encontra nesse ponto. Civilizar significa apurar e explorar chances de reconhecimento da diferença cultural e ampliá-las no trabalho concreto de interpretação.

O aprendizado histórico é aquisição de competência motivadora. A motivação histórica é um campo em grande parte ainda inexplorado da pesquisa didática. Deve ser tido como inquestionável que identificações históricas têm efeitos sobre estipulações finalistas relevantes para a ação e que, mediante a interpretação histórica, experiências de sofrimento se convertem em tendências volitivas determinadas pelo seu conteúdo. Porém, ainda não ficou

---

104 Sobre isso mais detalhadamente, RÜSEN. *Interkulturell kommunizieren* – die Herausforderungen des Ethnozentrismus und die Antwort der Kulturwissenschaften.

claro como esses efeitos e essas conversões acontecem. Também nesse ponto a psicologia da consciência histórica ainda está dando seus primeiros passos[105].

A aquisição da competência motivadora de modo algum pode significar que os envolvidos sejam fixados em pontos de vista normativos ou como que sejam direcionados para a ética da mentalidade. Trata-se, muito antes, de transmitir às crianças uma consciência de que e de como as orientações históricas atuam para motivar a ação. O que se faz com isso é abrir-lhes espaços motivacionais com base na compreensão histórica e não prescrever-lhes motivações. Visto que se trata aqui (como ocorre, aliás, também na orientação interior da construção histórica de identidade) de atitudes mentais sumamente significativas em termos existenciais, é imperativo que haja cuidado e sobretudo consideração pelos processos penosos e frágeis da construção de identidade de crianças e jovens. O mais indicado é abordar o aspecto motivacional da formação histórica de sentido com base em exemplos históricos, ou seja, exercitar indiretamente a competência motivacional de um modo empiricamente moderado.

Todas as quatro competências da formação histórica de sentido podem ser explicitadas em princípio com base em materiais ou conteúdos históricos, todavia com intensidade variada. O êxito do aprendizado histórico também pode ser medido pela medida com que o passado manifesto nesses materiais e conteúdos adquire, na consciência das alunas e dos alunos, a vitalidade que lhe cabe como história.

---

105 Cf. RÜSEN (org.). *Geschichtsbewusstsein – Psychologische Grundlagen, Entwicklungskonzepte, empirische Befunde.* • KÖLBL & STRAUB. *Geschichtsbewusstsein im Jugendalter –* Theoretische und exemplarische empirische Analysen.

III
A CULTURA DA CIÊNCIA

1
O que significa estudar as ciências da cultura e para que estudá-las?*

> *O pressuposto transcendental de toda ciência da cultura é [...] que somos pessoas culturais, dotadas da capacidade e da vontade de posicionar-nos conscientemente em relação ao mundo e conferir-lhe sentido.*
>
> Max Weber[1]

No dia 26 de maio de 1789 houve algum rebuliço na cidade universitária de Iena. Friedrich Schiller, recém-convocado para ser professor de filosofia com a tarefa de ensinar história, faria sua preleção inaugural com o título "O que significa estudar história universal e para que estudá-la?" A afluência de público foi enorme, o auditório ficou pequeno, o que levou a escolher outro espaço em outra parte da cidade. Schiller descreve o ocorrido assim: "Todo mundo correu porta afora e em cortejo animado desceu a Rua Johannis, uma das mais longas de Iena, que ficou totalmente coberta de estudantes. Pelo fato de correrem quanto podiam para [...] conseguir um bom lugar, a rua ficou em alerta,

---

* A primeira versão foi publicada em *Essener Universitätsreden*, caderno 4, ano acadêmico de 1998/1999. Essen, 2000. Mantive o formato de palestra.

1 WEBER. *Die "Objektivität" sozialwissenschaftlicher und sozialpolitischer Erkenntnis*, p. 180.

e em todas as janelas havia movimento. De início pensaram que era alarme de incêndio, o que pôs os bombeiros em movimento. O que está havendo? O que aconteceu?, perguntava-se em toda parte. Então alguém gritou: o novo professor vai palestrar"[2].

Ora, não é um novo professor que está diante de vocês e, o que é mais importante: já deixamos o nosso 1789 para trás, a saber, o ano de 1989, que marcou época. Tampouco há motivo para movimentos de massa dos estudantes relacionados com o tema "ciência da cultura", nem mesmo num *dies academicus* [dia acadêmico] na Universidade de Essen.

Ainda assim, faço essa alusão a Schiller conscientemente, e isto por duas razões. Em primeiro lugar, sua preleção inaugural marcou uma mudança estrutural do pensamento histórico e até do modo científico de tratar o ser humano e todo o seu mundo. Uma mudança estrutural comparável também está ocorrendo hoje nas ciências humanas: fala-se de uma virada científico-cultural. Em segundo lugar, Schiller alude a um modo de estudar e ensinar em que ele diferencia entre o douto em função do seu sustento e renome [*Brotgelehrte*] e o cérebro filosófico [*philosophischer Kopf*], e reputo como sumamente atual essa diferenciação e o arrazoado a ela associado em favor do cérebro filosófico.

Permitam, portanto, que eu discorra em primeiro lugar sobre a virada científico-cultural nas ciências humanas. Já faz algum tempo que existe um "cultural turn" de cuja força de sucção nenhuma das disciplinas especializadas estabelecidas das ciências sociais e do espírito consegue escapar. Novos cursos são instalados e quem se julga capaz de alguma coisa fala e escreve sobre cultura; do mesmo modo como nas décadas de 1960 e 1970 se falava e escrevia sobre sociedade.

---

2 Carta a Körner, 28/05/1789. Edição Nacional, vol. 25, p. 257.

Com seus novos questionamentos e métodos, as ciências humanas ativam aquilo que chamo de sua contemporaneidade heuristicamente constitutiva: elas retomam problemáticas do seu tempo presente e as convertem em processos científicos de conhecimento.

Do que se trata nessas novas tematizações da cultura? Desse modo chegamos à pergunta fundamental: O que é cultura? Há duas respostas diferentes para esta pergunta, que nem sempre são distinguidas com suficiente clareza. Uma das respostas tem o seguinte teor: cultura é aquilo do e no mundo humano que não é natureza. Esse conceito de cultura é geral e inespecífico e, num primeiro momento, não nos leva adiante. (Outra coisa bem diferente é a necessidade de desenvolver um conceito de cultura assim abrangente e universal para podermos analisar criticamente as tentativas hoje atuais e eficazes de colocar as ciências da cultura sobre um fundamento biológico.)

Chegaremos mais perto da questão se formularmos a pergunta pela cultura de modo mais específico e estrito. Nesse caso, entenderemos a cultura como uma dimensão do mundo humano ao lado de outras como economia, sociedade e política e a diferenciaremos destas. A partir dessa visão virá à tona um fato antropológico e, portanto, fundamental e universal, que atrai o interesse específico das ciências humanas de cunho científico-cultural: trata-se do fato de que os seres humanos têm de interpretar o seu mundo e a si mesmos para poderem viver. Num de seus discursos, Johannes Rau certa vez expressou o ponto em questão com esta bela metáfora: cultura não é a nata que vai em cima do bolo, mas o fermento que vai na massa. Isso quer dizer duas coisas: a cultura não é todo o mundo humano em termos de história e sociedade – isso seria o bolo –, mas apenas um ingrediente, sem o qual não haveria bolo nem se poderia comê-lo. Em segundo lugar, isso expressa que cultura não é um mero adendo, como Marx ainda a entendeu ao falar, nos termos da crítica ideológica e de modo totalmente desdenhoso, de "formação nebulosa no cérebro"[3], mas constitui algo essencial, sem o qual a práxis vital humana nem mesmo pode suceder.

A cultura é a resposta que os seres humanos atuantes e sofredores dão a si próprios ao lidarem com a natureza, com o seu próprio mundo social e consigo mesmos e com os outros seres humanos, quando perguntam pelo sentido de sua vida e querem organizá-la de um modo que faça sentido (portanto, quando eles – nas palavras de Ésquilo – querem "de fato lançar para dentro do nada a preocupação, a carga terrível"[4]). Essa questão do sentido inevitavelmente se coloca, porque toda ação e omissão humanas não resultam unicamente da natureza, mas devem ser determinadas pelo sentido quando puderem ser levadas a cabo. (Aliás, isso vale também para o sofrimento, caso se queira suportá-lo e não permitir que leve à aniquilação da vida.) A cultura é, portanto, a quinta-essência das ações de formação de sentido que os seres humanos têm de levar a cabo para poderem viver.

O sentido se desdobra na medida em que os seres humanos afirmam a si próprios seu íntimo, sua subjetividade, dando conta das exigências externas da vida prática e das exigências internas de sua autocompreensão. O sentido determina como as experiências são feitas, como o que se experimenta é interpretado e como as interpretações são empregadas para orientar a práxis vital e motivar a vontade. A cultura se manifesta no cosmo dos símbolos que transformam a natureza em mundo humano. Na sua importante obra sobre a lógica das ciências culturais, Ernst

---

3 MARX & ENGELS. *Feuerbach*, p. 1.206 [ed. bras.: *A ideologia alemã*. São Paulo: Boitempo, 2007, p. 94].

4 ÉSQUILO. *Agamêmnon*, vol. 165s.

Cassirer com razão incluiu o mito, a linguagem, a arte e a ciência nesse cosmo[5].

Faz parte das propriedades da atividade de formação de sentido da consciência humana que ela não anda simplesmente associada à práxis vital cotidiana, a todo o afazer na política, na economia, na sociedade e no meio ambiente. Isso ela naturalmente também faz, mas não se esgota nisso. Ela é simultaneamente um agir próprio que se refere reflexivamente a si mesmo. O sentido está ativo em todo tipo de práxis vital, mas necessita, em função dessa atividade, de uma atividade específica, destacada, que se diferencia de outro agir. Ela adquire um cunho próprio na religião, na ciência e na arte.

Desse modo, cheguei às ciências culturais. Elas próprias são parte irrenunciável da cultura que eles investigam. Porque elas corporificam, cada uma de um modo bem específico, o caráter reflexivo do sentido levado ao extremo mediante o ato de pensar.

Sou obrigado a defender essa afirmação contra a autocompreensão das ciências naturais expressa por Max Weber e que, a partir de então, tornou-se quase canônica. Ele diz singelamente: a ciência não forma nenhum sentido. Isso quer dizer que ela não dá nenhuma resposta à pergunta por quais concepções de sentido devemos seguir. E não só isso: as ciências modernas expulsam o sentido da natureza e da história. Elas figuram entre os agentes mais eficazes do processo histórico-universal descrito por Weber de modo tão marcante como "racionalização e intelectualização, sobretudo: desencantamento do mundo", ao final do qual o sentido se escondeu na obscuridade das convicções privadas e das decisões irracionais. A resposta de Weber

5 Cf., p. ex., CASSIRER. *Der Begriff der symbolischen Form im Aufbau der Geisteswissenschaften.* • CASSIRER. *Zur Logik der Kulturwissenschaften.*

ao anseio da sua época por sentido é negativa: as questões de sentido não competem às ciências[6].

Há boas razões a favor dessa rejeição das exigências descabidas de promoção de sentido feitas às ciências. As ciências naturais talvez possam conviver bem com ela, porque ninguém pode seriamente considerá-las supérfluas. Mas qual é a situação das ciências culturais? A sua incapacidade de produzir enunciados de valor compromissivos realmente as torna sem sentido no sentido de irrelevantes para a possibilitação cultural da vida humana?

Essa questão foi vivamente discutida há alguns anos no debate em torno da tarefa das ciências do espírito, que haviam perdido grande parte da sua principal clientela, os estudantes do magistério. A resposta formulada ali foi a tese da função compensatória das ciências do espírito, que permanece bastante eficaz até hoje[7]. Essa tese tem o seguinte teor: as ciências culturais reparam os danos que a racionalização e o desencantamento do mundo sofreram no processo de modernização, gerando um saber que compensa as deficiências de sentido da modernidade. Elas disseminam em termos históricos os tesouros culturais do passado que perderam a sua força orientadora no presente. Desse modo, elas ajudam a superar essa perda e capacitam os consumidores para aguentarem a continuação da modernização e para continuarem a promovê-la. No quadro dessa concepção, as ciências da cultura se limitam a reagir ao que sucede atualmente na economia, política e sociedade. Elas não têm papel ativo nisso. Isso é assim mesmo?

---

6 WEBER. *Wissenschaft als Beruf.*

7 Dentre a profusão da bibliografia sobre esse tema: MARQUARD. *Über die Unvermeidlichkeit der Geisteswissenschaften.* • MARQUARD. *Verspätete Moralistik – Bemerkungen zur Unvermeidlichkeit der Geisteswissenschaften.* • STEINER. *Können die Kulturwissenschaften eine neue moralische Funktion beanspruchen?* • MITTELSTRASS. *Glanz und Elend der Geisteswissenschaften.*

Se observarmos a frequência com que hoje a cultura é afixada exclusivamente na memoração e na memória, então há pontos a favor dessa visão. É claro que ganhamos acesso à riqueza da experiência histórica no instante em que ela ameaça tornar-se mero passado e conservamos como que num museu aquela parcela da cultura que desaparece da nossa vida real. E é claro que essa riqueza musealizada do nosso saber acerca da criatividade cultural do ser humano possui a função de um anteparo contra a mudança rasante das condições de vida humanas.

Mas isso já significa que as ciências culturais deixam essa mudança entregue a si mesma e a abandonam à dinâmica de suas forças motrizes de cunho econômico, político e social? Há dados que nos fazem refletir. Em primeiro lugar, a unilateralidade do discurso da memoração e da memória adotado pelas ciências da cultura. O sentido é abordado como realização da memoração e explanado em investigações brilhantes, abrangentes e profundas[8]. Na memoração, trata-se também da identidade, de pertencimento e delimitação pessoais e coletivos e, desse modo, das questões do etnocentrismo e da comunicação intercultural. Todos estes são temas centrais, dos quais se pode facilmente inferir que as ciências culturais de fato retomam problemas sociais importantes referentes à orientação. E, no entanto, memoração é apenas a coisa pela metade quando se esquece a outra metade da consciência temporal humana. A memoração sempre tem como referência a expectativa, e não só isso, ela também está impregnada de expectativa e é invertida por ela. Em suas preleções sobre a consciência temporal interior, o grande filósofo Edmund Husserl

---

8 Fundamental é ASSMANN. *Das kulturelle Gedächtnis* – Schrift, Erinnerung und politische Identität in frühen Hochkulturen. Munique, 1992. Cf. PLATT & DABAG (orgs.). *Generation und Gedächtnis* – Erinnerungen und kollektive Identitäten. ● MEGILL. *History, Memory, Identity*. ● ASSMANN. *Erinnerungsräume* – Formen und Wandlungen des kulturellen Gedächtnisses.

falou de retenção e protensão como sendo as duas extensões fundamentais da consciência humana, nas quais o ser humano é um ente temporal, nas quais ele como que vive e efetua o tempo[9]. Limitar-se a falar de memoração e memória dá a impressão de que o futuro seria excluído do discurso científico-cultural, e justamente o futuro que vem ao nosso encontro é que nos intranquiliza e nos desafia a ações extremas de orientação[10]. Limito-me a mencionar as palavras-chave "globalização", "conflito de gerações", "virada ecológica da economia da produtividade do trabalho para a produtividade dos recursos". Esse desfocamento é casual? Corresponde-lhe outra constatação: há alguns anos a FAZ [*Frankfurter Allgemeine Zeitung*, Jornal Geral de Frankfurt] trouxe um relato sobre uma pesquisa de opinião sinalizando que os alemães têm uma relação transtornada com o futuro[11]. A esmagadora maioria dos nossos conterrâneos têm uma imagem negativa do futuro. Isso está vinculado com a ideia de que é preciso possibilitar, quando não acarretar um outro futuro mediante a mudança ativa das próprias condições de vida. Porém, essa atividade geralmente é vista como adaptação técnica às forças coercitivas da globalização e não associada a concepções de valor com as quais se está comprometido e que decidem se e até que ponto uma forma de viver é aceitável ou até almejável. *Vontade de sobreviver e anseio por sentido passaram a divergir consideravelmente.* Condições de aceitação humana aparecem como freio do progresso. Demanda por reforma, necessidade de poupar, mudança estrutural, fatores locais, metas de formação, globalização são uma coisa só. Eles são tidos como coatores da configuração do futuro, aos quais

9 HUSSERL. *Vorlesungen zur Phänomenologie des inneren Zeitbewusstseins.*

10 Cf. sobre isso RÜSEN, J. *Die Zukunft der Vergangenheit.*

11 KÖCHE, R. "Nach der Vertreibung aus dem Paradies – Die zukunftsträchtige Verbindung von Effizienz und Humanität ist noch nicht gefunden". *FAZ*, 12/11/1997, p. 5.

se deve corresponder de modo racional finalista. Convicções de valor, sensações de pertencimento e concepções de qualidade de vida foram separados daqueles e entregues na mão de uma racionalidade de sentido, na qual o futuro não resulta numa grandeza orientadora estimulante, mas, quando muito, intimidadora e desencorajadora. As ideias que avalizam o sentido, às quais Max Weber atribuíra a força demarcadora da interpretação cultural de interesses econômicos e políticos[12], parecem ter ficado sem lugar na estrutura do tempo, assentadas no lugar-nenhum de uma imaginária pátria perdida.

Aqui há um problema cultural de primeira grandeza. Pode-se contrapor os dois lados, o lado humano ao do discurso especializado dos economistas, e assim fácil e rapidamente se chega a integrar a lista dos mais vendidos[13]. Porém, isso apenas aguça o problema e não o resolve. De que vale a calidez de um coração humano à custa do pragmatismo da racionalidade finalista assentada na experiência? Porém, em contrapartida, de que vale o pragmatismo sóbrio sem as concepções estimulantes dos sentidos? O abismo entre ambos precisa ser superado; eles devem ser fundidos numa só perspectiva de futuro. Isso é uma ação genuinamente cultural, que diz respeito também à ciência da cultura e suas incumbências sociais. Somente quando essa ação cultural tiver sido efetivada, podemos falar realmente de um futuro, no qual uma nova economia é estimulante da ação e passível de consenso. E disso farão parte, então, novamente a memoração e a memória, porque sem memoração não pode haver expectativa e intenção significativas. Sem uma memoração com a qual podemos carregar a nós mesmos para dentro do futuro não teremos

---

12 WEBER. *Gesammelte Aufsätze zur Religionssoziologie.* Vol. 1, p. 252.

13 FORRESTER. *Der Terror der Ökonomie* [ed. bras.: *O horror econômico*. São Paulo: EdUnesp, 1997].

futuro. O futuro só é capaz de viver a partir da memoração e atua como força motivadora e mobilizadora em nosso presente. Isso e nada mais justifica o pensamento histórico.

Como deve ser concebida essa conexão entre ação memorativa e projeção do futuro nos termos da ciência cultural? O único modo é que abordemos e exploremos a própria cultura como fator de transformação e inovação sociais. As ciências culturais que fazem isso são ativas como parte da cultura e não participam apenas reativamente na configuração da mudança social da modernidade. Isso já foi assim desde que elas existem como disciplinas especializadas. Remeto, a título de exemplo, à formação da categoria do progresso pelo Iluminismo ou da categoria do desenvolvimento pelo historismo. Ambas representam uma ação eminente de orientação baseada em processos cognitivos e epistêmicos do tipo determinante para as ciências culturais.

O próprio Max Weber disse que são as "ideias" – referindo-se a critérios de sentido – que assentam os marcos e determinam a direção quando se trata de impor interesses materiais. E ele também tornou isso plausível do ponto de vista histórico em seu brilhante estudo sobre o papel da ética protestante na gênese do capitalismo moderno.

Nas sociedades modernas, as ciências participam da produção de tais estimulações ativas. Sem elas, nem mesmo numa sociedade cuja força produtiva mais importante é o saber se poderia tornar plausíveis e aptas a se imporem ideias eficazes. Gostaria de especificar isso no tocante às ciências culturais. Mencionarei agora três importantes funções da formação cultural de sentido e gostaria de indicar que todas as três – ainda que cada uma de um jeito particular – são adotadas pelas ciências culturais e que, desse modo, as ciências culturais constituem um componente cultural de possibilitação da vida e de asseguração do futuro.

A primeira função é a de *entender*. O sentido dá acesso ao mundo enquanto espaço de ação e ao ser humano enquanto sujeito da ação. Nas sociedades modernas as ciências culturais são órgãos sociais do entendimento. Elas geram um alto grau de competência para a realidade simbólica. Especialmente em nosso tempo, no qual, na esteira da globalização, levanta-se o problema da diferença cultural como um desafio extremamente urgente, ser capaz de entender o estranho e outro é condição necessária para superar o tão evocado embate das culturas travadas com o poder agressivo e o efeito destruidor do etnocentrismo. O desempenho hermenêutico das ciências culturais dota a orientação cultural das sociedades modernas com a força do reconhecimento da diferença e da alteridade[14].

Tomemos como exemplo concreto a guerra do Kosovo. Entendemos o que propriamente aconteceu lá? O debate público na Alemanha girou essencialmente em torno da legitimidade da guerra, e, ao fazer isso, recorremos a valores passíveis de consenso, como direitos humanos e direitos civis. Ao mesmo tempo, o debate foi marcado por um etnocentrismo pouco refletido com o qual nós, como civilizados, recorrendo a ditos valores, diferenciamo-nos dos sérvios, tidos como os outros, os bárbaros. Não nego que se deva suscitar a questão da legitimidade e fazer uma diferenciação de pertencimento. Porém, fazendo isso, já conseguimos compreender o significado mental da guerra? O pensamento científico-cultural pode aguçar o olhar, o fato e o modo como matar e morrer fazem parte da formação e da consolidação do pertencimento e da delimitação coletivos[15]. Tematizamos isso

---

14 Cf. sobre isso RÜSEN. *Für eine interkulturelle Kommunikation in der Geschichte* – Die Herausforderungen des Ethnozentrismus in der Moderne und die Antwort der Kulturwissenschaften.

15 Cf., p. ex., GIRARD. *Das Heilige und die Gewalt* [ed. bras.: *A violência e o sagrado*. Rio de Janeiro: Paz e Terra, 1997].

unicamente em vista dos sérvios e de uma maneira bem crítica e desaprovadora. Porém, um público esclarecido em termos científico-culturais deve voltar o olhar também para a sua própria identidade quando fala dos outros. E, quando se faz isso, não é possível esquivar-se da suposição de que, na guerra do Kosovo, a Europa consumou um batismo de sangue do pertencimento cultural, que representa um passo considerável rumo à unificação no plano mental.

Não é preciso compartilhar a tese da teoria da cultura de que a formação da comunidade humana se baseia no homicídio coletivo[16], ou – do que Freud quer nos persuadir – que a própria cultura foi constituída no parricídio[17]. Porém, que a construção coletiva da identidade contém um elemento constitutivo de violência assassina que, nos textos clássicos, também é tematizada explicitamente como "sacrifício", e que esse elemento é simultaneamente consumado e ocultado em termos culturais – sem a abordagem dessa dimensão profunda de formação comunitária, legitimação e guerra não entendemos o que aconteceu conosco e por meio de nós mesmos.

A segunda função da cultura que gostaria de tematizar é a da *crítica*. Em toda e qualquer práxis de formação cultural de sentido, tem lugar uma discussão crítica com sentidos anteriores e expectativas de sentido. Nesse processo, permanentemente se distingue entre carregado de sentido e sem sentido, entre sentido forte e sentido fraco. "Crítica" nada mais é que "diferenciação". Nas ciências da cultura, a crítica acabou passando para segundo plano e é sobreposta por fortes tendências de afirmação compensatória. Porém, com suas pretensões de verdade e procedimen-

---

16 Ibid., p. 15.

17 Cf. FREUD. *Totem und Tabu* [ed. bras.: "Totem e tabu". *Obras completas*. Vol. XIII. Rio de Janeiro: Imago, 2006].

tos cognitivos asseguradores da objetividade elas foram sempre também instâncias de verificação crítica de interpretações de mundo e autocompreensões. Elas de fato não podem dar sentido, mas certamente podem verificar formações de sentido quanto à sua congruência interna, seu teor experiencial e sua capacidade orientadora.

A terceira função da cultura é a da *utopia*. Nesse ponto, sentido quer dizer excedente de expectativa além da experiência. Com o auxílio da cultura os seres humanos sonham para poderem suportar a realidade. Eles precisam poder ultrapassar a gravidade da experiência de suas interpretações do mundo e de si mesmos e ingressar nos espaços de sua esperança e seu anseio, para terem futuro e poderem determinar o rumo normativo do seu agir e dos projetos de si mesmos no trato com os outros. Mediante essa função utópica a ação de formação de sentido da cultura vai além do teor experiencial da memoração e enriquece a sua interpretação com um futuro ainda não cumprido [18]. Essa função antecipadora é assumida também pela ciência. Em suas regulamentações racionais do conhecimento está encerrada uma pretensão racional, uma ideia reguladora do uso interrogativo, problematizador e argumentativo da razão que possui uma qualidade utópica. Na medida em que a orientação cultural é vinculada ao entendimento e ao saber pelas ciências, ela se orienta pela ideia de levar a sério e afirmar o ser humano como ente racional na apropriação do mundo e no modo de tratar a si próprio e os outros. Isso pode perfeitamente ter consequências práticas, nas quais a razão da ciência interfere na luta política no sentido de torná-la civilizada. Quem apontou para isso foi Max Weber, que fez uma separa-

---

18 Cf. sobre isso RÜSEN; FEHR & RAMSBROCK (orgs.). *Die Unruhe der Kultur – Potentiale des Utopischen.*

ção rigorosa entre o conhecimento científico-cultural e a práxis política, em sua conhecida fala sobre a ciência como profissão, numa passagem que até quase não recebeu atenção: os políticos usaram palavras como "espadas contra os adversários", ao passo que a ciência empregou "arados para desagregar o solo"[19]. Com isso ele não estaria aludindo claramente ao *slogan* "[convertam] espadas em arados"? Ele não estaria também comprometendo as ciências com suas pretensões racionais com uma espécie de dever de cultivar a política?

Isso me traz de volta a Schiller. Pois como devem se entender aqueles que se dedicam ao estudo, à pesquisa e ao ensino das ciências culturais? Schiller nos dá uma indicação importante nesse sentido, ao distinguir dois tipos de cientistas: os que são doutos em função de sustento e renome e os cérebros filosóficos. Ele faz para os seus estudantes uma descrição de ambos que não deixa margem a dúvidas sobre como eles devem estudar. O douto em função do sustento adquire competência em sua especialidade por razões puramente de prática profissional. Ele se interessa menos pela causa do que pela função que se pode cumprir com aquela. "Ele espera sua recompensa do reconhecimento alheio, de cargos de renome, da provisão. Se isso falhar, haveria alguém mais infeliz do que o douto em função do pão?" O douto em função do sustento é uma "alma escrava"[20]; ele se adapta ao sistema social que encontrou dado e essa adaptação causa a sua própria perdição; ele se transforma no mero detentor de um cargo. Com Brecht poderíamos falar de um membro da linhagem dos anões inventivos que podem ser contratados para qualquer finalidade.

Em contraposição, o cérebro filosófico transpõe as estruturas e funções previamente dadas da sociedade. O que lhe in-

---

19 WEBER. *Wissenschaft als Beruf*, p. 14s.

20 *Nationalausgabe*. Vol. 17, p. 361s.

teressa é a verdade em oposição a um aprender escolar destituído de espírito. "Todos os seus esforços são direcionados para o aperfeiçoamento do seu saber; a sua nobre impaciência não acha descanso enquanto todos os seus conceitos não tiverem se ordenado num todo harmônico, enquanto ele não estiver postado no centro de sua arte, de sua ciência e a partir dali consegue dominar com o olhar satisfeito o seu campo"[21].

Esse *páthos* se tornou estranho a nós. Porém, quando se trata do sentido, de fato trata-se da totalidade, de um ponto central e de um horizonte de orientação, da subjetividade humana. Já nos despedimos da concepção de que as ciências se encaixam harmonicamente em torno de um centro que é a subjetividade humana – ou seja, em torno do indivíduo burguês autônomo – e a orientam no mundo. A unidade tradicional do sujeito se dissolve numa multiplicidade de funções e atividades heterogêneas, e uma importante razão disso são as novas estruturas do mundo do trabalho. Ao mesmo tempo, porém, essas atividades estão vinculadas à condição de haver sujeitos criativos e capazes de tomar decisões. Os "cérebros filosóficos" no sentido de Schiller são mais necessários do que nunca. Tampouco renunciamos às questões referentes aos critérios com que os seres humanos entendem seu mundo e a si mesmos e como os critérios de sentido se modificaram no processo histórico, e, por fim: quais são as concepções de sentido que ainda estão à nossa disposição e qual é a sua força orientadora. Pelo contrário, a renúncia ao idealismo de Schiller, à qual fomos forçados pelas experiências catastróficas do século XX, faz com que tais questões se tornem tanto mais urgentes e até mesmo desesperadamente relevantes.

Ao criar o cérebro filosófico, do qual trata Schiller, o Iluminismo gerou um tipo de intelectualidade que precisamos retomar,

---

21 Ibid., p. 263.

caso a ciência pretenda permanecer uma força cultural de configuração do futuro. Não quero dizer com isso que ela só produza um saber com base no qual se age e se molda o futuro. As ciências da cultura discutem justamente também os pontos de vista com os quais nós podemos abordar reflexivamente os problemas de orientação do presente. Com o saber sobre a cultura que as ciências culturais introduzem no processo vital podemos nos afirmar também como aquelas pessoas que queremos ser e não somente como aquelas que temos de ser.

Fazendo referência ao louvor de Schiller ao cérebro filosófico não pretendo escamotear as chances profissionais desoladas de estudantes das ciências culturais nem a estreiteza e tacanhice disciplinar do corpo de especialistas das ciências culturais. Gostaria apenas de indicar que tal situação profissional desolada e a insatisfação com a atividade da ciência também abrigam chances de inovação. Essas chances de inovação podem e devem ser aproveitadas para explicitar o sentido como força de orientação cultural.

2
Ciência e verdade

Notas sobre a pretensão cultural do pensamento racional*

*Du haftest in der Welt, beschwert
von Ketten, doch treibt, was wahr isr,
Sprünge in die Wand. Du wachst und
siehst im Dunkeln nach dem Rechten,
dem unbekannten Ausgang zugewandt.*

Ingeborg Bachmann**

Toda pessoa, todo grupo e toda instituição necessitam autorreflexão. De tempos em tempos – geralmente na passagem de anos redondos –, fazemos uma pausa, desembarcamos da forma cotidiana de viver e refletimos de maneira solene sobre nós mesmos, olhamos para trás, certificamo-nos de como estão as nossas próprias coisas e projetamos uma perspectiva de futuro. Orientações culturais que norteiam os e as cientistas nas universidades geralmente agem na forma da naturalidade de premissas compromissivas e regras obrigatórias. Elas, porém, precisam reiteradamente de uma reflexão formal explícita e uma comunica-

* A primeira versão desse texto foi feita para a Preleção Otto von Guericke, em outubro de 2003, na Universidade de Magdeburgo. Dediquei outra versão, na forma de um discurso comemorativo, a Alfred Anger, em agradecimento pelo seu nobre gesto de apoio ao trabalho do Instituto de Ciências Culturais em Essen. Preservei a forma discursiva.

** BACHMANN, I. "Was wahr ist". *Sämtliche Gedichte.* Munique, 1998, p. 128.

ção solene, pelas quais sua legitimidade, sua força compromissiva é ponderada de maneira bem própria e, por essa via, fortalecida. No que segue gostaria de ensaiar tal reflexão sobre a peculiaridade e a tarefa da universidade no atual campo de interseção entre passado e futuro.

A universidade é o lugar da ciência. Como se sabe, a ciência tem lugar nela de diferentes modos: como pesquisa e como ensino. Originalmente as duas ocorriam separadamente, mas desde a reforma de Humboldt, no início do século XIX, elas incorreram numa síntese que até hoje gera centelhas inspiradoras do progresso do conhecimento, por mais variadas que tenham sido as apreciações e o manejo dessa síntese no decorrer do tempo. De um modo mais discreto, essa síntese vem sendo ampliada já há um bom tempo por um terceiro fator, que poderia abreviadamente ser chamado de práxis: pontos de vista do uso prático do saber científico ingressaram de modo mais intenso nos âmbitos interiores da ciência, na pesquisa e no ensino. Isso vale para todos os âmbitos da ciência e, em tempos de escasseamento de recursos e molesta necessidade de economizar, o ponto de vista do proveito prático desempenha um papel considerável nas decisões sobre o que pode ser promovido e o que pode ser abandonado. Nesse ponto, residem chances, mas também problemas.

A tradicional diferenciação entre pesquisa fundamental e pesquisa aplicada se torna difusa. Essa ampliação do foco da atividade científica nas universidades possui a dupla face de Jano: a partir da práxis e com referência à práxis é perfeitamente possível obter impulsos estimulantes para o progresso do conhecimento científico. Ao mesmo tempo, porém, torna-se questionável um elemento da pesquisa científica que até o momento figurava inconteste entre os seus atributos essenciais: o fim em si do progresso do conhecimento e do saber científico.

Aristóteles caracterizou o saber filosófico como sem utilidade e viu nisso um elemento divino. "Como chamamos livre o homem que é fim para si mesmo e não está submetido a outros, assim só esta ciência, dentre todas as outras, é chamada livre, pois só ela é fim para si mesma. Por isso, também com razão poder-se-ia pensar que a posse dela não seja própria do homem"[22]. Sendo o mais divino dos saberes, esse tipo de saber seria ao mesmo tempo o mais venerável. No mundo sóbrio das universidades modernas, não falamos mais em divino, mas em que a pesquisa fundamental livre é condição irrenunciável do progresso do conhecimento gerado pelas ciências e que a sociedade necessita para sobreviver. A exigência da utilidade prática – no ensino ela ganha validade por meio dos coeficientes de aproveitamento – põe em questão esse direcionamento do pensamento científico. E isso não é bom.

Qual é, portanto, a situação da ciência? Que reivindicações são feitas quando as e os cientistas entendem a sua instituição, a universidade, como lugar central da ciência e pretendem encontrar nele o sentido de sua profissão como cientistas?

Gostaria de formular essa pergunta como princípio e retomar um tema que é tão antigo quanto a ciência mesma, a saber, o da sua relação com a verdade. Quero tratar aqui da pretensão da ciência de ser o lugar por excelência da verdade, de levantar pretensões de verdade que ninguém mais poderá levantar com igual capacidade de persuasão. Que papel cultural do tipo específico é atribuído ao saber cientificamente produzido com suas pretensões de verdade específicas? Em primeiro lugar é preciso constatar o seguinte: somente o saber com caráter científico poderá ser usado em todas as efetuações práticas da vida nas quais

22 ARISTÓTELES. *Metafísica*, 982b-983a [ed. bras.: *Metafísica*. São Paulo: Loyola, 2002, p. 12].

se emprega o saber a favor da vida, somente ele poderá ser usado de modo universalmente consensual. Seria exagerado dizer que a universidade enquanto lugar da ciência sempre é simultaneamente um lugar da verdade? Não são as pretensões de verdade do saber na pesquisa, no ensino e na referência prática que determinam a peculiaridade da universidade na vida cultural, política e social da sociedade? Não são elas que a tornam irrenunciável e não é nelas que consiste a sua dignidade – se ainda for permitido usar essa palavra fora de moda?

Porém, o que é verdade? Houve tempos em que os representantes da ciência não ficavam constrangidos em responder a essa pergunta, e até se apresentavam com o *páthos* impactante do monopólio do conhecimento científico sobre a verdade. Hoje isso mudou. Tendo em vista divergências lacerantes entre opiniões de especialistas em questões de decisão politicamente brisantes, tendo em vista o entrelaçamento profundo entre pesquisa científica e interesses industriais de utilização e tendo em vista a efetividade dos contextos culturais nas concepções teóricas das ciências interpretativas, perdemos o *páthos* do monopólio da verdade; pelo menos, ele não encontraria mais muita ressonância social.

Não é por acaso que o silêncio em torno da verdade como tema do pensamento científico é bastante grande. A filosofia, mediante análise crítica do uso linguístico, considera um mérito seu desacostumar-nos a usar grandes palavras. E, em decorrência da pós-modernidade, todas as ciências que se ocupam com a cultura e, por isso, também com as pretensões de verdade como fatores centrais da formação cultural de sentido, tornaram-se céticas em relação a tradições efetivas de compreensão da verdade, quando não as rejeitam por completo. O processo de globalização produziu uma consciência aguçada para o quanto a produção de saber humana depende do contexto cultural. Essa noção torna difícil, quando não impossível, dotar a forma científica de saber de um atestado de monopólio em relação a todas as demais formas de saber, ou ao menos com a pretensão de uma qualidade especial, superior de validade. O conhecido *slogan* do filósofo Paul Feyerabend "anything goes [tudo é válido]" indica a culminância e a consequência dessa perda da verdade.

Porém, a universidade vive do oposto, a saber, de pretensões de verdade específicas. É nessas pretensões que se baseia a sua autocompreensão, e – se observarmos com mais atenção, veremos que –, por causa dela, a universidade é cotidianamente confrontada com expectativas de validade que apontam exatamente nessa direção. Se a esfera pública não puder mais presumir que as ciências produzem um saber que é mais confiável para o uso na vida prática do que qualquer outro saber, o que elas representariam então?

Não é por aí. Continua tratando-se e sempre se tratará da verdade quando se pergunta pela peculiaridade da universidade e seu valor social, político e cultural. Portanto, voltamos à pergunta: O que é verdade? O que distingue o saber científico de outro saber? O que anima a atividade do cientista enquanto pesquisador, professor, especialista para a solução de problemas práticos?

Quem quiser dar uma resposta sincera a essas perguntas precisa dizer em primeiro lugar que não existe uma só e única verdade. A concepção de que há uma verdade fixa do saber, da qual é possível aproximar-se cada vez mais mediante o pensamento, a pesquisa, o ensino e a aplicação prática perdeu a sua capacidade de persuasão. A única coisa correta nela é que estamos lidando com um processo (pois é isso que quer dizer a palavra "aproximação").

Numa pequena parábola que com razão ganhou fama, Lessing evidenciou de modo impactante do que se trata: "Se Deus segurasse na sua mão direita toda a verdade e na sua esquerda o único impulso sempre ativo de busca da verdade, embora acrescentasse que eu sempre me equivocaria, e dissesse para mim: 'Escolhe!' Eu me lançaria com humildade na sua esquerda e diria: 'Pai, dá-me esta! Pois de qualquer modo a pura verdade é exclusivamente para ti!'"[23]

Ora, depois que esse Deus perdeu também a sua qualidade epistemológica de assimptota de uma aproximação infinita do conhecimento, sendo obscurecido, por assim dizer, à condição de *Deus absconditus* da verdade absoluta, o que ainda restou em termos de dinâmica? O cotidiano da universidade responde essa pergunta com a impressão deslumbrante e ao mesmo tempo paralisante e desilusionante da atividade. Mas atividade é uma descrição demasiado superficial da forma dinâmica do saber científico. Os processos do pensamento e do conhecimento continuam acontecendo ordenadamente, eles não giram em círculos nem caminham em direções totalmente diferentes dependendo da disciplina e constituição da especialidade. Em que consiste essa ordem?

O processo do conhecimento científico possui sua qualidade específica no fato de ser *metodologicamente* constituído. A verdade científica está irrenunciavelmente vinculada à condição da regulação metodológica do pensamento enquanto conhecimento. Contra a famosa diferenciação entre verdade e método, feita por Hans-Georg Gadamer[24], gostaria de enfatizar resolutamente que as pretensões de validade específicas dos resultados do conhecimento científico estão vinculadas em todas as disciplinas acadêmicas aos procedimentos metodológicos pelos quais o saber

23 LESSING. *Eine Duplik* (1778), p. 33.

24 GADAMER. *Wahrheit und Methode* – Grundzüge einer philosophischen Hermeneutik [ed. bras. *Verdade e método* – Traços fundamentais de uma hermenêutica filosófica. 13. ed. Petrópolis: Vozes, 2011].

científico é obtido mediante a pesquisa. Não é possível dizer com poucas palavras o que exatamente significa método, porque cada ciência enquanto disciplina especializada dispõe de um arsenal metodológico próprio por meio do qual ela se diferencia de outras ciências. E é essa diferenciação que transforma a constelação interdisciplinar dos projetos de pesquisa científicos em aventura intelectual, cujo êxito exige de todos os envolvidos um grande esforço de reflexão. Porém, há pontos em comum que atravessam todas as disciplinas. Menciono apenas dois: um deles é a *experiência com referência constitutiva*, que vincula todas as afirmações sobre fatos sistematicamente ao controle da verificação empírica, e o outro é o *caráter conceitual* do pensamento – uma forma cognitiva bem específica que pode ser paradigmaticamente demonstrada com o auxílio da forma de pensar da teoria. Ela se encontra em todas as disciplinas, ainda que de modo bem diferenciado. Na interconexão de experiência como ponto de referência e conceitualidade reside o elevado potencial explanatório que distingue o saber científico do saber cotidiano. Teria um efeito devastador se essa constituição metodológica do saber científico fosse fixada tendo como modelo uma única ciência ou um único grupo de ciências, como foi o caso no assim chamado positivismo da compreensão científica. Isso fez com que as ciências humanas tivessem grandes dificuldades para justificar a sua peculiaridade de modo metodologicamente suficiente. Porém, esse sonho de um saber científico abrangente e unificado já passou. Em vez disso, o que distingue o saber científico é uma multiplicidade de concepções conceituais e procedimentos metodológicos que ele usa para abordar a profusão infinita de experiências com a natureza e a cultura.

Com o abandono dessa concepção de cientificidade também se foi o sonho de que a ciência possibilitaria ao ser humano, em princípio, "dominar pelo cálculo" todos os objetos do conhecimento, como o expressou certa vez Max Weber em seu famoso discurso sobre ciência e profissão[25]. Naturalmente essa pretensão de dominação está associada do começo ao fim à validade do saber científico, mais precisamente, sempre que esse saber possui uma forma que o torna técnica e estrategicamente aplicável. Porém, essa é apenas uma forma ao lado de outras. As próprias ciências naturais indicam o limite de nossa vontade de poder no campo do pensamento. O que quer que nos queiram fazer crer alguns biólogos sabichões, da própria lógica do conhecimento sobre a evolução biológica se infere que justamente não temos como dominar o processo evolutivo cujo resultado somos, que não temos controle sobre a evolução. Podemos influenciá-la, mas não podemos "fazê-la" do mesmo modo que construímos pontes segundo leis estáticas ou montamos foguetes com conhecimentos científicos e fazemos com que pousem exitosamente na lua. A qualidade científica do nosso saber tampouco se esgota em sua capacidade de previsão. Justamente o mais elaborado dos saberes científicos que nos informa sobre o desenvolvimento histórico do cosmo, ensina-nos a imprevisibilidade do desenvolvimento do cosmo em sua totalidade.

A regulação metodológica e a forma teórico-conceitual levam a duas configurações da verdade especificamente científica, a empírica e a teórica. Não afirmo que só o saber científico apresenta tais qualidades. Pelo contrário: o saber cotidiano tem seus próprios métodos e suas próprias formas teóricas. Porém, o científico se diferencia do cotidiano pelo fato de levar as duas coisas – método e conceitualidade – ao extremo de suas possibilidades lógicas, e isso faz com que o saber científico transcenda qualitativamente o saber cotidiano em suas pretensões de validade.

---

25 WEBER. *Wissenschaft als Beruf*, p. 87.

Tudo isso é conhecido e, no final das contas, trivial. Quando se trata do lugar da universidade em seu contexto político, social e cultural, é preciso perguntar o que um saber dessa natureza significa para a práxis vital humana na qual está inserido e que, de variadas maneiras, sempre lhe serve de ponto de referência em termos constitutivos e pragmáticos.

Pretensões de validade são pretensões racionais. A razão é a capacidade do ser humano de dotar as suas formações culturais de sentido com pretensões de validade que possam ser negociadas e resolvidas comunicativamente segundo os princípios do pensamento. A minha pergunta pelo significado do saber científico para a práxis vital humana vai além da razão empírica e teórica das ciências. Ela tem em mira aquilo que a filosofia chamou de *razão prática*. Que papel desempenham as ciências nas regulações culturais da práxis vital humana com as quais os seres humanos são obrigados a configurar normativa e significativamente o seu agir e sofrer para poderem viver? Que sentido tem a ciência enquanto parte integrante e até destacada dessa formação espiritual de sentido para o agir e o sofrer? Essa pergunta tem em mira a razão prática da ciência.

No campo visado por essa pergunta, predomina com boas razões um ceticismo generalizado; pois há experiências terríveis com as pretensões racionais de cunho prático do conhecimento científico no contexto das regulações políticas da vida humana. A pretensão de validade científica de orientações políticas fez maturar consequências práticas inumanas. O marxismo e a teoria racista do nazismo são exemplos conhecidos disso, mas há muitos outros além desses.

Em vista disso, é conveniente assumir uma postura reservada e modesta no que se refere à utilização prática do saber científico na política, sociedade, economia e todos os demais âmbitos da vida humana. Porém, a utilização prática seria uma questão meramente exterior ao saber científico, que, em última análise, não diz respeito à ciência?

Eu gostaria de dar resolutamente uma resposta negativa a essa pergunta. Para fundamentar isso, remeto ao entrelaçamento complexo entre os contextos de utilização e o próprio processo do conhecimento científico trazido à tona pela história da ciência e pela teoria da ciência. Nesses contextos de entrelaçamento, o saber empírico e o saber teórico das ciências se torna prático, ou melhor: nesses contextos, ele sempre já é prático (mesmo que com frequência o seja apenas de modo tendencial e mediado). Ora, afirmo que, nesse mesmo tornar-se prático, reside uma chance racional, que pode ganhar validade no plano cultural e com a qual os cientistas podem determinar o seu lugar na vida social, entender a si próprios e referir-se à política, sociedade e economia. O que significa razão prática do conhecimento científico?

O êxito da pesquisa, do ensino e da referência prática da ciência depende de que os cientistas se atenham a regras procedimentais no processo do conhecimento. Essas regras constituem a força do ato de argumentar diante das regulações pelo poder, próprias da política, e das regulações pelo lucro, próprias da economia. As regras da argumentação científica podem ser generalizadas num *ethos* do cognitivo na práxis vital humana. A ciência enquanto práxis institucionalizada do conhecimento é paradigmática desse *ethos*; e com esse *ethos* ela também é culturalmente ativa. A verificabilidade de afirmações com base em experiências, a consistência lógica de argumentações, a dinâmica argumentativa e a abertura do entendimento discursivo – todas estas são reguladoras da práxis vital que podem levantar pretensão de validade para além do âmbito da ciência e que os cientistas sustentam (ou deveriam sustentar) também na vida prática.

Dotada dessa razão prática, a ciência é parte integrante da orientação cultural da práxis vital humana. Não deveríamos nos cansar de apontar para isso. Essas pretensões racionais práticas do conhecimento científico vão muito além da sua assim chamada utilidade social. Aquelas formam a base desta, de tal modo que esta não pode ser obtida sem aquelas. E nisto está encerrada a função da ciência para a sociedade, sobre a qual muito se fala, mas pela qual muito pouco se faz nas próprias universidades: a saber, a função formativa.

Formação significa competência para dar sentido à orientação cultural da práxis vital humana. Ela está vinculada ao saber; ela medeia experiências interpretadas e intenções normativas e, mediante a sua síntese de experiência e norma, ela confere validade à subjetividade humana como ação promotora de identidade.

A ciência forma mediante a razão prática nela ativa. Essa função formativa não lhe é acrescentada como algo exterior, mas faz parte da lógica interna do seu pensamento e das suas pretensões de verdade. Para convencer-se disso basta buscar essas pretensões com a profundidade necessária no contexto vital no qual as ciências consumam as suas ações cognitivas. A formação não consiste num cânon de acervos do saber, mas na competência para perceber e compreender as ações cognitivas das ciências como contribuições para a formação cultural de sentido da vida social. Isso depende da razão prática mediada pelo saber, bem como apresentada nele e com ele. A formação é um elemento intrínseco ao próprio conhecimento científico. Sua perda em prol de um eruditismo especializado autossuficiente representa uma renúncia a chances racionais que são próprias da ciência enquanto ciência.

As ciências sempre e reiteradamente são expostas a uma pressão para se adaptarem às necessidades sociais. Podem ser necessidades da produção industrial, da aplicação técnica, do aproveitamento econômico, da legitimação política, do prazer estéti-co – constantemente a sociedade, a política e a economia fazem uso da função prática de orientação do conhecimento científico. Economicamente as ciências vivem desse uso e culturalmente é nele que está fundado o seu prestígio. Porém, isso ainda não quer dizer que elas simplesmente tenham de se submeter às necessi-dades trazidas até elas e apenas louvar-se da sua utilidade social. A sua função orientadora não estaria de acordo com as suas pró-prias pretensões racionais se elas não se munissem da ética do pensamento científico e, com o auxílio dela, apresentassem por sua vez demandas à sociedade, à política e à economia. Tais pre-tensões estavam e ainda estão associadas a uma postura cognitiva que chamamos de "crítica".

Hoje em dia a crítica não está em alta no plano cultural. A sua voz está fraca porque crítica sempre significa também dis-tanciamento em relação à adaptação e ao uso com proveito e, desse modo, corre o risco de provocar a má vontade dos desti-natários – daqueles destinatários, de cujo dinheiro e apreciação as instituições das ciências, em última análise, vivem.

É preciso suportar esse paradoxo. Deveríamos nos apro-priar dele produtivamente e fazer a nossa parte para convencer a sociedade de que uma função formativa crítica do conhecimento científico faz parte das ações culturais das sociedades modernas, sem a qual elas a longo prazo perderiam parte essencial de sua qualidade de vida e sem a qual nem mesmo estariam aptas para o futuro. Pois a vida humana não é simplesmente vida biológica, mas vida determinada pelo sentido – ou, como diria Aristóteles: vida "boa". E essa qualidade ética é representada também (embo-ra não exclusivamente) pela ciência.

Formação mediante a razão prática de uma ética especifi-camente científica do conhecimento – o que significa isto? Uma resposta para essa pergunta deveria começar pela própria vida acadêmica: formação mediante a ciência significa que, na complexa associação de pesquisa, ensino e referência prática, os pontos de vista fundamentais do pensamento científico sejam refletidos de maneira bem própria e transmitidos conscientemente em cada uma das disciplinas – mas também entre elas e abrangendo todas elas. Esses pontos de vista situam-se na interseção entre vida prática e pensamento científico. Cultura significa cultivo e cultura científica enquanto questão de formação significa cultivo das posturas mentais e espirituais do pensamento metodológico e conceitual constitutivas da própria ciência com suas pretensões de verdade. A competência especializada – o alvo da formação científica – deveria andar inseparavelmente ligada a uma competência reflexiva, que diz respeito ao sentido cultural do pensamento científico. Quem tem a ciência como sua atividade deveria poder assumir, explicitar e também aplicar os reguladores do pensamento racional determinantes para ela; deveria poder aplicá-los aos contextos, nos quais se faz uso do saber científico.

Isso não é realizável sem um curso próprio no e ao lado do curso especializado. As faculdades necessitam de um curso em que as e os estudantes aprendam quais são as pretensões de verdade embutidas nos procedimentos metodológicos de sua ciência especializada, onde estão os limites dela, que outros modos de verdade são caracterizados pelo conhecimento científico e como este está ligado com a práxis vital no âmago do seu pensamento. Todos os membros da *alma mater,* os docentes, os discentes e os aplicadores, devem refletir sobre o contexto vital de sua disciplina não só na vida em geral, mas também na vida das próprias ciências, na multiplicidade de suas disciplinas e na dinâmica de sua transformação. Só então poderão saber o que fazem quando se trata da sua competência especializada e seu papel em profissões que vierem a exercer. Tal curso – poderíamos chamá-lo de *studium fundamentale* tendo em vista os princípios determinantes do pensamento científico, sua lógica e seu *ethos* ou *studium liberale* tendo em vista sua tradição que remonta a tempos muito antigos – previne a idiotice especializada. Ele produz especialistas dotados de competência reflexiva. Estes são capazes de lançar um olhar por cima do muro restrito da sua especialidade e obter uma visão geral compreensível, em seus traços fundamentais, da conexão entre saber especializado e a múltipla orientação cultural da vida social, política e econômica, e são capazes de mover-se nessa conexão com ponderação engajada.

Eu disse no início que geralmente só os eventos festivos em raras ocasiões que nos fazem sair da rotina da atividade científica cotidiana e nos levam a um buscar um entendimento acerca dos princípios dessa atividade. Porém, não deveríamos nos restringir a fazer uma excursão pelo fundamental em ocasiões festivas e sentir-se edificado com suas pretensões racionais e seu *status* ético na cultura do tempo presente. Se nos restringíssemos a tais momentos contemplativos, já teríamos abandonado a razão, da qual se trata. Não é assim; ela exige ser cultivada por todos os que praticam a ciência. Ela exige uma cultura, em que cada qual cultive, no lugar em que se encontra, a vida da ciência na pesquisa, no ensino e na referência prática, de tal maneira que suas pretensões racionais se convertam em forças motrizes vivas da práxis cotidiana.

O que é a verdade? Eu gostaria de responder a esta pergunta do seguinte modo: A verdade é um processo discursivo conduzido por critérios que tornam as formações culturais de sentido passíveis de concordância. As ciências constituem um elemento essencial desse processo e a universidade é um dos lugares em que ele acontece. Faz parte do sentido das ciências refletir sobre os critérios que lhe servem de base e afirmá-los para fora e para dentro como pontos de vista da razão prática.

Numa época em que o investimento de recursos financeiros nas faculdades se torna cada vez mais dependente de ponderações de utilidade econômica, o estímulo produtivo proporcionado pela razão prática e pela formação científica é mais importante do que nunca. Ele sempre animou e renovou o ânimo da universidade e faz parte do seu futuro que tem início em cada instante do fazer dos cientistas.

3
Perda de sentido e transcendência

Cultura e ciência da cultura no começo do século XXI*

> *The day is short, the task is great, the labourers are lazy, the reward is great, and the Master is pressurizing. It is not up to you to finish the work, nor are you free to give it up.*
>
> Talmude**

Gostaria de abordar alguns pontos de vista e questionamentos, que podem descortinar perspectivas de futuro para as ciências culturais e estimular a continuidade do labor cognitivo. São experiências deficitárias, controvérsias e contradições que mantêm em movimento a dinâmica desse labor para além da duração das rotinas da pesquisa sossegada. Sendo assim, trataremos de problemáticas que potencializam esses impulsos que levam a avançar.

---

* Primeira versão foi publicada em JAEGER, F. & RÜSEN, J. (orgs.). *Handbuch der Kulturwissenschaften*. Vol. 3: Themen und Tendenzen. Stuttgart: Metzler, 2004, p. 533-544.

** O dia é curto, a tarefa é longa, os trabalhadores são preguiçosos, a recompensa é grande e o patrão está pressionando. Não cabe a ti terminar o trabalho, nem és livre para deixar de fazê-lo ("Talmude". *Mishnah Avot*, 2, p. 20-21).

3.1 Demanda de esclarecimento – A cultura e suas ciências

Como sempre, um esclarecimento do conceito de cultura se faz necessário. Isso vale tanto mais porque a designação das ciências caracterizadas com esse conceito tem uma tradição bem própria que nem sempre é completamente compatível com o teor de significado do uso atual da palavra. As "ciências culturais", enquanto designação coletiva das disciplinas acadêmicas especializadas que se ocupam com o ser humano e seu mundo, substituíram por vezes "as ciências do espírito". A mudança de "espírito" para "cultura" é indício de uma transformação paradigmática nas suposições basais de fundo acerca da peculiaridade daquilo que seria considerado o não natural no ser humano e como se poderia ter acesso a isso pela via do pensamento. O conceito "ciências da cultura" não foi um conceito declaradamente oposto ao de "ciências do espírito". Ele apenas minimizou as conotações idealistas que o "espírito" suscita no modo de falar da língua alemã [26]. Isso pode ser exemplificado à luz do seguinte conjunto de dados. Johann Gustav Droysen, que foi o primeiro a usar a designação "as ciências do espírito" [27], era de opinião (aliás, a mesma de Ranke) que essas ciências apoiam-se, em última análise, sobre um fundamento teológico-religioso. "Nossa fé nos propicia o consolo de que uma mão divina nos carrega, que ela conduz a história, tanto a grande como a pequena. E a ciência da história não possui tarefa mais elevada do que a de justificar essa fé; é por isso que ela é ciência" [28]. Em contraposi-

---

26 Cf. SCHLEIER. *Historisches Denken in der Krise der Kultur* – Fachhistorie, Kulturgeschichte und Anfänge der Kulturwissenschaften in Deutschland.

27 DROYSEN. *Historik. Vorlesungen über Enzyklopädie und Methodologie der Geschichte.* Hübner, p. 378.

28 DROYSEN. *Vorlesungen über das Zeitalter der Freiheitskriege*, p. 4s.

ção a isso, Max Weber declarou as ciências de modo geral e fundamental como "potência especificamente estranha a Deus"[29].

No interior da nova designação "ciências culturais", o conceito "cultura" recebeu um significado mais abrangente do que era anteriormente. Antes disso, "cultura" era apenas uma parte da esfera que compunha o objeto das ciências humanas. A "história da cultura", por exemplo, era um campo específico da ciência histórica que detinha um significado apenas secundário em relação à história política.

A partir do final da década de 60 do século passado foi a vez do coletivo "as ciências sociais" dar início a uma virada na autocompreensão conceitual e metodológica das ciências humanas. Quando se começa, então, a partir da década de 1980, a falar novamente "das ciências culturais" ou até "da ciência cultural", não se trata simplesmente de um retorno ao modo de falar mais antigo, mas também de um conceito oposto, que caracteriza uma concepção própria de ciência em contraposição à da "ciência social". Entre ambos situa-se um "cultural turn" nas ciências humanas, que indica e requer uma nova compreensão do mundo humano.

Ainda não ficou suficientemente claro em que realmente consiste essa novidade. A "ciência da cultura" reivindica superar e integrar em si mesma as propostas de interpretação ou então de explicação da "ciência social" ou franquear um novo acesso a um campo negligenciado da pesquisa na área das ciências humanas. A posição vanguardista é abrangente e integradora e é ela que predomina nos debates em torno do conceito de cultura. Na ciência histórica, a "história social" argumenta de modo quase diretamente invertido[30], ao integrar o âmbito da experiência

---

29 WEBER, *Wissenschaft als Beruf*, p. 12.

30 Cf., p. ex., KOCKA. *Historische Sozialwissenschaft heute*. ● WEHLER. *Historisches Denken am Ende des 20. Jahrhunderts. 1945-2000*. ● WEHLER. *Die Herausforderung der Kulturges-*

cultural no âmbito mais abrangente da sociedade e subordiná-lo a este. Ambas as coisas são perfeitamente paradigmáticas para toda a esfera das ciências humanas. Nos dois casos, permanecem obscuras as categorias que servem de orientação para o conhecimento, isto é, "cultura" e "sociedade" respectivamente, e especialmente a relação entre elas.

Enquanto designação de um campo de experiência da interpretação científica e do modo de pensar dessa mesma interpretação, o conceito "cultura" não tem um significado inequívoco. Ele abarca a totalidade da esfera de um conhecimento não biológico, ou seja, das ciências humanas a respeito do ser humano e seu mundo e se destina a caracterizar, ao mesmo tempo, um modo específico desse conhecimento em distinção a outros. Ele tem em mira um vasto âmbito do pensamento e do conhecimento e possui validade em diversas disciplinas. Ao mesmo tempo, ele é usado, numa versão crítica às ciências humanas estabelecidas, para fundar uma disciplina própria com um currículo próprio. Ele até serve para promover uma disciplina individual que entra em cena com a pretensão de ser dotada de uma competência interdisciplinar ou até transdisciplinar[31].

Essas pretensões são indício de uma mudança de paradigma, cuja forma é indiscernível e cujo resultado está aberto. A demanda de esclarecimento associada a isso exige um trabalho de reflexão em diversos níveis e em diversas dimensões: (a) na pesquisa empírica concreta individual, (b) em reflexões (meta) teóricas próprias e (c) em tematizações abrangentes de formações universais do saber e da ciência.

chichte. • DANIEL. *"Kultur" und "Gesellschaft"* – Überlegungen zum Gegenstandsbereich der sozialen Geschichte.

31 Cf. BÖHME; MATUSSEK & MÜLLER. *Orientierung Kulturwissenschaft* – Was sie kann, was sie will, p. 10.

(a) Conceitos centrais e constitutivos como os da cultura devem ser elaborados e dotados de plausibilidade com base nas próprias coisas, nos fenômenos do mundo humano. De fato, a virada científico-cultural nas ciências humanas levou a novos questionamentos e a novas noções. Campos temáticos inteiros foram demarcados de maneira nova e trabalhados de modo tanto disciplinar quanto interdisciplinar. O exemplo mais marcante disso é o campo temático da "memoração". Ele conferiu ao âmbito das experiências históricas uma nova qualidade, que nem era possível sustentar no âmbito dos objetos de pesquisa, mas que atingiu a autocompreensão de todas as ciências históricas e problematizou o seu papel na cultura histórica do tempo presente.

Com o auxílio da categoria "cultura" puderam ser redimensionados fatos já assegurados no âmbito disciplinar e o campo das atribuições disciplinares pôde ser posto em movimento (e às vezes até na roda de dança).

Não há dúvida quanto à fecundidade heurística do conceito de cultura. Porém, com isso ela já está suficientemente clara? Dificilmente será possível responder essa pergunta afirmativamente; ao contrário, será preciso estar preparado para a contrapergunta: De que serviria a clareza teórica? (O "cultural turn" nas ciências humanas trouxe consigo um elemento de fobia à teoria quando se tratou de diferenciar-se da virada histórico-social que o precedeu.) Isso vale para o discurso da memoração, que atravessou todas as disciplinas históricas, e isso vale exatamente do mesmo modo para as inspirações que a etnologia gerou na área de interseção das disciplinas das ciências humanas. Algo semelhante poderia ser dito da fecundidade transdisciplinar do conceito do trauma, que promoveu uma nova constelação de psicanálise, ciência literária e história[32].

---

32 P. ex., CARUTH. *Unclaimed experience* – Trauma, narrative and history. • BRONFEN; ER-
DLE & WEIGEL (orgs.). *Trauma* – Zwischen Psychoanalyse und kulturellem Deutungsmus-

A falta de clareza teórica precariza os métodos da pesquisa: sem conceitos claros não é possível conceber nem praticar procedimentos metodológicos que levem a conhecimentos de validade consistente. Já nas disciplinas individuais as diferenciações que promovem o conhecimento e os procedimentos analíticos devidos a elas ficam difusos quando a "cultura" enquanto postura interrogativa e atitude cognitiva novas se deparam com as estratégias tradicionais de pesquisa. Por exemplo, o aspecto histórico-social se integra sem rupturas no histórico-cultural? O que acontece com o caráter especificamente estético das obras de arte quando estas se deslocam para dentro do contexto dos discursos e das orientações culturais?

No jogo de poder das formações científicas, o esclarecimento conceitual periga ficar pelo caminho, a não ser que seja aproveitada a chance do progresso do conhecimento oferecida pela reflexão sobre os conceitos básicos e as reflexões esclarecedoras feitas com rigor analítico se tornem parte integrante da práxis da pesquisa. Desse modo, o conceito de cultura ganharia contornos mais nítidos, mas teria de se contentar com um direcionamento da pesquisa ao lado de outros.

(b) Essa demanda de reflexão leva forçosamente ao campo da (meta)teoria. Nesta, levanta-se não só o imperativo do esclarecimento de conceitos norteadores da pesquisa e seu cunho "disciplinar" específico, mas além disso a questão da função categorial e constitutiva do conceito de cultura no sistema científico.

Cultura é um conceito oposto ao da natureza e, por isso, designa a esfera total de todos os dados e temas não naturais do mundo humano. Porém, ao mesmo tempo o conceito de cultura

---

ter. • RÜSEN & STRAUB (orgs.). *Die dunkle Spur der Vergangenheit* – Psychoanalytische Zugänge zum Geschichtsbewusstsein.

organiza essa esfera à luz de certo aspecto que se diferencia de outros (por exemplo, da sociedade, política, economia). Esse aspecto se refere às atividades formadoras de sentido do espírito humano em todas as formas e dimensões da práxis vital. Ele desloca a subjetividade humana para o centro da formulação do problema e permite entender as ocorrências e os acontecimentos do mundo humano em espaço e tempo à luz das interpretações que os envolvidos lhes conferem. Esse não é o único aspecto da pesquisa nas ciências humanas, e é preciso haver uma diferenciação teórica completa de diversos aspectos (por exemplo, socioeconômico, ecológico, político) para esclarecer a peculiaridade e o valor do especificamente cultural em relação aos demais aspectos. Só então podem ser fundamentadas e criticadas as pretensões que se conectam à virada cultural das ciências humanas.

Quem procede sem mais nem menos a uma generalização do cultural em pura e simplesmente humano acaba se brindando com duas deficiências extremamente problemáticas.

Por um lado, o pensamento das ciências culturais se esquece da natureza e se depara impotente com os dramáticos progressos do conhecimento das ciências da vida. Não passa de um sinal de embaraço quando conhecimentos das ciências da natureza, como, por exemplo, os da pesquisa da memória baseados na fisiologia do cérebro, são incorporados sem mais nem menos no discurso da *memory* [memória] das ciências da cultura e apregoados como confirmação de suas concepções. Nesse caso, nem mesmo se chega a tentar a difícil mediação ou até síntese dos dois modos de pensar e procedimentos de pesquisa totalmente distintos. Incapacidade parecida é mostrada pela reação das ciências culturais ao reducionismo (historicamente bastante familiar) das ciências naturais, dizendo que elas próprias nada mais seriam que formações culturais.

O sentido que a cultura tem na vida humana e o sentido que dá a ela e que as próprias ciências culturais (co-)efetuam mediante suas produções de conhecimento ainda está por comprovar-se: como ele poderá subsistir diante do naturalismo de suas condicionalidades, cujos conhecimentos extraem seu rigor metodológico justamente do fato de abstraírem de todo sentido (como fazem todas as ciências naturais)? A percepção crescente dos fundamentos naturais da cultura humana (até nas últimas ramificações do cérebro) significa uma perda de sentido especificamente cultural ou uma chance de entender melhor as ações formadoras de sentido da cultura humana?

Por outro lado, uma generalização indiferenciada das ações humanas de cunho interpretativo em força motriz decisiva da conduta de vida empana a visão da ciência cultural. Dado que hoje em dia a arte é tida como paradigma dominante da formação de sentido, as ciências humanas adicionam (geralmente de modo imperceptível) um fundamento estético ao seu modo de lidar com a experiência. Por essa via, elas promovem uma despolitização da função orientadora de seus conhecimentos, da aplicação prática do saber científico-cultural – e até uma perda generalizada de experiência. Isso pode levar até à dissimulação de tendência ideológica da realidade (por exemplo, quando se passa a analisar os conflitos sociais unicamente pelo prisma das diferenças culturais).

(c) Porém, no plano metateórico da formação reflexiva da teoria, é preciso esclarecer não só o conceito de cultura, mas também as estratégias cognitivas inspiradas por ele. Esse conceito tem consequências metodológicas e institucionais consideráveis. Institucionalmente trata-se da constituição disciplinar das ciências humanas e metodologicamente da compreensão mais precisa do procedimento cognitivo da interpretação em delimitação e em referência ao componente estético-retórico da exposição de conhecimentos obtidos mediante a pesquisa.

O "cultural turn" foi desde o começo um desafio para transpor fronteiras disciplinares tradicionais e dar uma nova constelação às disciplinas especializadas pertinentes, colocá-las numa rede interdisciplinar ou até ultrapassá-las ou contorná-las transdisciplinarmente. Sem dúvida nenhuma isso abre novas chances de conhecimento, mas também pode se converter numa tendência de desdisciplinação, que reduz o potencial cognitivo da cientificidade e borra os limites entre argumentação racional e ficção literária.

Pode-se fazer a leitura dessa tendência com base na proporção com que, na autocompreensão das ciências culturais, o significado da representação se sobrepõe ao da interpretação ou até faz com que esta desapareça. A interpretação é um procedimento metodológico da pesquisa e, como tal, fundamentalmente apta para a teoria, ao passo que a representação segue pontos de vista totalmente diferentes daqueles da racionalidade expositiva, a saber, retóricos e poéticos. Ambas são ocorrências de um mesmo processo de conhecimento, estando, portanto, estreitamente ligadas uma à outra e, não obstante, comprometidas com pontos de vista, critérios de plausibilidade e pragmatismos totalmente distintos. O encobrimento da racionalidade metodológica da interpretação pela racionalidade retórico-estética da representação reduz o potencial de racionalidade inscrito nas ciências culturais enquanto disciplinas especializadas.

O mesmo vale para todas as tentativas de sua desdisciplinação a favor de um novo *status* transdisciplinar. (A interdisciplinaridade, em contrapartida, pressupõe o *status* disciplinar e extrai das diferenças entre as disciplinas a centelha de um ganho de conhecimento com perspectivas mais amplas e mais complexas.) Desdisciplinação e transdisciplinaridade vêm ao encontro da necessidade que a orientação cultural tem de promover uma síntese de saber e conhecimento, mas ficam devendo exatamente o vigor da validade do saber reivindicado pelas ciências e que constantemente é requerida de suas ações cognitivas também no nível prático da vida.

3.2 Demanda de práxis – As ciências culturais e suas funções sociais

As ciências culturais pertencem à cultura pesquisada por elas. Elas estão constitutivamente fundadas no interesse cognitivo "de participar da comunidade dos 'seres humanos culturais'"[33]. Mediante o seu labor interpretativo, elas cumprem uma função orientadora mediante a qual tomam parte na práxis cultural da formação de sentido do seu tempo presente.

O modo dessa participação é variado. Ela pode se restringir a produzir, dentro de rotinas de pesquisa estabelecidas, um saber que pode ser usado ou não. A produção de saber segue a diretiva de um fim em si da ciência especializada que no interior da ciência faz muito sentido e fora da ciência faz pouco sentido. No interior da ciência, ele estabiliza certa distância entre ciência e mundo vital que representa uma condição institucional de objetividade metodológica e pretensões de validade rigorosas. Fora da ciência essa suspensão da serventia para a vida é ambivalente. Ela pode tornar o saber produzido indiferente aos interesses da orientação cultural. Em contrapartida, mediante o aumento de racionalidade proporcionado pela asseguração metodológica da validade, ela pode também enriquecer os discursos sociais de-

---

33 WEBER. *Wissenschaft als Beruf*, p. 14.

terminando o sentido das chances de racionalidade de modo a orientar a ação, aumentando a intersubjetividade do saber empiricamente assegurado e teoricamente coerente.

De qualquer modo, existe uma estreita ligação entre as necessidades culturais de orientação na vida de uma sociedade e o conhecimento científico-cultural. Necessidades culturais de orientação exigem, exatamente como as exigências de competência técnica, instrumental e estratégica da ação, conhecimentos passíveis de verdade. Em consequência, são inerentes a toda formação cultural de sentido aspirações de verdade e imperativos de plausibilidade como pontos de vista em conformidade com os quais (também) se decide o embate das opiniões. Os critérios de sentido da orientação cultural em princípio permanecem em vigor também no interior da ciência, ainda que isso ocorra de modo metodologicamente "disciplinado". No final das contas, a heurística do conhecimento científico-cultural está enraizada nas necessidades de sentido do seu contexto social. Quando mais elas forem atendidas de modo metodologicamente refletido numa contemporaneidade sensível, tanto maior será a intensidade com que os resultados obtidos pela pesquisa se tornarão efetivos nos acervos do saber que a vida humana necessita para a orientação cultural.

Portanto, o pensamento científico-cultural é acrescido das necessidades de sentido e das expectativas de sentido do seu contexto social. Elas não permanecem algo exterior a ele, mas constituem forças motrizes interiores. Essas forças experimentam através do labor cognitivo das ciências uma conformação específica, uma "racionalização" pela pesquisa metodologicamente regulamentada. A lógica dessa pesquisa leva inevitavelmente à especialização dos pesquisadores e a correspondentes acervos de saber altamente diferenciados. Com eles, as necessidades de sentido da vida social naturalmente não são satisfeitas, mas antes frustradas:

o saber especializado não se corresponde com o pragmatismo da orientação cultural da práxis vital. Em especial, ele não é feito sob medida para as situações carentes de orientação. É preciso haver uma preparação reflexiva, uma adaptação a esse pragmatismo, para dotar os conhecimentos científico-culturais com a qualidade da serventia para a vida.

Uma configuração especialmente exposta e próxima à ciência dessa serventia para a vida é a da formação. A formação é uma competência de sentido da práxis vital fixada no conhecimento. Ela elabora a acessibilidade prévia aos conhecimentos sobre o mundo e o eu, condição essencial para tornar a vida humana possível, em feitos interpretativos refletidos, nos quais utiliza criticamente o saber de teor empírico e normativamente ajustado. Com esse saber os sujeitos podem negociar as suas pretensões de autonomia com os demais num contexto vital comum. A formação confere força interpretativa mediante o conhecimento e, desse modo, fortalece simultaneamente a subjetividade humana, os elementos reflexivos e dinâmico-discursivos da identidade humana de cunho pessoal tanto quanto de cunho social. Ao mesmo tempo, a competência de sentido transcende a esfera cognitiva da interpretação do mundo e do eu – ingressando na significatividade de uma experiência de mundo e de um acesso ao mundo que é anterior a todo pensamento e que está na base dele, juntando previamente o eu humano com o mundo e gerando um grande impacto.

Nos processos formativos, a experiência é explorada e interpretada como um saber. O saber passa a ser relacionável com situações relevantes do mundo vital e simultaneamente se converte em meio da autocompreensão humana na relação com os demais. Só quando as ciências culturais formularem o saber por elas produzido mediante a pesquisa tendo em vista essa função de dar acesso ao mundo e ao sujeito, elas serão capazes de cumprir essa sua função orientadora da formação. Só então elas participarão integral e efetivamente da formação de sentido da cultura da qual fazem parte. Só então elas poderão se afirmar, em termos de práxis vital, como elemento (cognitivo) irrenunciável da orientação cultural, sem a qual todos os demais âmbitos da vida padeceriam de deficiências de sentido.

É de se perguntar se as ciências culturais correspondem suficientemente a essa função formativa necessária à práxis da vida. No ensino superior predomina a especialização – frequentemente às custas de uma mediação sistemática dos acervos de saber e modos de pensar profissionalmente gerados para dentro dos sistemas educativos e formativos. A profissionalização dos especialistas já é quase regularmente conseguida ao preço de deficiências de formação; a função formativa das ciências culturais não é sistematicamente cultivada no funcionamento de sua práxis acadêmica, e tampouco tem lugar estabelecido nos currículos das disciplinas.

Naturalmente a especialização dos especialistas é condição incontornável de um saber sobre o ser humano e o mundo passível de aplicação e, portanto, repleto de experiência e discursivamente negociável. Porém, essa possibilidade de formação se atrofia na falta de sentido dos acervos de saber acumulados quando não é concretizada mediante um trabalho de reflexão sobre e com esse saber[34].

Tais requisitos entram fundo na lógica da pesquisa. Assim, é preciso que hoje em dia haja, por exemplo, uma nova cultura do reconhecimento no processo de globalização. Ela deve conter os conflitos que surgem de constelações novas e dramáticas da diferença cultural. O pertencimento (identidade) é uma ca-

---

34 Cf. MITTELSTRASS. *Welches Bildungsideal braucht eine offene Wissensgesellschaft?* • MITTELSTRASS. *Bildung und ethische Masse.* • STEENBLOCK. *Theorie der kulturellen Bildung – Zur Philosophie und Didaktik der Geisteswissenschaften.*

racterística cultural essencial da socialização, e ele é levado a cabo mediante a delimitação em relação a outros e a exclusão de outros. Nesse processo, as concepções do ser eu mesmo e do ser diferente são carregadas com valorações assimétricas que provocam um "clash of civilizations [choque de civilizações]" carregado de conflitos. A lógica da formação identitária etnocêntrica se apresenta quase que ao natural quando se trata de práticas culturais, nas quais se constitui o ser eu mesmo do que me é próprio mediante a diferença em relação ao ser diferente do outro[35].

Necessita-se de uma antropologia histórica da formação identitária humana para estimar a força do etnocentrismo na vida das culturas e as chances de superá-lo em prol de uma cultura, na qual a diferença seja experimentada e interpretada não tanto como motivo de temor para o que me é próprio e mais como um desafio para conquistar a si mesmo. Empatia, assunção de perspectivas, reflexão crítica sobre sistemas de valores fundadores de identidade, contextualização do meu próprio sistema de valores e outros modos de reconhecimento precisam ser abordados diante do pano de fundo formado por tendências profundamente enraizadas em termos antropológicos da conquista de si mesmo mediante a exclusão e às custas dos outros. Suas chances de êxito na sociedade e na política poderiam ser estimadas de modo realista e crítico. Sem uma preparação científico-cultural das correspondentes experiências e desenvolvimentos históricos, as numerosas tentativas e esperanças de tornar a diferença cultural suportável em formas de vida integradoras e até mesmo de reconhecê-la como ganho

---

35 Cf. RÜSEN. *Interkulrurell kommunizieren.* • RÜSEN. *Comparing Cultures in Intercultural Communication.* • MÜLLER. *Ethnicity, Ethnozentrismus und Essentialismus.*

de chances de vida permanecerão cognitivamente cegas e normativamente debilitadas[36].

Inversamente necessita-se de um olhar aguçado para os elementos culturais do exercício do poder e da destrutividade humanos para fazer jus aos desafios postos pelas experiências atemorizantes do século passado e dos acontecimentos mais recentes de terror de inspiração religiosa. O sentido não é *eo ipso* humano, mas pode, pelo contrário, em virtude de uma interpretação desumanizadora dos outros e de uma insuflação apocalíptica de objetivos da ação, levar ao exercício excessivo do poder e até ao genocídio. Nesse ponto, as ciências culturais são incumbidas de uma tarefa central. Elas estão retesadas dentro do arco dialético que situa a formação humana de sentido entre o reconhecimento e a aniquilação na relação entre o eu e o outro. Elas se defrontam com essa dialética não só como algo exterior, como um objeto de pesquisa, mas os seus próprios discursos são movidos por ela e têm de comportar-se em relação a ela: ou elas lhe são cegamente subordinadas ou elas a retomam e contribuem para a sua solução – que consiste justamente numa cultura do reconhecimento.

Sob que premissas da teoria da identidade são analisados os fenômenos culturais? A tradição científica adere a premissas etnocêntricas tanto quanto ao seu contexto sociopolítico, e sem uma reflexão crítica sobre essas premissas ela pode servir de arma no "clash of civilizations". Isso é evidenciado em grande medida pela muito disseminada negligência com que se trata as culturas não ocidentais no horizonte de experiência e interpretação das ciências humanas. Associado a isso está um déficit correspondente de investigações comparativas das culturas nas atuais rotinas

---

36 Cf. ACKERMANN, M. (orgs.). *Patchwork: Dimensionen multikultureller Gesellschaften* – Geschichte, Problematik und Chancen. • RENN; STRAUB & SHIMADA (orgs.). *Übersetzung als Medium des Kulturverstehens und sozialer Integration.* • WIMMER. *Die Pragmatik der kulturellen Produktion* – Anmerkungen zur Ethnozentrismusproblematik aus ethnologischer Sicht.

de pesquisa[37] – sem falar na falta de comunicados interculturais intensivos e conscientemente efetuados sobre as suas principais problemáticas e seus quadros de referência interpretativos[38].

Sem a introdução metodológica de uma compreensão de cultura comprometida com a ideia reguladora do reconhecimento mútuo da diferença, as ciências culturais sucumbem (com frequência sem saber) ao poder da tradição da formação etnocêntrica de sentido, em vez de abri-la para novas formas de entendimento. Não é raro que as concepções de Spengler referentes às culturas como universos semânticos compõem a base das tentativas de comparar culturas ou das investigações interculturais. Ou – pior ainda – formatações ocidentais de orientações culturais são pressupostas irrefletidamente como parâmetro de comparação ou como meio de entendimento intercultural. Igualmente problemático é um relativismo de pretensões de validade, pouco refletido em termos epistemológicos, próprio de uma visão antropológica da profusão dos variados quadros culturais de interpretação. Sendo uma sombra do imperialismo cultural ocidental, esse relativismo apenas o converte em seu oposto – um impulso para o entendimento intercultural sem chegar a ser uma realização dele. Uma relativização de pretensões de validade fundada na dependência contextual do conhecimento apenas expõe as ciências culturais sem qualquer amparo ao embate das culturas e desperdiça a chance de conter pretensões de poder mediante aspirações à verdade.

---

37 Agradáveis exceções: HAUPT & KOCKA (orgs.). *Geschichte und Vergleich* – Ansätze und Ergebnisse international vergleichender Geschichtsschreibung. • KOCKA. *Comparison and beyond*. • OSTERHAMMEL. *Sozialgeschichte im Zivilisationsvergleich* – Zu künftigen Möglichkeiten komparativer Geschichtswissenschaft. • OSTERHAMMEL. *Geschichtswissenschaft jenseits des Nationalstaats* – Studien zu Beziehungsgeschichte und Zivilisationsvergleich.

38 Tentei fazer uma espécie de inventário do pensamento histórico em RÜSEN (org.). *Westliches Geschichtsdenken* – Eine interkulturelle Debatte.

Algo similar acontece com a categoria do estranho. Numa versão crítica à harmonização hermenêutica da diferença cultural numa autopercepção intensificada (Gadamer), o conceito do estranho é valorizado ontologicamente no pura e simplesmente outro, no qual o meu próprio se depara com um limite intransponível. Essa limitação visa libertar o outro para dentro do seu ser-outro imemorial. As consequências dessa libertação, todavia, são precárias: ela carece de razões para que o estranho, nesse isolamento em relação ao meu próprio, ainda signifique algo para o meu próprio eu. Na expectativa de só perceber e reconhecer realmente o estranho como o outro quando este se encontra além de toda intersubjetividade comunicativa está contida uma contradição. A resolução prática dessa contradição – a relação com o estranho incomensurável – decerto dificilmente corresponderá à autossatisfação hermenêutica do conhecimento científico-cultural. A consequência mais inofensiva disso seria a tolerância da indiferença. Mas a mais provável seriam as exclusões etnocêntricas com efeitos práticos funestos.

Esses problemas acabam desembocando na seguinte pergunta-chave: Com que potenciais de sentido as ciências culturais podem retomar os problemas de orientação do presente, processá-los e contribuir para a sua solução com alguma perspectiva de êxito?

3.3 Demanda de sentido – As fontes do pensamento científico-cultural

A própria categoria do sentido (o elixir da vida do pensamento científico-cultural) já sinaliza um problema: em termos de história do conceito, ela se apresentou quando os potenciais de sentido tradicionais de cunho religioso das sociedades modernas perderam sua capacidade de persuasão[39]. Com o gradativo desparecimento da capacidade de persuasão das interpretações de mundo do idealismo tardio, o conceito "sentido" ganhou notoriedade. O recurso de sentido chamado religião foi subsumido na categoria da cultura e encampado por esta; ela própria foi entendida como produto de ações subjetivas de interpretação, cuja debilidade era evidente[40]: determinações imperativas não mundanas se confrontavam com concepções da realidade destituídas de sentido, e a "cultura" se converteu na ponte pênsil sobre o abismo escancarado de uma cisão entre sujeito e objeto devida ao racionalismo da moderna cultura científica. A conjuração fenomenológica de um mundo vital carregado de sentido ainda anterior a essa cisão e que constituiu a sua base pôde remeter somente às experiências históricas como fonte de sentido. Mesmo quando estas não foram validadas simplesmente para sanar danos da modernização em termos historicistas[41], mas para extrair delas perfeitamente também a centelha de uma "síntese da cultura" (Troeltsch) apta para o futuro, o *odium* [ranço] de um déficit, de uma perda, tem acompanhado as ciências da cultura desde a virada para o século XX (pelo menos na Alemanha[42]).

Essa perda pode ser facilmente identificada de novo no "cultural turn" mais recente das ciências humanas. Paradigmático para ela é o esquecimento do futuro por parte do discurso da *memory*. Esse discurso expressou de modo eloquente as espe-

---

39 Cf. as descobertas de STÜCKRATH. *"Der Sinn der Geschichte"* – Eine moderne Wortverbindung und Vorstellung?

40 JAEGER. *Bürgerliche Modernisierungskrise und historische Sinnbildung* – Kulturgeschichte bei Droysen, Burckhardt und Max Weber.

41 P. ex., MARGUARD. *Über die Unvermeidlichkeit der Geisteswissenschaften.*

42 Isso é evidenciado por uma comparação germano-norte-americana em JAEGER. *Traditionen der Kulturwissenschaften im deutsch-amerikanischen Vergleich.*

ranças frustradas que a sociedade ocidental havia depositado no progresso, mas ao voltar-se para trás e tomar consciência de que os acervos culturais da tradição estão prenhes de esperança, ela obstruiu a visão para o futuro. Não é por acaso que os trabalhos mais influentes da ciência histórica levados a cabo pela nova história cultural se concentraram na primeira fase da Era Moderna enquanto origem da modernidade. Isso de fato aconteceu numa virada crítica contra todas as tentativas da teoria da modernização de colocar presente num contexto histórico apto para o futuro. Predominava antes uma perspectiva de perda: à força desencantadora da racionalidade modernizante, da qual se nutrira também a perspectiva de futuro do progresso, é contraposto um mundo repleto de sentido. Ele é identificado, em seus diferentes matizes, geralmente entre as vítimas da marcha triunfal da racionalidade econômica, científica e política ocidental, e da perspectiva dessas vítimas a modernização aparece como perda. O modo da memoração aferra-se teimosamente ao sentido anterior ao seu desencantamento contra a sua aptidão para o futuro posterior ao seu desencantamento.

Também nesse caso Max Weber representa um exemplo impressionante de como uma experiência de perda atua como pressuposto francamente transcendental da indagação científico-cultural pelas formações de sentido da práxis vital humana na mudança dos tempos. Suas investigações sobre o significado do protestantismo para a gênese do capitalismo moderno representam um resgate de sentido mediante a memoração histórica. A expulsão do sentido dos sistemas autorregulados da moderna racionalidade econômica e burocrática dirige o seu olhar de volta à origem desses sistemas. A memoração do fato de que eles jamais teriam surgido sem um intenso sentido religioso pretende oferecer o consolo para superar essa perda. Ela consegue isso?

As próprias ciências culturais ajudam a efetuar esse processo de racionalização através da e na sua constituição científica especializada, na sua estrutura "disciplinar". Elas desencantam as formações de sentido da cultura ao convertê-las em objetos da pesquisa metodologicamente regulada. Contra isso é mobilizada então a força da memoração pré-científica e extracientífica, que continua orientando culturalmente a vida dos seres humanos. Porém, a memoração é suficiente para desenvolver uma perspectiva sustentável de futuro para as sociedades modernas? Ou ela apenas compensa a sua perda?

Não existe orientação cultural que tenha futuro sem o anteparo memorativo das tradições preservadas em sua vitalidade[43]. O conhecimento científico-cultural é um meio de transmissão de tradições. No entanto, nesse processo, elas são diluídas em discursos cognitivos, são submetidas criticamente ao controle da experiência e apresentadas como fungíveis, modificáveis e adaptáveis a necessidades atuais de legitimação. Nisso elas perdem a capacidade de persuasão da validade perene, perdendo, desse modo, uma forte qualidade de sentido da memoração. A duração da validade é substituída pela capacidade de aplicação. Os acervos de tradição do passado são integrados na dinâmica de transformação do presente, sem que precisem necessariamente ser tolhidos pelo redemoinho dos ininterruptos sobrepujamentos do passado pelo futuro.

Interpretações científico-culturais de tradições de grande eficácia servem a essa capacidade de aplicação, mas elas próprias ainda são capazes de interpretar a mudança que exige novas aplicações? Elas são capazes de deter a perda de significado indicada pela tese do desencantamento ou até convertê-la num ganho cultural produzido pela liberação de potenciais de trans-

---

43 Sobre isso cf. ASSMANN. *Zeit und Tradition – Kulturelle Strategien der Dauer.*

formação de dentro dos limites de mundos de sentido mais ou menos fechados? Quando se encara multiplicidade, divergência e temporalização em contraposição a unidade, coerência e atemporalidade nos processos culturais de formação de sentido como chance de liberdade para os sujeitos formadores de sentido, então será preciso responder afirmativamente essa pergunta.

Entretanto, as experiências históricas feitas com essa subjetividade e sua pretensão de autonomia também representam o oposto: essa pretensão sempre se aliou a uma vontade desenfreada de poder, poder de dispor do mundo e do ser humano. Nessa aliança, a liberdade subjetiva se converte em formações coercivas de poder inaudito que destrói em seu cerne a qualidade humanitária libertadora do pensamento sob responsabilidade própria. A subjetividade autônoma – a de "que somos pessoas culturais, dotadas da capacidade e da vontade de posicionar-nos conscientemente em relação ao mundo e conferir-lhe sentido", como diz Max Weber[44] – não foi capaz de conferir o sentido que teria domado o enorme aumento da racionalidade finalista na apropriação do mundo e de si mesmo por parte do ser humano moderno, isto é, que o teria canalizado em formas de vida humanas.

Justamente onde o futuro foi enfaticamente projetado e carregado com o pontencial de sentido do melhoramento utópico do mundo, a práxis devida a esse sentido aniquilou a sua capacidade de persuasão. O desencadeamento modernizante da posse racional finalista do poder por parte do ser humano maturou experiências terríveis, diante das quais o próprio potencial de sentido das sociedades modernas foi radicalmente posto em dúvida. Paradigmático desse fim da vontade conformadora a partir do *páthos* da consumação factível de sentido é a "ruptura civilizacional" repre-

44 WEBER. Die *"Objektivität" sozialwissenschaftlicher und sozialpolitischer Erkenntnis*, p. 180.

sentada pelo Holocausto[45]. Ao lado desta figuram não poucas experiências terríveis que advêm do fato de o ser humano autorizar a si mesmo a dispor ilimitadamente do mundo e da natureza: o fenecimento da teleologia da história no Gulag, a loucura de dispor tecnicamente do ser humano e de suas circunstâncias de vida no "grande salto para frente" da China comunista e nos *killing fields* do Camboja e transformações semelhantes de esperanças da humanidade em pura barbárie.

"Ruptura civilizacional" significa que os potenciais culturais de sentido das sociedades modernas e, desse modo, naturalmente também os das ciências da cultura, caíram em poder de uma dialética da autodestruição. E, não obstante, essas experiências e essa dialética mesma ainda precisam ser recuperadas em termos científico-culturais e processadas na perspectiva da formação de sentido. Como isso é possível? As ciências culturais se propuseram essa tarefa de modo duplo: por meio de uma autocrítica radical da modernidade e por meio de uma ultrapassagem do horizonte histórico de sua autopercepção e autointerpretação advindas da antropologização. O primeiro modo levou ao discurso da pós-modernidade. Ele dissolveu a autocerteza interior e o rigor da racionalidade ocidental e gerou uma consciência do problema que tornou plausíveis a diferença, a heterogeneidade e a estranheza como elementos essenciais da formação cultural de sentido. O que permaneceu aberto nesse tocante foi quais as pretensões de validade ainda podem ser feitas em meio a essa nova divergência. O mais provável é que essa dissolução crítica das concepções racionais universalistas tenha trazido consequências relativistas.

Terá a própria racionalidade metodológica do pensamento científico caído em poder da dialética da racionalização que foi

---

45 DINER. *Zwischen Aporie und Apologie* – Über Grenzen der Historisierbarkeit des Nationalsozialismus.

revelada pela autocrítica da modernidade? As ciências culturais têm como escapar dessa dialética?

Com sua nova ênfase na cultura, elas procuram valorizar a racionalidade do sentido em relação à racionalidade finalista ou instrumental e, ao fazerem isso, ultrapassam o horizonte histórico, no qual até agora a racionalidade finalista foi guiada pela racionalidade do sentido. Mediante a antropologização o olhar se amplia para os feitos formadores de sentido da cultura humana. O reprimido e marginalizado adquire o atrativo do alternativo com o qual as esperanças se carregam de novo sentido. Pode ser que, desse modo, apenas se repitam fenômenos compensatórios que os processos de desencantamento da modernidade reiteradamente desencadearam; ao mesmo tempo, porém, também podem ser trazidas à tona camadas profundas da orientação cultural da práxis vital humana, nas quais está enraizada a força de resistência do espírito humano à sua autodestruição em virtude do modo como se apossou do mundo.

Com sua antropologização as ciências culturais deslocam a temporalidade repleta de história das relações vitais humanas para as profundezas da própria história do gênero. A antiga noção do historismo de que a história perfaz a natureza (cultural) do gênero humano é recuperada empiricamente para além de todo e qualquer etnocentrismo. Desse modo, porém, apresentam-se dois problemas que dizem respeito à relação entre antropologia e história. Por um lado, periga ficar difusa a diferença da temporalidade humana, que é mais pressuposta pela diferenciação entre antropologia e ciência histórica do que suficientemente expressa ou até refletida por ela. Não é toda temporalidade da conduta humana de vida que já tem *eo ipso* a dinâmica que já fora expressa pela categoria do histórico a partir do final do século XVIII e cuja justeza empírica é indiscutível na era da globalização. É preciso fazer uma nova e consistente diferenciação interna da temporalidade para validar a diversidade do tempo na vida dos seres humanos e, desse modo, também os diversos modos da historicidade humana e não permitir que desapareçam na geleia unificada de um conceito antropologizado de tempo.

Estreitamente relacionado com este está um segundo problema: a história enquanto forma de saber narrativamente constituída da temporalidade humana possui (ao menos no horizonte de sentido do pensamento histórico moderno) uma direcionalidade para a mudança que franqueia o futuro como perspectiva que ultrapassa o passado e estimula a ação. Com a sua antropologização o historismo está ameaçado de perder o senso para essa direcionalidade e para as consequências dela advindas para a orientação da ação humana. As teleologias tradicionais das narrativas mestras das grandes culturas não conseguiram oferecer resistência à antropologização do histórico. Isso pode perfeitamente ser encarado como ganho em termos de comunicabilidade intercultural das experiências históricas, mas uma questão não resolvida é como, em vez disso, a irreversibilidade da mudança temporal enquanto experiência fundamental da historização pode ser concebida junto com esse ganho de modo carregado de sentido.

A "memoração" é um universal antropológico da competência humana de sentido. Nela está fundada uma compreensão do tempo, na qual cada acontecimento é mantido ou tornado apto para o futuro. Nela se manifesta um sentido interior do espírito humano com o qual ele traduz a dureza da experiência opressora da vida para a expectativa de um futuro libertador. Essa tendência de sobrepujar própria do sentido, essa tendência de ir além do que está dado na forma temporal da vida humana igualmente é antropologicamente universal. No entanto, ela é suspeita de ser utópica e foi em grande parte desativada no quadro de referência do conhecimento científico-cultural.

Ela foi vitimada pela crítica aos projetos utópicos de melhoramento do mundo que seguiram a lógica da factibilidade técnica. Todavia, essa crítica não percebeu que a concepção da factibilidade que havia acompanhado as utopias da Era Moderna nega justamente o específico do utópico, a saber, que ele se situa além de tudo que está local e temporalmente dado e de tudo que pode ser positivado.

A fonte de sentido de tal exuberância na interpretação humana do mundo e na orientação da ação, libertada dessas restrições e deturpações, mereceu uma nova atenção intelectual[46]. As ciências culturais podem com o auxílio dela escapar de serem forçadas a reiterar a dialética destruidora da racionalização? Isso somente poderia ser logrado se a pressão da experiência da civilização em ruptura fosse suficientemente forte e ficasse desobstruída a visão para experiências elementares de sofrimento e perda no âmago da própria cultura. Somente então se teria acesso às forças da cultura com as quais se poderia superar as perdas de sentido e possibilitar orientações que estimulam a ação e servem à vida.

O sofrimento imemorial e não compreendido enquanto experiência elementar da falta de sentido constitui, em última instância, o esforço e a conquista da formação cultural de sentido. A perda de sentido no e através do pensamento científico-cultural é indício de um esquecimento fundamental do sofrimento. A superação desse esquecimento pode mobilizar potenciais de sentido que até agora haviam sido desprezados pelo pensamento disciplinado das ciências do ser humano e do seu mundo. Um desses seria o luto[47]; outros po-

---

46 Sobre isso cf. RÜSEN; FEHR & RAMSBROCK (orgs.). *Die Unruhe der Kultur* – Potentiale des Utopischen.

47 Cf. LIEBSCH & RÜSEN (orgs.). *Trauer und Geschichte*.

deriam se tornar acessíveis se seguíssemos de modo suficientemente resoluto os rastros do sofrimento presentes nos traços históricos e nos processos atuais da cultura.

O sofrimento gera sentido e esse sentido permanecerá vivo enquanto a tentativa da formação humana de sentido de estar à altura do sofrimento e de ir além dele portar as marcas do que foi contido e talvez até superado. Junto com essas marcas, ela leva consigo a falta de sentido a que ela deve sua existência e, desse modo, apresenta-se como diretiva permanente de que não deve haver sofrimento.

É essa diretiva que imprime o signo do humano na cultura, em seus feitos interpretativos mais bem-sucedidos. Ela faz a mediação entre sofrimento e felicidade, entre a pressão permanente da experiência de falta de sentido, que desafia a cultura a feitos interpretativos sempre renovados, e a permanente exuberância de uma expectativa de sentido, na qual se consumam todos os feitos culturais de interpretação e que, ainda assim, sempre é frustrada.

Portanto, exatamente na mesma medida em que as ciências culturais seguem reflexiva e cognitivamente os rastros do sofrimento nas interpretações das culturas, elas são capazes de integrar a própria falta de sentido na significatividade de seus conhecimentos e romper aquilo que as força a reiterar o sofrimento não compreendido. Ao mesmo tempo, porém, elas podem também cognitivamente fazer com que a interpretação transcenda o que está dado e podem corresponder à pressão do espírito humano que exige que o sentido da cultura prometa o outro e o melhor.

IV
POTENCIALIDADES DA
FORMAÇÃO DE SENTIDO

1

Converter tempo em sentido

Ensaio de uma tipologia de formações de sentido temporais*

Seres vivos são [...] tempo com forma, como melodias.
Adolf Portmann**

1.1 O problema do tempo

O tempo é uma determinação fundamental da existência humana. Ele abrange ser humano e mundo, pensamento e ser,

---

* Primeira versão com o título "Zeitsinn. Einige Ideen zur Typologie des menschlichen Zeitbewusstseins [Sentido do tempo. Algumas ideias sobre a tipologia da consciência humana do tempo]" foi publicada em: JORDAN, S. & WALTHER, P.T. (orgs.). *Wissenschaftsgeschichte und Geschichtswissenschaft* – Aspekte einer problematischen Beziehung. Waltrop: Spenner, 2002, p. 168-186 [Wolfgang Küttler zum 65. Geburtstag]. Em inglês: "Making sense of time – Towards an universal typology of conceptual foundations of historical consciousness". *Taida lishi xuebao*, n. 29, 2002, p. 189-205. Também em HUANG, C.-C. & HENDERSON, J.B. (orgs.). *Notions of Time in Chinese Historical Thinking.* Hongkong: Chinese University Press, 2004. Em chinês: "Wei shi Li Yi: mai xiang lishi yishi jichu guannian zhi pubianxing leixingxue". *Dangdai*, Taipei, n. 155, 2000, p. 36-43. Em outra tradução para o chinês: "Fuyu shijian yiyi – yi lishiyishi wei gainian jichu de pubian fenleixue". *Historiographical Quarterly* [Shixue lilun yanjiu], Peking, n. 1, 2002, p. 11-20. Versão ampliada sob o título "Typen des Zeitbewusstseins – Sinnkonzepte des geschichtlichen Wandels [Tipos da consciência do tempo – concepções de sentido da mudança histórica]". In: JAEGER, F. & LIEBSCH, B. (orgs.). *Handbuch der Kulturwissenschaften* – Vol. 1: Grundlagen und Schlüsselbegriffe. Stuttgart: Metzler, 2003, p. 365-384. Outra versão: "Die Kultur der Zeit – Versuch einer Typologie temporaler Sinnbildungen [A cultura do tempo – Ensaio de uma tipologia das formações de sentido temporais]". In: RÜSEN, J. (org.). *Zeit deuten* – Perspektiven - Epochen - Paradigmen. Bielefeld: Transcript, 2003, p. 23-53.

** PORTMANN. *Die Zeit im Leben der Organismen*, p. 127s.

interior e exterior, cultura e natureza. Por conseguinte, ele é uma categoria fundamental (não só) das ciências da cultura. Com sua compreensão de tempo, estas determinam a conexão e a diferença entre cultura e natureza, a peculiaridade do ser humano e seu modo de lidar com seu mundo e consigo mesmo. Ao mesmo tempo, elas determinam a si mesmas, determinam uma de suas mais importantes tarefas: seguir o rastro do tempo como fenômeno em todas as esferas da vida humana, entendê-lo, interpretá-lo e explicá-lo, e, ao fazer isso, assumir uma postura racional e crítica (argumentando com método) em relação a ele.

As ciências culturais não devem ignorar que, nessa atividade, são, com suas próprias ações cognitivas, uma efetuação do tempo. Em seu distanciamento produzido pela argumentação racional, elas fazem parte do tempo, exatamente do mesmo modo como os objetos do seu conhecimento. Sendo assim, elas não podem se comportar em relação a ele de modo neutro nem alçar-se acima dele, mas são, elas próprias, parte da cultura que perfaz o âmbito do seu objeto de estudo. Ao pesquisarem o sentido que os seres humanos extraem do tempo ou conferem ao tempo, elas próprias pertencem a esse evento de sentido da cultura.

Isso deve ser especialmente levado em conta em termos sistemáticos e metodológicos quando a diferença cultural se converte em ensejo de comunicação intercultural. Porque essas diferenças mesmas podem incluir-se nas premissas dessa comunicação de modo único, de maneira que sejam consolidadas, em vez de diluídas. Caso não queiramos correr o risco de sair com um relativismo cultural fundamental (que, em última análise, destruiria as ciências culturais enquanto disciplinas especializadas), fazem-se necessárias reflexões e fundamentações específicas para que se possa oferecer e concretizar chances de entendimento sobre pretensões de verdade no pensamento acerca do tempo.

Caracterizar o tempo como categoria fundamental das ciências culturais é uma tarefa quase impossível de cumprir. Ela leva a âmbitos de pressupostos naturais e condições da cultura de difícil acesso às ciências culturais. E, visto que se trata de nada menos que a determinação do quadro referencial da interpretação científico-cultural de fenômenos temporais em geral, deveríamos mais propriamente resignar diante da profusão dos fenômenos e das pesquisas dedicadas a eles. Só o recurso a altas abstrações, esquematizações e tipologias permite traçar um esboço do modo científico-cultural de lidar com o tempo. O esquema exposto a seguir restringiu-se, ademais, a uma perspectiva, na qual o tempo aparece e é tratado precipuamente como concepção de sentido da mudança histórica – todavia, sempre tendo em vista também as determinações fundamentais do tempo que antecedem essa perspectiva e estão na sua base.

1.2 Mundo vital e experiência

Como as ciências culturais obtêm acesso ao tempo? É recomendável tomar como ponto de partida fenômenos elementares e antropológico-universais da relação entre ser humano e tempo. Eles constituem o fundamento (fenomenológico) do fato de a cultura ser um modo de lidar com o tempo que leva à formação de sentido onde quer que vivam seres humanos e como quer que eles vivam.

O tempo é uma dimensão fundamental, universal e elementar da vida humana. Ele é experimentado como devir e fenecer, nascimento e morte, mudança e duração. Sendo experiência, ele precisa ser de tal modo apropriado mediante feitos interpretativos da consciência humana que o ser humano possa orientar-se nele, estabelecer uma relação significativa entre sua vida e ele. O ser humano não pode simplesmente deixar o tempo como ele está (isto é, como se depara diretamente com ele). Porque ele o experimenta como irrupção de acontecimentos imprevistos no seu mundo interpretado, como mudança em sua vida e no seu eu, a qual ele tem de sofrer e em relação à qual ele tem de estabelecer uma relação interpretativa que vá além da mera experiência, porque por si só ela ainda não está suficientemente relacionada com o seu agir para dar-lhe sentido.

O tempo não se efetua simplesmente no processo vital dos seres humanos, no qual aquilo que acontece passa e um novo acontecimento é posto em marcha ou mantido em movimento rumo ao futuro por meio da ação. Muito antes, os envolvidos devem, como foi dito, interpretar o evento temporal do seu próprio mundo e de si mesmos para poderem efetuar em vida a sua própria temporalidade e apropriar-se dela. Eles precisam dar-lhe um sentido com o qual se relacionam com ele. Isso é tão elementar quanto a tripartição do tempo em passado, presente e futuro. *O sentido é a quarta dimensão do tempo, sem a qual as outras três não podem ser humanamente vividas.* Ele não brota de nenhuma das três dimensões, mas representa uma realização espiritual mediante a qual e com a qual o arco da vida do ser humano estendido entre passado, presente e futuro adquire, pela primeira vez, uma forma cultural concreta, a forma da vida real.

Há uma *experiência originária do temporal*, que merece atenção especial: a *contingência*. Uma experiência temporal é contingente na medida em que representa um desafio ao trabalho interpretativo da consciência, ou seja, não sucede "simplesmente de tal modo que" desde sempre pode ser percebida e "entendida" – sem a execução de um feito interpretativo próprio. Eventos contingentes são inopinados, repentinos, inesperados, eventuais (dotados da qualidade específica do particular). Ao mesmo tempo, o modo de sua experiência significa que não se pode simplesmente ignorá-los. Isso é evidente, por exemplo, quando ações levam a resultados não intencionados e até a resultados que contrariam as intenções que norteiam a ação. Experiências temporais contingentes precisam ser interpretadas porque exercem influência na vida dos respectivos sujeitos. Os envolvidos precisam levá-las em conta, referir-se a elas, lidar com elas. Faz parte do equipamento humano chamado "liberdade" não poder viver as efetuações temporais de sua vida sem sua própria participação, sem seu posicionamento, sem um comportamento próprio em relação a elas. A sua relação com o tempo é como que sistematicamente rompida; entre ele e os acontecimentos no curso de sua vida há uma distorção, que precisa ser superada mediante o trabalho de interpretação da consciência, que, no entanto, sempre volta a se instaurar e precisa ser sempre elaborada de maneira nova e preparada para trazer proveito à vida. O tempo não se atém simplesmente aos padrões de interpretação culturalmente dados com antecedência, mas os extrapola e torna necessária uma aplicação permanente desses padrões de interpretação ao que acontece na alternância das coisas. Nesse processo, o que acontece pode ser experimentado de modos distintos, de modo que num caso basta requisitar e aplicar padrões de interpretação já existentes (nesse caso, trata-se de uma experiência temporal "normal"), em outro caso, porém, os padrões de interpretação precisam ser modificados, para que seja possível apropriar-se do que acontece pela compreensão e a ação (nesse caso, trata-se de uma experiência temporal "crítica"). Por fim, também há sucedimentos temporais que escapam à interpretação, cujo ímpeto avassalador desmantela os padrões de interpretação disponíveis, de modo que o ser humano aparece diante deles "nu" em termos culturais, sendo violado por eles nas possibilidades de sua cultura. Nesse caso, trata-se de uma experiência temporal traumática.

Dependendo de qual é o padrão de interpretação cultural em cujo âmbito as experiências temporais são feitas, a *contingência* a ser apropriada pode assumir um caráter extremamente diferenciado:

No quadro de referência de um cosmo moralmente estruturado de interpretações temporais, a contingência seria um *malfeito* que perturba esse cosmo. Assim, por exemplo, o nascimento de uma criança aleijada numa sociedade arcaica é experimentado como desafio à interpretação moral que ocasiona a busca por um malfeito que provocou esse infortúnio e deve ser eliminado. Sendo entendida como ameaça à ordem moral do cosmo, essa contingência é eliminada mediante medidas expiatórias e purificadoras específicas e restaurada a ordem cósmica por ela perturbada[1].

A contingência também pode ser um *evento* dentro de um contexto interpretativo de cunho histórico do tempo. Nesse caso, ela, enquanto experiência, precisa ser posta numa conexão narrativa com outros acontecimentos, na qual desaparece o caráter contingente do acontecimento em questão. Ele se anula num contexto vital histórico carregado de sentido e significado. Em termos históricos, a contingência também pode ser experimentada como anacronismo, como ocorrência de um fato num contexto temporal em que ele não cabe, por ser típico de outro tempo.

No quadro de uma interpretação de tempo nos termos da teoria evolucionista a contingência seria o *acaso* que direciona a própria evolução, como, por exemplo, uma mutação genética.

A contingência sempre acontece, portanto, no quadro de uma experiência temporal interpretada. Ela é experimentada como contraste com outra experiência que há muito já foi interpretativamente processada. Enquanto modalidade de experiência, ela se distingue de outras modalidades de experiência que há

---

1 Cf. MÜLLER. *Der Krüppel* – Ethnologia passionis humanae.

muito já ingressaram em interpretações possibilitadoras da vida. Estas eram experiências temporais familiares, habituais, não dramáticas, sedimentadas e preservadas no mundo há muito já franqueado ao sentido. Nessa forma, há a experiência originária do devir e fenecer, a diferença entre jovem e velho, entre nascimento e morte, as experiências fundamentais de duração, de estruturação rítmica, de repetição e retorno, mas também de irreversibilidade, de imobilidade, de fugacidade. Porém, há também experiências mais complexas que são "feitas" com coeficientes especiais de significado: melhora e piora, pressão do tempo, inversão de tendências de desenvolvimento, vazio temporal, a escassez de tempo ou a preciosidade do tempo. Em contextos interpretativos ainda mais complexos, o tempo pode ser experimentado como algo de que devemos nos distanciar, que afastamos de nós.

Mas o tempo também pode ser experimentado como um processo de transcendência para um tempo diferente dele mesmo, como, por exemplo, em conexão com a percepção estética: o aqui e agora do processo da experiência e do fato dado do que foi experimentado transcende a si mesmo para dentro do ato da experiência de outro tempo, que frequentemente é qualificado como "eternidade" ou "atemporalidade" de uma esfera de valor. Essa qualificação visa expressar que se trata de uma experiência que possui um significado que vai além do instante do acontecimento temporal, que permite aos seres humanos ingressar num tempo de duração da significatividade e do significado. A forma mais radical dessa experiência temporal enquanto experiência de transcendimento do tempo deve ser a *unio mystica*, na qual o tempo é momentaneamente suspenso na plenitude não temporal de sentido. No quadro de um padrão histórico complexo de interpretação uma ocorrência temporal pode ser experimentada como "extemporâneo", como algo que pertence mais propriamente a outro tempo, mas que está presente no tempo da experiência. O tempo é experimentado, por assim dizer, como diferença em relação a si próprio.

Com a experiência desafiadora da contingência e a necessidade de interpretar culturalmente o tempo, o ser humano desprendeu-se do tempo da natureza e se afirma como ser de cultura num relacionamento interpretativo com ele. Simbolizando e pensando, ele transcende os fundamentos naturais no decurso temporal de sua vida e lhes acrescenta um significado cultural sem o qual ele não pode viver. Com o auxílio de sua interpretação do tempo, ele afirma a si mesmo, suas faculdades intelectuais, sua subjetividade, no relacionamento com a natureza, inclusive com a sua própria natureza. A cultura do ser humano está instalada no lapso de tempo da sua conduta de vida que ele precisa preencher interpretativamente. Para conseguir isso, a sua própria consciência está temporalmente direcionada mediante uma *interação complexa entre memoração e expectativa*. Ele compartilha essa capacidade com muitos animais, mas se diferencia deles no aspecto de que a ambas inere um feito interpretativo, uma interpretação simbolizante, com a qual o ser humano transcende *ilimitadamente* de um modo não geneticamente fixado os fundamentos naturais da sua própria vida, também e justamente os instantes aparentemente definitivos do nascimento e da morte. Com a primeira flor que o ser humano primitivo deitou sobre o túmulo de um falecido, ele detonou os limites da natureza na constituição temporal de sua vida.

Essa consciência humana do tempo desprendida da natureza no antagonismo de memoração e expectativa, ou, como formulou Edmund Husserl, de retenção e protensão[2], constitui o fundamento antropológico da multiplicidade de interpretações

---

2 HUSSERL. *Vorlesungen zur Phänomenologie des inneren Zeitbewusstseins.*

do tempo, com as quais o ser humano situa a sua vida no curso do tempo, entende a si mesmo dentro desse curso e orienta o seu agir e sofrer dentro dele e nele. O tempo é um fator elementar da práxis vital humana. Tudo o que os seres humanos fazem e sofrem acontece em cada momento presente situado no campo de tensão entre a memoração e a expectativa[3]. A vida humana está estendida entre passado, presente e futuro, e essas três dimensões estão sempre sistematicamente imbricadas. Porém, essa imbricação não está aí apenas como fato, mas tem de ser realizada de maneira própria. A práxis vital cotidiana é determinada em sua relação temporal por experiências e expectativas. O passado está presente na memoração e o futuro, na expectativa, e ambos estão imbricados em cada efetuação vital que se dá no tempo presente.

Para cada ser humano individual a memoração pessoal está delimitada no intervalo entre os primeiros anos de vida e o respectivo presente. A perspectiva de futuro da própria vida que se nutre dessa memoração tem a morte como seu limite. Esse horizonte temporal do intervalo da vida pessoal sempre é sistematicamente transposto: memorações pessoais estão impregnadas e são modeladas pela memória social e, de modo correspondente, a perspectiva de futuro se alonga para além da morte pessoal na futuridade do contexto social da vida do grupo a que se pertence. Essa dimensão temporal abrangente é preenchida pelas obriga-

---

3 O discurso atual da memoração tende a subestimar sistematicamente a expectativa como componente constitutivo da consciência temporal humana. Esse não é o caso no discurso diferentemente posicionado sobre a consciência histórica. Sobre o discurso da memoração cf. resumidamente ASSMANN. *Das kulturelle Gedächtnis*, seguido da crítica e da réplica. • WINTER. *The Generation of Memory*: Reflections on the "Memory Boom" in Contemporary Historical Studies. • AHR FORUM. *History and Memory*. Sobre o discurso da consciência histórica cf. o panorama sucinto em BECHER; FAUSSER & RÜSEN. *Geschichtsbewusstsein*. Cf. tb. RÜSEN (org.). *Geschichtsbewusstsein* – Psychologische Grundlagen, Entwicklungskonzepte, empirische Befunde.

ções cotidianas da vida prática, pela experiência processada do que aconteceu e por uma antevisão correspondente do que pode acontecer e acontecerá. No centro dessa extensão temporal da práxis vital cotidiana estão postados os seus sujeitos, os seres humanos. Eles estão sujeitos ao tempo e são determinados por ele e, em tudo que são, encontram-se retesados dentro do arco que vai da memoração à expectativa.

As experiências temporais sempre são feitas dentro de condições estruturais dadas por um quadro referencial. Portanto, elas não são uma coisa "para si", mas tomam forma em contextos objetivos das condições vitais. Assim sendo, a experiência da duração no processo do trabalho depende da economia do trabalho e está em estreita ligação com dados econômicos. Ainda assim, é possível diferenciar, como tipos ideais, modalidades da experiência temporal também para si. Porque aquilo que, em cada caso, é experimentado concretamente constitui um processo mental no contexto condicionado pelas circunstâncias não mentais da vida. As modalidades da experiência temporal podem se modificar consideravelmente em termos históricos: o tempo pode ser percebido como qualidade dos fatos experimentados. Nesse caso, cada coisa tem seu tempo. Aqui o tempo é algo ontologicamente preordenado, a que se deve corresponder na efetuação da vida humana. O tempo é experimentado de modo completamente diferente quando se tem de preenchê-lo com sentido, quando se é responsável por ele ou quando ele, sendo um só e o mesmo, abrange fatos bem diferentes, ou seja, quando se tornou autônomo em relação às coisas. No entanto, o que se experimenta não é só a mudança temporal das coisas, mas a própria ação de interpretação efetuada nela ou sobre ela, ou seja, o sentido dado às experiências temporais primárias. Em eventos festivos que representam a ordem do mundo, o tempo é experimentado como significativo, ordenado e vivenciável. Por exemplo, no *fanum*, no lugar do sagrado, desapareceram as inquietações da mudança, os desafios da contingência e os terrores da morte. Uma experiência semelhante de tempo interpretado é mediada pela arte. As formações geradas por um sentido de tempo que assumiu forma podem ser entendidas com um segundo mundo, no qual o primeiro foi transformado. Elas fazem com que este primeiro mundo se mostre à luz da serventia para a vida. Ambas as coisas estão permanentemente entrelaçadas; sua separação analítica é exigida por razões metodológicas caso se queira, em termos científico-culturais, pegar o rastro da interpretação do tempo como efetuação elementar da vida humana.

Contudo, as duas experiências jamais coincidirão completamente. O mundo da mudança temporal de fato sempre será experimentado como significativamente ordenado e jamais como puro caos, mas essa orientação cultural antecedente da práxis vital humana sempre se apresenta como precária, como fundamentalmente ameaçada. A ordem significativa do tempo sempre está projetada para ser renovada, reforçada e destinada a durar mediante a atividade cultural. A pura passagem do tempo já é tida como perda de sentido ameaçadora – não só nas culturas "frias", que fazem de tudo para imobilizar toda a mudança e todas as transformações na durabilidade de uma ordem cósmica fundada por um mito originário[4], mas também nas culturas "cálidas", nas quais a mudança é tida como carregada de sentido: o sentido possibilitado por essa passagem do tempo não se efetua simplesmente com a mudança do tempo, mas tem de ser ativamente consumada e culturalmente elaborada.

---

4 Cf. MÜLLER. *Die fünfte Dimension* – Soziale Raum-, Zeit- und Geschichtsverständnis in primordialen Kulturen. • MÜLLER. *Sein ohne Zeit.*

1.3 Dimensões

O tempo é dimensionado de acordo com as premissas interpretativas, isto é, ele é classificado de acordo com âmbitos da experiência e da percepção em cada um dos quais vigoram diferentes padrões e procedimentos de interpretação. Tais dimensionamentos são culturalmente variáveis, mas, ainda assim, é possível diferenciar (mesmo que apenas artificialmente) pontos de vista segundo os quais eles são desenvolvidos e que ocorrem (mesmo que em constelações diferenciadas) em muitas culturas, embora não em todas.

Há quatro dimensões antropologicamente universais do tempo: o presente como o mundo vital experimentado e vivido; o passado como espaço da experiência; o futuro como espaço da expectativa no sentido dos lineamentos pragmáticos das projeções e dos prognósticos apoiados na experiência; e, por fim, um (meta)tempo abrangente e superior, que une as três dimensões num contexto de sentido. Dentro dela própria se recorre, por sua vez, a uma qualidade do tempo, ou a um passado metaempírico, ao "tempo primevo", à *arché* do mito, a uma origem enfática que dá sentido a tudo que vem depois ou a um futuro, a um *éschaton* como alvo do desenvolvimento ou fim do tempo. Porém, o metatempo abrangente enquanto critério de sentido para o dimensionamento e a interpretação da experiência temporal também pode ser concebido como ordem temporal atemporal, eterna, abstraída do tempo, sem tempo.

Com a ajuda dos critérios de sentido de tal metatempo é possível, então, conceber diferentes dimensionamentos, nos quais experiências temporais são relacionadas com interpretações. Desse modo, é possível diferenciar um tempo *não humano* de um tempo *humano*, e no tempo não humano pode-se diferenciar um tempo *cosmológico*, que determina o mundo inteiro, de um tempo *natural* que determina a natureza como objeto da apropriação humana. As interpretações do tempo totalmente diferentes dadas por Aristóteles (o tempo é "a quantidade de movimentos segundo o antes e o depois"[5]) e Agostinho ("em ti, meu espírito, meço os tempos"[6]) não se contradizem, mas tematizam dimensionamentos fundamentais diferentes que podem ser circunscritos em grandes traços com os termos "objetivo" e "subjetivo". No interior dessas dimensões, pode-se empreender outras estruturações carregadas de sentido: o ciclo, a linearidade, o ritmo, mas também um sincronismo e naturalmente o tempo como algo que tem começo e fim. (Uma diferenciação fundamental de cunho tipológico-cultural entre concepção cíclica e concepção linear de tempo está disseminada e serve sobretudo para caracterizar as culturas oriental e ocidental ou culturas mais antigas e mais recentes. O que não se percebe ao proceder assim é que todas as culturas utilizam simultaneamente ambas as concepções de tempo, ainda que em diferentes constelações.)

O tempo humano pode ser diferenciado ainda mais:

O *tempo social* padroniza e coordena ações e expectativas. O tempo se converte em instituição que reifica e pereniza normas, valores e formas de organização que norteiam a ação. O tempo social é simultaneamente construído e não derivável. Ela integra os indivíduos numa unidade social mediante a sincronização.

Em termos *políticos*, o tempo pode ser interpretado como um recurso para o exercício de poder e dominação. Nesse caso, o poder consiste na possibilidade de dispor do tempo de outros. Dispor de tempo é um instrumento sumamente eficaz de regulação social[7].

---

5 ARISTÓTELES. *Física* 219 b 29.

6 AGOSTINHO. *Confissões* 27,36.

7 SCHÄFER. *Zeit in soziologischer Perspektive*, esp. p. 149.

O tempo psíquico determina a efetuação da vida humana em suas motivações a partir de diferentes estados de consciência; nesse ponto reside o significado ainda inesgotado da psicanálise para a compreensão de tempo das demais disciplinas científico-culturais. Segundo Freud, nas camadas profundas do inconsciente de um indivíduo "não há reconhecimento de um decurso temporal nem [...] uma modificação do processo psíquico por meio do curso do tempo"[8]. Os acontecimentos podem desenvolver um efeito presente na modalidade de tempo da posterioridade, mesmo que temporalmente (cronologicamente) se situem num passado longínquo. Para o inconsciente vigora, portanto, outra ordem temporal diferente daquela que é efetuada intencionalmente em ordem cronológica. Nesse caso, o passado pode se tornar futuro. Em todo caso, a psicanálise amplia a dimensão das atividades mentais que motivam o agir humano muito além das respectivas intenções conscientes. Por exemplo, a teoria dos arquétipos de C.G. Jung alega dar acesso a um reservatório de ações constitutivas de interpretação que definem a humanidade enquanto gênero e também definem o seu desenvolvimento histórico-universal[9].

Transversalmente a esses dimensionamentos situam-se as qualificações do sentido, como, por exemplo, uma qualificação religiosa ou estética, que, por sua vez, voltam a constituir dimensões do sentido ou províncias do sentido em múltiplas constelações.

Todas as dimensões estão interconectadas. A sua conexão é regulada pelos pontos de vista e critérios determinantes em cada caso, que determinam as ações propriamente ditas de formação de sentido da consciência humana do tempo.

---

8 FREUD. *Vorlesungen zur Einführung in die Psychoanalyse Und Neue Folge*, p. 511.

9 Cf. NEUMANN. *Ursprungsgeschichte des Bewusstseins*.

1.4 O sentido do tempo

O sentido é a quinta-essência dos feitos interpretativos que os seres humanos têm de produzir na efetuação de sua vida para conseguir entender o seu mundo e a si próprios em conexão com outros, bem como apropriar-se dele pela ação e pelo sofrimento. Enquanto tal feito interpretativo, o sentido constitui a cultura como uma esfera própria da vida humana ao lado de outras. Cultura é interpretação, e interpretação sempre tem como referência algo diferente dela, o trabalho, a dominação, circunstâncias sociais de vida etc. A categoria do sentido permite que a concepção de cultura ganhe, enquanto qualidade do mundo humano, nítidos contornos analíticos. A "cultura" não cobre tudo e cada coisa que acontece no e com o ser humano, mas constitui um modo, uma dimensão desse acontecimento, inseparável e estreitamente entrelaçada com outros modos ou dimensões, com o trabalho, a sociedade, a política e com a dependência de recursos naturais.

A questão do tempo não é uma questão exclusivamente cultural. O tempo determina também o trabalho, por exemplo, mediante a alternância das estações do ano que fixam as possibilidades das colheitas, ou então a forma da dominação política que é influenciada pelo nascimento e pela morte de dominantes e naturalmente a mudança das condições vitais naturais da existência humana. Cultura consiste na interpretação desse tempo. Ele precisa ser interpretado para que os seres humanos consigam lidar com o que acontece com eles nesse tempo. O tempo precisa adquirir um sentido possibilitador da vida.

A formação de sentido pode ser explicitada conceitualmente como a interconexão complexa de quatro atividades mentais: experimentar, interpretar, orientar e motivar. O tempo é experimentado como alternância das coisas e dos seres humanos; ele é interpretado nas perspectivas da memoração e da expectativa.

Com essas e nessas perspectivas a vida humana é efetuada mediante a orientação, e essa orientação chega ao ponto de determinar a vontade de agir enquanto força motivadora. No tocante à orientação, pode-se diferenciar (artificialmente) duas dimensões, uma interna que trata da subjetividade humana, de sua coerência temporal entre futuro e passado, e uma externa, na qual as circunstâncias e questões da vida prática atuam e se desenrolam com determinação temporal.

A dimensão interna da orientação temporal costuma ser caracterizada e acessada com a categoria da identidade. Com referência ao tempo, identidade representa a proporção exata da coerência de que os seres humanos necessitam, na mudança temporal da autocompreensão humana, para, orientados na cultura ou na determinação de sentido, poderem dar conta do seu sofrimento e conferir intencionalidade ao seu agir. A identidade aglutina a experiência consigo mesmo e o projeto de si mesmo enquanto duração do próprio eu ou nós de tal maneira que a experiência de sofrimento do estar exposto, que contingência e morte possam ser suportadas e superadas na forma de um agir que acontece, ao mesmo tempo, de modo normativamente motivado e apoiado na experiência. Essa identidade permite situar socialmente os sujeitos. Com suas concepções de coerência, eles se delimitam em relação a outros, ganhando significância social mediante o pertencimento.

As atividades mentais da formação de sentido pela via da experiência temporal seguem uma lógica que sintetiza previamente estes três elementos: explicação de *interconexões*, direcionamento normativo da vida humana para *objetivos* e estabelecimento de uma relação retroativa de ambos com o autoentendimento dos sujeitos sobre sua *identidade*. Todos os três são fundamentalmente determinados por referências temporais: a experiência de mudança temporal pretérita pela via da memoração, projeção de perspectivas futuras mediante a expectativa e duração do próprio eu na interseção de ambos como presente vivo.

O sentido do tempo pode ser fundamentalmente concebido de dois modos diferentes: *mimeticamente* mediante a elevação da ordem temporal acima dos processos de mudança experimentados do mundo ou *construtivamente* como realização da consciência humana no trato com o mundo. O mundo pode ser retratado na consciência como ordem cósmica; nesse caso, o sentido do tempo sempre já estará objetivamente estabelecido para os seres humanos e seu comportamento em relação a ele será o da percepção hermenêutica. Porém, a consciência também pode se retratar no mundo com a sua capacidade ordenadora; nesse caso, o sentido do tempo será reiteradamente conferido pelos seres humanos e seu comportamento em relação a ele será o da determinação construtiva. As duas coisas aparecem frequentemente sobrepostas e mescladas, e pode-se muito bem tornar plausível uma transformação histórico-universal abrangente do sentido de tempo do objetivo para o subjetivo.

No foco da formação de sentido como apropriação da contingência há igualmente duas possibilidades fundamentalmente distintas: pode-se dar um sumiço na contingência em concepções de ordens supratemporais, eternas ou então apenas abstratas, alçadas acima da mudança. Isso acontece cotidianamente mediante a geração de regras de experiência, cujo uso especializado (técnico-instrumental) converte o ser humano em dono dos cursos temporais. Contudo, toda tentativa de tornar essa dominação o princípio predominante de sentido no trato com as experiências temporais acaba gerando novos problemas de contingência na forma de efeitos colaterais não intencionais da ação que por princípio não podem ser dominados [10]. O paradigma mais efetivo e influente dessa eliminação da contingência, numa ordem temporal universal do mundo, é a física newtoniana. A contingência desaparece numa ordem nomológica contínua do mundo. Sua força explicativa se confronta com uma redução normativa à racionalidade matemática, e o eu humano é generalizado na natureza racional de um *ego cogito* puro e indiferenciado na efetuação dessa racionalidade.

A outra possibilidade consiste em transformar a própria contingência em portadora de sentido, dotá-la de significado por ser um evento. Nesse caso, ela não pode ser dominada, mas pode ser interpretada de modo a servir à vida. Isso costuma acontecer por meio da narração de uma história. Nesse caso, o tempo é projetado como ordem de cadeias de eventos; o acontecimento passado é explicado por meio dessa ordem. O tempo possui traços fortemente normativos que não permitem qualquer capacidade prognóstica de um futuro projetado com objetivos determinados. Simultaneamente o sujeito humano se concretiza numa figura temporal ladeada de outras como diferentes e relacionada comunicativamente com elas. Essas duas possibilidades também aparecem em múltiplas sobreposições e multiformes entrelaçamentos. E também aqui há uma tendência histórico-universal de mudança a favor da crescente contingência e narratividade (inclusive no trato com a natureza mediante a sua historização; seu exemplo mais marcante é a teoria biológica da evolução).

1.5 Tipos da formação de sentido

Tipos de sentido do tempo caracterizam diferentes lógicas da formação de sentido a respeito da experiência de tempo que

---

10 Sobre isso cf. NOWOTNY. *Unersättliche Neugier* – Innovation in einer fragilen Zukunft.

podem ser claramente diferenciadas uma da outra. Raramente elas ocorrem empiricamente com a mesma clareza. E justamente por isso elas são apropriadas para decifrar os achados empíricos em termos conceituais-analíticos. No que segue, serão listados alguns tipos especialmente efetivos e influentes de interpretação do tempo.

Um dos mais antigos e mais difundidos tipos de formação de sentido sobre a experiência do tempo é representado pelo *mito*. O tempo adquire seu sentido a partir do "começo", da origem de todas as coisas (*arché*). O que acontece atualmente no curso temporal do mundo pode ser interpretado e compreendido a partir do seu começo primordial. Aqui se diferencia claramente entre passado e presente: o "passado" da origem com sua plenitude de sentido é pura e simplesmente colocado numa posição superior ao presente e ao passado memorado na vida prática e ao futuro projetado pragmaticamente a partir dessa memoração, recebendo a primazia normativa e compromissiva em relação a estes. O passado da origem não chegou propriamente a passar, mas está constantemente presente e atuante como fonte de sentido. Os seres humanos se asseguram dessa atuação, repetindo ritualmente o começo e, desse modo, carregando com sentido a sua realidade presente. Desse modo, eles tornam aptas para o futuro as suas atuais condições de vida. Diante desse passado carregado de sentido o futuro não é uma categoria própria abstrata; ela já está completamente contida na origem.

Uma ligação entre esse tempo primitivo carregado de sentido e o tempo pragmático da vida é representada pela *genealogia*. Pretensões de domínio são legitimadas pelo prolongamento da própria linhagem para dentro do tempo mítico. Algo parecido vale para a concepção de pertencimento mediante a descendência de ancestrais primitivos ou figuras lendárias de fundadores.

Pode-se diferenciar do sentido mítico do tempo o seu sentido *místico*. Neste não se trata da origem, mas de uma dimensão de sentido atinente ao instante abstraído do tempo, dentro do qual as três dimensões do tempo coincidem. O tempo é, por assim dizer, devorado pelo instante, que se expande num presente pura e simplesmente avassalador que abrange tudo. No aspecto formal, o sentido místico do tempo tem muito em comum com a destruição traumática dos critérios de sentido ativos na vida prática da orientação cultural da existência: o sentido é experimentado e explicado como apropriação e sobrepujamento ou então destruição radical das formações de sentido ativas e refletidas na efetuação prática da vida. Por conseguinte, a mediação entre esse sentido e a práxis vital representa um problema constante: o mundo se perde na *unio mystica*, perde sua essência nela e, desse modo, converte-se em tarefa permanente de reflexão ressignificante.

Grande afinidade com o sentido místico do tempo tem o seu sentido *contemplativo*. Ele desempenha um papel central em numerosas práticas religiosas que visam alçar-se acima das coerções do tempo cotidiano. Trata-se de desprender-se do cotidiano de maneira tal que o próprio eu possa conseguir a si mesmo, com relativa independência desse cotidiano, como instância de contemplação do mundo, a partir da qual seja possível obter, em primeira mão, um sentido sustentável para a vida.

A peculiaridade do sentido *histórico* reside em que o acontecimento eventual se evidencia ou é visto como carregado de sentido no próprio mundo – no horizonte temporal da memoração e da percepção atual. O sentido torna-se questão de interpretação de cadeias de eventos intramundanos. Essa interpretação pode, por sua vez, acontecer em formas sumamente diferenciadas, tipologicamente decifráveis. Desse ponto fazem parte os diferentes tipos de historiografia: a diferenciação dos tropos retóricos "metáfora", "metonímia", "sinédoque" e "ironia", feita por Hayden White[11]; a diferenciação nietzschiana entre os modos antiquário, monumental e crítico de lidar com o passado[12] e a tipologia das formações tradicional, exemplar, crítica e genética de sentido, de Rüsen[13]. Chun-chieh Huang propôs a seguinte categorização plausível para a decifração do dimensionamento do tempo pelo pensamento histórico: (a) o tempo de um evento concreto (cronológico), (b) o corpo temporal do contexto histórico no qual um evento adquire seu significado histórico, (c) e o "supertempo" do sentido que, em conexão como o tempo do evento, constitui o tempo da história[14].

Porém, há mais coisas que pertencem ao sentido histórico: toda a profusão das diversas referências de sentido evidenciadas pelo acontecimento intramundano em seus contextos temporais. No que segue, listo as mais importantes: sentido epocal do tempo, *kairós* e os diversos tipos de sentido histórico-salvíficos (tipológico, escatológico, apocalíptico) com suas modificações de cunho secular. No âmbito da significatividade histórica do tempo é possível vislumbrar e descrever qualidades de sentido secundárias, como, por exemplo, um *sentido epocal do tempo*. Ele resulta da subdivisão do curso da história em segmentos individuais e o enquadramento da nossa própria época num desses segmentos. Em formas mais antigas do pensamento histórico, por exemplo, o respectivo presente costuma ser entendido e interpretado como a última época de um conjunto de longo prazo, como, por exemplo, em Hesíodo, Agostinho, Tabari.

---

11 WHITE. *Metahistory – Die historische Einbildungskraft im 19. Jahrhundert in Europa.*

12 NIETZSCHE. *Vom Nutzen und Nachteil der Historie für das Leben.*

13 RÜSEN. *Die vier Typen des historischen Erzählens.*

14 HUANG. *"Time" and "Supertime" in Chinese Historical Thinking.*

Há uma mediação retroativa carregada de sentido entre o caráter de evento intramundano e uma dimensão de sentido meta-histórica, na qual passado e futuro se imbricam de modo peculiar dentro do presente: a concepção do *kairós* como instante especial carregado de sentido, como o instante em que "o tempo se cumpre". No *kairós*, o acontecimento intramundano atual se carrega de um sentido que é experimentado e interpretado como consumação do passado e futuro antecipado, sendo também efetuado conscientemente dessa maneira pelos respectivos agentes. No *kairós*, as expectativas dos seres humanos no passado se realizam de tal maneira que representam simultaneamente a realização de expectativas futuras. Nele, as séries geracionais do passado e do futuro se juntam de tal maneira que os planos de ação projetivos, carregados de valores, presentes nas duas dimensões sempre já foram cumpridos no aqui e agora desse presente. (A representação do *kairós* pode ser concebida assim: durante séculos os seres humanos esperaram por isso, mas agora de fato aconteceu, e também por todo o futuro esse acontecimento animará as esperanças.) A ação revolucionária frequentemente se carrega com o potencial de sentido dessa interpretação do presente como *kairós*: o que acontece aqui e agora acontece em nome de gerações passadas e representativamente também pelas futuras.

O paradigma de um *kairós* na cultura ocidental é a história da origem do cristianismo: "O tempo se cumpriu e o Reino de Deus está próximo" (Mc 1,15). Mas também em outras culturas há a concepção significativa do *kairós*. Ela deve ter atuado, por exemplo, no "grande começo", em 104 a.C., quando foi introduzido um novo calendário na China e empreendidas reformas fundamentais na asseguração ritual de sentido. Tais "grandes momentos" desempenham depois, na memoração histórica, um papel de destaque como asseguração da aptidão das formas de viver tradicionais para o futuro, como fonte de renovação e recuperação de ordens temporais, através das quais e nas quais podem ser eliminadas desordens instauradas[15].

Os tipos descritos até aqui são formações de sentido positivas: elas carregam concepções de ordens temporais com uma síntese de justeza empírica e validade normativa. Porém, o trato interpretativo do tempo sempre pode também ser efetuado na forma de distanciamento crítico, rejeição e condenação. Nesse caso, o sentido culturalmente dado de antemão é encarado como fardo e carga dos quais é preciso desfazer-se ou que podem e devem ser transformados em concepções de ordem mais proveitosas para a vida. Essa crítica é um elemento vital de toda interpretação do tempo. Com ela, a mudança dos tempos é efetuada no *medium* da formação de sentido sobre essa mudança e, por conseguinte, se torna uma questão atinente à sua apropriação intelectual.

Um grande tipo bem próprio é representado pelas concepções *histórico-salvíficas* de sentido. Em distinção às concepções de sentido míticas, místicas e contemplativas, nestas os eventos históricos (ou seja, os acontecimentos intramundanos) são interpretados com referência à salvação religiosa, e essa salvação mesma adquire, no processo, o caráter de um acontecimento intramundano. Nesse caso, a salvação pode significar a preservação da ordem mundial ou a redenção em relação a ela (a primeira é mais antiga do que a segunda). Da ordem temporal asseguradora do tipo histórico-salvífico faz parte a concepção de que o mundo é fundamentalmente (portanto, também em seus cursos temporais) bem ordenado enquanto o regente estiver governando legiti-

15 Sobre o *kairós* remeta-se de modo geral a TILLICH, P. *Writings in the Philosophy of Religion, Religionsphilosophische Schriften*, p. 53-73, 171-182, 327-342. Sobre o exemplo da China cf. LOEWE. *Crisis and Conflict in Han China (104 BC to AD 9)*, p. 17-36 ("The Grand Beginning – 104 BC [O grande começo – 104 d.C.]"). Sou grato a Achim Mittag pelas indicações dos exemplos chineses.

mamente. A morte do regente põe em perigo essa ordem mundial e, em consequência, são realizados, por exemplo no Egito antigo, rituais de fim de mundo e renovação do mundo quando morre um faraó e um novo faraó assume o governo. O *Macbeth*, de Shakespeare, encena drasticamente que e como o mundo cai em desordem quando é assassinado o "good old king [velho e bom rei]" que representa a sua ordem.

Uma tensão ingressa no interior da concepção da ordem histórico-salvífica do tempo pelo fato de diversos tempos serem diferenciados entre si e inter-relacionados com diferentes graus de carga salvífica. Isso ocorre na interpretação "tipológica" do tempo que se fez na Idade Média europeia[16]. os eventos temporais têm aqui um significado que remete para um tempo situado além do nosso próprio. A hermenêutica cristã mais antiga explica assim essa multiplicidade de sentidos dos eventos históricos: todos os acontecimentos do Antigo Testamento possuem o sentido da indicação antecipada para a história salvífica do Novo Testamento. A Idade Média não se restringiu a essa duplicidade do sentido, mas foi além dela num significado quádruplo: os eventos históricos têm primeiramente o seu significado dentro do contexto do acontecimento do seu próprio tempo. Neste, eles estão ordenados, por assim dizer, "de modo histórico-secular". Porém, essa ordem remete para além de si mesma para uma ordem histórico-salvífica, para um sentido mais elevado. Isso quer dizer que o acontecido se cumpre propriamente só em outros acontecimentos (posteriores) da história da salvação. Um tempo está relacionado com outro como o cumprimento se relaciona com uma promessa. Ao mesmo tempo, os acontecimentos históricos figuram como exemplos para regras univer-

---

16 AUERBACH. *Figura*. • KÖLMEL. *Typik und Atypik* – Zum Geschichtsbild der kirchenpolitischen Publizistik (11.-14. Jahrhundert).

sais de ação; eles têm um significado exemplar de cunho moral. Por fim, eles remetem para além de todos os tempos, para o tempo final situado além de todo acontecimento histórico. Esse sentido seria, então, o escatológico. O sentido *escatológico* constitui um tipo próprio. Nele, o sentido do tempo é produzido a partir do fim do mundo. O sentido temporal do fim dos tempos é relacionado com o acontecimento intramundano de tal maneira que este adquire um sentido próprio a partir daquele, geralmente um sentido positivo, de modo que no acontecimento que antecede o fim dos tempos se efetua o sentido deste. Essa efetuação pode ser diferentemente determinada como cumprimento, continuação, intensificação.

No tipo do sentido escatológico positivo do tempo, o tempo se acerca do fim como cumprimento. A esse tipo pertencem o quiliasmo e as concepções do redentor vindouro do mundo (o Buda Maitreia, o Mahdi, o Messias). Mas há também um sentido escatológico negativo do tempo. Nesse caso, o tempo progressivo significa perda progressiva de sentido. Essa escatologia está aliada com a distinção mítica do início como origem. A esse tipo do sentido escatológico negativo do tempo pertencem a doutrina das idades do mundo de Hesíodo, mas também a concepção budista do tempo na Ásia oriental medieval e, na modalidade secular, ainda o sentido catastrófico da história na filosofia da história de Walter Benjamin, no qual o curso do mundo é interpretado metaforicamente como um monte de escombros cada vez maior[17].

Por fim, ainda há um sentido escatológico recursivo do tempo. Nele, o fim carregado de sentido se converte em início de um novo tempo.

O sentido *apocalíptico* do tempo consiste em que o *éschaton* é separado radicalmente do "tempo histórico" precedente. O

---

17 BENJAMIN. *Über den Begriff der Geschichte*, esp. p. 697.

fim do mundo é contraposto ao acontecimento anterior, de modo que o tempo real dos acontecimentos intramundanos da história se torna irrelevante em vista do fim esperado. Constitutiva dessa concepção de sentido é a ruptura entre dois cursos temporais. Entre os dois há um "marco zero" ou um vácuo, dentro do qual os poderes divinos agem. A história humana e a história divina também podem ser contrapostas temporalmente (nesse caso, fica em aberto a questão da concepção abrangente de tempo carregada de sentido). Os eleitos passam, então, de um tempo para o outro; este último transcende o primeiro. Tais concepções apocalípticas de sentido servem para interpretar o tempo terreno. Nesse tocante, predomina uma dialética hermenêutica de ocultamento e revelação; porque, na verdade, o sentido do tempo só é indiretamente acessível. Ele se opõe como contrassenso à história "empírica" intramundana e seu mistério precisa ser extraído desta. Desse contexto faz parte a concepção de que se deve revolucionar e destruir conscientemente as condições de vida presentes para que o novo possa ser instaurado. Representativo dela é, por exemplo, a figura do Sabbatai Zevi[18] ou a revelação dos *nunqavuse* na África do Sul com a consequência abaladora da autodestruição dos xhosa[19].

Do sentido histórico do tempo pode-se diferenciar o sentido *utópico*. Ele faz do tempo uma determinação da diferença que delimita rigidamente um estado desejável (ou, no caso de distopias, um estado temido) em relação ao estado presente. Em distinção ao tempo historicamente interpretado, não se trata, nesse caso, de uma interligação de diversos tempos carregada de sentido, mas de sua contraposição. Desta se podem extrair os contornos nítidos da crítica de condições atuais.

---

18 Cf. SCHOLEM. *Sabbatai Sevi*: The Mystical Messiah.

19 Cf. PEIRES. *The Dead Will Arise* – Nonqawuse and the Great Xhosa Cattle-Killing Movement of 1856-7.

Um sentido bem diferente do tempo está na base dos experimentos e das práticas que visam controlar os cursos temporais. Trata-se, nesse caso, de um *sentido instrumental ou estratégico do tempo*. Ele determina as concepções da legalidade dos cursos históricos, cujo conhecimento é usado para a instrução ideológica e sobretudo para justificação da ação política. Os resultados disso podem ser catastróficos. Controlabilidade do tempo, no entanto, não é uma invenção da Era Moderna, mas é tão antiga quanto a própria humanidade. Reiteradamente se tentou interpretar os acontecimentos temporais de tal maneira que o futuro possa ser predito e se possa agir de modo correspondente. Enquadra-se nesse tipo também o sentido do tempo que especula com números: neste, a cronologia constatada no padrão de interpretação das relações numéricas carregadas de sentido serve para revelar e decifrar os cursos temporais quanto a suas legalidades contínuas. A ciência dessas legalidades serve então para resolver problemas do cotidiano, mas também problemas de estratégia política. A astrologia é outro exemplo muito difundido.

Um âmbito bem próprio da interpretação do tempo com tipos bem próprios é representado pela *arte*[20]. Ela se desprende da referência experiencial do histórico e forma sentido mediante um jogo da capacidade imaginativa que abstrai das pressões da conduta prática da vida tanto quanto das regras de sua orientação teórica (ficcionalização). A arte eleva o tempo experimentado à aparência de outro tempo, para fazer com que neste se manifestem hermenêutica, crítica ou utopicamente potencialidades de sentido como chances da subjetividade livre no trato com cursos temporais reais. O sentido estético pode assumir funcionalmente a forma de outros tipos de formação de sentido; nesse caso, ele serve para a visualização, à evocação, à ilustração, ao adensa-

---

20 Cf. JAUSS. *Ästhetische Erfahrung und literarische Hermeneutik.*

mento, à enfatização de dimensões de sentido e configurações já dadas. Todavia, ele sempre tende a ir além do seu valor puramente funcional no arcabouço cultural de orientação da vida humana. Ele pode se tornar autônomo, desdobrando-se na profusão de obras de arte com um sentido exclusivamente estético e com sua recepção e comunicação específicas.

Na modalidade da experiência estética, as relações temporais da práxis vital são elevadas a um outro tempo: no momento em que se dá uma experiência de significatividade. Essa experiência só pode ser feita mediante tal diferenciação e só assim pode tornar-se efetiva como estimulante da conduta de vida. Especialmente quando as potencialidades religiosas de sentido são desencantadas, a arte assume a função de segurar o lugar ou de representar a impregnação da experiência temporal com espaços de liberdade do autodesenvolvimento humano. Na sua forma moderna, a arte remete para além do âmbito da contemplação sensível para uma orientação metaestética da subjetividade humana, na qual só se pode ainda supor o sentido. Na contracorrente dessa formação negativa de sentido, a pós-modernidade, decepcionada com a falta de sentido da modernização, tenta estetizar fundamentalmente a realidade política e social visando torná-la suportável. O preço que se paga por essa estetização é alto: uma considerável perda de experiência temporal e uma despolitização e des-historização das orientações temporais de ordem cultural.

Uma nova categoria do sentido de tempo, pouco analisada até agora do ponto de vista da teoria da história, é a da *perduração*. Nesta, os elementos da duração em meio à mudança acelerada da Era Moderna são interpretados como condição da possibilidade de que, em meio a essa mudança acelerada, o ser humano permaneça apto a viver no que se refere aos recursos naturais do seu mundo. O ponto de vista da perduração, todavia, pode ser validado também com referência a outros fatores da conduta de vida humana além do fator do uso dos recursos naturais: tratar-se-ia, então, de uma nova compreensão da orientação temporal tradicional tendo em vista os processos de mudança do presente, que não se quer imobilizar através das tradições, mas tornar suportáveis e vivenciáveis[21].

1.6 Modalidades de sentido do tempo

O sentido do tempo não é apenas uma questão de feitos interpretativos ativos da consciência humana. Ele sempre já está sedimentado e ativo como premissa da ação nos dados e nas circunstâncias da práxis vital humana. No entanto, as premissas objetivas de sentido da práxis vital humana não são do tipo que pudesse ser simplesmente seguido. Com certeza, muitas ações humanas e muitos atos comunicativos transcorrem com base em padrões de interpretação dos agentes, dos quais estes não têm consciência. Eles os seguem simplesmente porque são considerados óbvios e, nessa sua obviedade, também são extremamente eficazes. Fundamentalmente, porém, o sentido sedimentado nas circunstâncias da vida humana é precário, sobretudo porque ele é desafiado por constantes experiências de contingência. Pois o fato é que confluem permanentemente para o ser humano experiências que ele tem de processar mediante feitos interpretativos (seja de modo consciente e reflexivo, seja de modo inconsciente).

Afunilando o assunto nos tipos ideais, pode-se diferenciar, portanto, dois fatos ou dois modos práticos de efetuação da orientação significante da práxis vital humana: o modo funcional e o modo reflexivo. No modo *funcional*, o sofrimento e a ação dos seres humanos seguem premissas culturais de sentido

---

21 Cf. ASSMANN. *Zeit und Tradition* – Kulturelle Strategien der Dauer.

das quais nem precisam ter consciência e com as quais tampouco precisa se ocupar na forma de feitos interpretativos explícitos para dar conta delas. Os melhores exemplos disso são os usos e os costumes. Justamente faz-se isto e deixa-se de fazer aquilo, e tais normas de comportamento atuam frequentemente só com a força de sua simples existência e obviedade. Por conseguinte, elas não são sempre nem regularmente perenizadas intergeracionalmente por práticas educativas próprias, mas apenas são apropriadas mimeticamente.

O feito interpretativo do consciente humano se torna *reflexivo* sempre que tais premissas são postas em questão. Isso pode ocorrer por meio de experiências que não se manifestam de modo compatível com elas no plano imediato, mas que primeiro precisam ser compatibilizadas mediante um feito interpretativo explícito; mas pode ocorrer também por meio de posturas modificadas dos sujeitos, que não conseguem mais compreender aquilo que por muito tempo foi plausível.

Essas duas modalidades de efetuação e atuação das interpretações culturais são mediadas por uma terceira modalidade de efetuação: a *operativa*[22]. Com o auxílio dela o sentido refletido é convertido em práxis vital e mediado com as interpretações que nela estão atuando como algo óbvio.

Tornou-se usual encarar padrões culturais de interpretação da práxis vital humana como "invenção" ou "construção". Nesse modo de ver as coisas, o olhar se reduz para o nível reflexivo da cultura. Antes de qualquer "invenção" ou "construção" os seres humanos sempre também já foram "inventados" ou "construídos". Eles nascem para dentro de circunstâncias culturais e

---

22 Acompanho a diferenciação de três níveis da mimese proposta por RICOEUR, P. *Zeit und Erzählung* – Vol. 1: Zeit und historische Erzählung, p. 90ss. [ed. bras.: *Tempo e narrativa* – Vol. I: Tempo e narrativa histórica. São Paulo: Martins Fontes, 2011, p. 85ss.].

se apropriam delas ainda antes de se tornarem capazes de um trabalho próprio de interpretação. Nesse processo, muita coisa se torna tão óbvia para eles que escapa à sua atenção ou é visto como não passível de tematizações ulteriores e assim mantido em vigor. Na organização temporal da vida humana, tais premissas "objetivas" estão ancoradas em camadas profundas da constituição antropológica da temporalidade humana. Nascimento e morte, estar desperto e dormir, os processos corporais de maturação e os cursos temporais naturais do dia e da noite, das estações do ano, da órbita das estrelas e muitas coisas mais são experimentados como coisas que sempre já foram significativas, e essa significatividade inclusive é permanentemente efetuada na práxis vital. Acrescem-se a isso padrões de interpretação que estão tão profundamente sedimentados nas circunstâncias da vida que, para os envolvidos, manifestam-se e atuam como segunda natureza: por exemplo, o prolongamento mental do meu próprio período de vida para além dos limites de nascimento e morte. As histórias determinantes nesse tocante fazem parte da realidade social[23]. Reguladores culturais da organização temporal da vida humana podem assumir um caráter coercivo tal que os envolvidos nem sequer conseguem conceber a ideia de modificá-los. Nesse caso, é mais provável que duvidem de si mesmos, de sua própria subjetividade, do que dessas premissas objetivas.

Em contrapartida, o sentido do tempo no *nível reflexivo* é confiada às práticas culturais da subjetividade humana: o sentido do tempo se torna negociável, é criticado, modificado, reinterpretado. Em torno dele há controvérsias e conflitos. Há especialistas, cuja competência interpretativa é requisitada, conver-

---

23 Isso foi enfatizado por David Carr em numerosos trabalhos. CARR. *Narrative and the Real World*: An Argument for Continuity. • CARR. *Phenomenology and historical knowledge* • CARR. *Time, narrative and history* – Studies in phenomenology and existential philosophy.

tendo-se, assim, em fator econômico no orçamento de uma sociedade, como, por exemplo, astrólogos para estipular os tempos favoráveis a determinadas ações, os historiadores para tarefas de cunho político-nacionalista de construção coletiva da identidade etc. Essa modalidade reflexiva decorre forçosamente do fato de as premissas de sentido funcionais da práxis vital humana por princípio são suficientes para a orientação, mas constantemente se mostram precárias, controversas e expostas à luta pelo poder visando a posições de domínio e reconhecimento social. Por si sós, elas desafiam os feitos interpretativos reflexivos. O *status* precário de sua premissa objetiva desafia as faculdades mentais das práticas culturais de interpretação do mundo e do eu no trato com o tempo.

Na modalidade *operativa* da interpretação do tempo, ditas práticas reflexivas são mediadas com as efetuações vitais carentes de interpretação. Um paradigma fascinante dessa mediação é o papel do historiador da corte no império chinês. Diz-se dele que está assentado ao lado do imperador e lhe fornece os padrões históricos da ação política atual. Ainda em tempos mais recentes foi possível observar que as questões de Estado chinesas tramitam de acordo com antigos padrões historiográficos[24]. No horizonte da experiência dos historiadores profissionais ocidentais, normalmente o seu papel é mais modesto. Eles colaboram em comissões que decidem sobre a conservação de monumentos, a formatação de memoriais, e elaboração de diretrizes para o ensino da história e similares. Porém, também sucede que os historiadores são consultados quando se trata de aquilatar uma situação política surpreendentemente nova de significado de amplo alcance.

---

24 WEIGELIN-SCHWIEDRZIK. *Der erste Kaiser von China und das Problem des Rezitivs in der Historiographie der VR China.* • WEIGELIN-SCHWIEDRZIK. *Der Erste Kaiser und Mao Zedong* – Bemerkungen zu Politik und Geschichtsschreibung in der Volksrepublik am Beispiel der siebziger Jahre.

Assim, a reunificação alemã levou a uma considerável demanda de interpretação por parte de muitos governos que não poderia ser atendida sem os especialistas em história alemã. É conhecido o exemplo de Margareth Thatcher, primeira-ministra britânica naquela época, que chamou um grupo de cientistas sociais e historiadores à sua presença para que a informassem sobre o que se deveria pensar dos alemães.

No nível operativo da interpretação do tempo, os construtos das práticas reflexivas de interpretação adquirem validade prática. A validade teórica de concepções explícitas de sentido da temporalidade humana se torna prática, e, desse modo, os padrões de interpretação adquirem um *status* diferente daquele que têm no discurso de sua reflexão. (As duas modalidades naturalmente sempre se sobrepõem e a validade objetiva ou empírica de interpretações culturalmente atuantes do tempo igualmente exercem seu papel.)

Se analisarmos a inter-relação desses três níveis, torna-se visível uma *temporalidade* interna peculiar *da própria interpretação do tempo*, que não pode ser alcançada ou ultrapassada por nenhum feito interpretativo. As premissas objetivas de interpretação impelem para a construção subjetiva do sentido de tempo que, então, por sua vez, é novamente mediado operativamente para dentro da efetuação da vida prática. Nesta, as interpretações reflexivamente efetuadas se modificam de uma maneira que não pode ser reflexivamente predeterminada nem sistematicamente estimada. As premissas não decidem sobre a reflexão nem esta sobre o efeito prático dos padrões de interpretação tratados. A interpretação do tempo acontece, portanto, numa temporalidade interior bem própria, numa dinâmica que ela realiza temporalmente dentro de si mesma, na lógica da sua efetuação, confiando-a, portanto, a um processo histórico que precede toda e qualquer formação de sentido e transcende de toda e qualquer formação de sentido. Com referência ao pensamento histórico, pode-se falar de um tempo histórico imemorial, no qual esse pensamento efetua a si mesmo e do qual não pode se assenhorar pela formação de sentido. História é tempo narrado, tempo de narração e tempo que narra a si mesmo como unidade interna no processo vital humano.

1.7 Noções básicas de uma teoria histórica do tempo

Isso, todavia, não quer dizer que esse prolongamento histórico da interpretação do tempo não tenha de ser, ele próprio, interpretado. Pelo contrário: o seu próprio devir e fenecer representa um desafio ao ser humano para que interprete também esse tempo no sentido do tempo. Isso pode ser feito de diferentes modos: antropológico, histórico e teórico.

Uma interpretação *antropológica* explicita a historicidade descrita na seção anterior no nexo interno das três modalidades de formação de sentido a respeito do tempo. A temporalidade da interpretação do tempo pode ser exposta como padrão básico universal, abrangendo cultura e tempo, da apropriação humana do mundo e do autoentendimento, sendo demonstrada e explicada nos termos da antropologia cultural, mediante a profusão dos diversos acervos fenomênicos.

Tal interpretação se torna *histórica* quando transformações individuais são visualizadas e interpretadas com acontecimento significativo. Um desenvolvimento histórico individual desse tipo é representado, por exemplo, pela transformação do pensamento histórico-salvífico, no qual a salvação do ser humano não é mais posta na dependência da manutenção de uma ordem cósmica sedimentada nas questões terrenas. Ele se dirige, muito antes, contra as ordens mundanas e para um além, adquirindo a partir deste uma relação bem diferente com os acontecimentos intra-mundanos e com as circunstâncias atuais da vida. Depois que se conseguiu acesso a uma dessas dimensões transcendentes do sentido do tempo (escatológica, utópica, apocalíptica, e também mística), não é mais possível manter o sentido do tempo exclusivamente no mundo. Dito de outro modo: o tempo do mundo adquire uma nova potencialidade de inquietude, um movimento dinâmico, cujo fim provisório é representado pelos processos de aceleração das sociedades que estão se modernizando[25]. Essas transformações históricas são específicas de épocas e culturas. Elas também podem ser tipificadas. Pode-se enumerar os seguintes exemplos de tais tipos: incremento da experiência, aumento ou então redução da complexidade, reflexivização dos padrões de interpretação, universalização de normas constitutivas, reparticularização, secularização, cientificização, temporalização, transformação de tipos de formação de sentido etc.

Uma interpretação *teórica* do tempo é decorrente da questão se há *transformações da interpretação do tempo que abrangem diferenças temporais e culturais*. O tempo é ruim para essas interpretações teóricas universalistas, antropologicamente universais e historicamente específicas ao mesmo tempo, das transformações temporais no modo humano de lidar com o tempo[26]. Sempre houve essas interpretações nas grandes narrativas mestras, nas quais os autores e destinatários de tais interpretações se asseguraram de seu *status* singular no acontecimento histórico do mundo e encararam as suas concepções de sentido do tempo como consumação de seu desenvolvimento histórico. O

---

25 Cf., a respeito disso, a exposição que se tornou clássica de Löwith: *Weltgeschichte und Heilsgeschehen – Die theologischen Voraussetzungen der Heilsgeschichte.*

26 Quem argumenta resolutamente contra a tendência geral é DUX. *Die Zeit in der Geschichte – Ihre Entwicklungslogik von Mythos zur Weltzeit.*

status ideológico dessas estratégias de interpretação e o padrão cognitivo nelas predominante se tornaram evidentes. Esses padrões de interpretação das narrativas mestras universalistas só podem ser sustentados ao preço de uma renúncia à experiência tendo em vista a profusão de divergências culturais na interpretação do tempo. O seu lugar foi tomado por um culturalismo interpretativo que considera a profusão das diferenças históricas como única determinação da universalidade antropológica das interpretações humanas mutáveis do tempo. Esse culturalismo, porém, só consegue fazer jus à profusão de experiências ao preço de não poder mais levantar a questão da validade. Esta, porém, sempre precisa ser levantada e é incontornável, porque a referida interpretação histórica das interpretações do tempo faz parte destas, não podendo, portanto, ser desacoplada delas por algum olhar etnológico, independentemente de qual seja. No contexto discursivo da multiplicidade cultural não é possível eliminar as pretensões de validade nem dispensá-las com algum floreio retórico abstrato sobre equivalência.

Isso naturalmente não pretende ser uma apologia do retorno das antigas narrativas mestras histórico-culturais sobre a interpretação do tempo. O que se quer, no entanto, é que sejam listados e interpretados de modo culturalmente abrangente os achados empíricos, nos quais é possível identificar determinações orientadoras nas transformações temporais de interpretações do tempo. E nesse sentido há indícios suficientes.

A reflexão sobre o próprio trabalho de interpretação no modo de lidar com a formação cultural de sentido já pode resultar num ponto de vista abrangente: a referência teleológica que distinguiu as narrativas mestras de autodeterminação cultural mais antigas tornou-se obsoleta. E com isso foi inaugurada uma primeira dimensão temporal – abstrata, é verdade, mas perfeitamente capaz de dar acesso à experiência –, na qual a mudança histórica da interpretação do tempo pode ser localizada: *a transformação de interpretações teleológicas em interpretações reconstrutivas*. A diferenciação entre teleologia e reconstrução tem a grande vantagem de ser sistemática e genética ao mesmo tempo. Ela representa um passo decisivo rumo a uma teoria decididamente histórica do tempo [27].

O passo histórico-universal da teleologia para a reconstrução é uma tentativa atual de interpretação universalista nos termos da teoria da modernização. Ele visualiza o passo diferenciador que leva da compreensão de tempo que se orienta pelo movimento no espaço para uma compreensão de tempo que acentua a temporalidade interna da subjetividade humana. Desse modo, ele dá acesso ao rico acervo fenomênico das transformações históricas nas práticas de interpretação de experiências temporais, nas quais a subjetividade humana se afirma de modo crescente.

Nos estágios iniciais do desenvolvimento cultural, o tempo sempre foi visto como qualidade objetiva associada aos acervos de experiências do mundo humano: cada coisa tem seu próprio tempo. Em estágios posteriores e especialmente nas sociedades modernas, o tempo é tido como uma construção do espírito humano. O tempo humano foi diferenciado cada vez mais do tempo natural e este último passou a ser entendido (em termos epistemológicos) como construtivo e não mais como premissa natural. (Isso não precisa necessariamente nem deveria levar a uma concepção puramente construtivista, na qual não existe mais nenhum tipo de realidade nem o controle da experiência que lhe é devido.) O tempo objetivo da natureza é racionalizado num assunto que se interpreta matematicamente, que se pode calcular e medir. O tempo perde o significado que lhe é inerente e se

27 Quem contribuiu decisivamente para isso foi Dux.

transforma em objeto de uma práxis de interpretação efetuada de modo conscientemente subjetivo[28]. Cada vez mais o tempo se torna uma questão da subjetividade humana, em conteúdo de intenções norteadoras da ação (poupar tempo, usar o tempo para coisas valiosas etc.) A concepção weberiana de uma racionalização e um desencantamento histórico-universais tem o seu contraponto empírico nos achados históricos das transformações de interpretações do tempo[29].

O mesmo movimento pode ser interpretado também como *temporalização do tempo*: a cada passado se acresce, como presente acontecido, um passado e um futuro próprios que é diferente de cada um dos presentes, e o mesmo vale para o pensamento sobre o futuro. Isso abre um espaço de possibilidades qualitativamente novo e um ganho considerável de contingência no trato interpretativo com a experiência temporal.

No âmbito dessa subjetivação e temporalização abrangentes e – ao que parece – irreversíveis do tempo ainda há uma tendência mais recente de dissolução da unilinearidade e homogeneidade a favor de uma multiplicidade heterogênea de linhas e desenvolvimentos temporais. Isso vale não só para as formações elaboradas do autoentendimento reflexivo sobre as orientações culturais presentes na arte, na literatura e na filosofia desde a virada para o século XX, mas também e justamente para a compreensão de tempo das ciências naturais, que desde Einstein perdeu a sua

---

28 Cf. sobre isso em termos fundamentais: RUSTEMEYER. *Sinnformen* – Konstellationen von Sinn, Subjekt, Zeit und Moral. Exemplo: "O tempo, em todas as modalidades e sob todas as rubricas em que é compreendido pela ciência histórica, constitui um fenômeno de interpretação, um fato da explicação e da construção (cultural e social)" (RAULFF. *Der unsichtbare Augenblick. Zeitkonzepte in der Geschichte*, p. 9).

29 Dirk Rustemeyer descreveu isso resumidamente em relação à filosofia como "desprendimento gradativo da realidade do tempo rumo a um tempo do consciente até chegar a uma temporalidade da existência" (RUSTEMEYER. "Zeit und Zeichen". In: RÜSEN (org.). *Zeit deuten* – Perspektiven - Epochen - Paradigmen, p. 65).

rigorosa uniformidade. Dali por diante, o tempo passou a ser entendido como "rede complexa", como "entrelaçamento transversal e relacionamento horizontal de tempos plurais próprios"[30].

Todavia, os velhos padrões de pensamento nunca desaparecem totalmente dentro dos mais novos, os padrões objetivos nunca somem totalmente dentro dos subjetivos. Eles levam sua vida necessitada de esclarecimento também sob a predominância da racionalidade desencantada e da subjetividade secularizada. Só a resistência que as experiências temporais cotidianas (por exemplo, a morte, mas também o singelo surgir e desaparecer) opõem à interpretação e à construção já é um espinho na carne das teorias construtivistas do tempo[31]. Assim como a história sempre já nos construiu por meio dos efeitos objetivos do passado sobre o presente, antes que nós a "construamos" pela interpretação, assim também o tempo sempre já nos determinou antes que a reconheçamos e determinemos – de modo inalcançável! – como construto subjetivo. Essa concessão, a meu ver, inevitável de premissas temporais "objetivas" do nosso sentido temporal subjetivo não significa nenhuma reabilitação de concepções ontológicas mais antigas do tempo. Pelo contrário: a importância crescente da formação reflexiva de sentido na interpretação do tempo representa uma grandeza histórico-universal de primeira linha. Quem contestaria que, o atual processo de globalização, a responsabilidade pelo que acontece temporalmente é nossa, embora saibamos ou justamente por sabermos que não controlamos o que acontece.

---

30 SANDBOTHE. *Die Verzeitlichung der Zeit in der modernen Philosophie*, p. 56.

31 Naturalmente a morte, para citar Raulff (cf. acima p. 48s.), é "um fato da explicação e da construção (cultural e social)", mas ela não é isto em sua facticidade. Ela tem significado para o ser humano exatamente por causa de sua facticidade indisponível; não é a interpretação que lhe confere facticidade indisponível, mas é a sua indisponibilidade que demanda interpretação.

Essa subjetivação evidentemente apresenta também um lado sombrio do sentido: à medida que crescem as competências subjetivas no trato com as experiências temporais, a subjetividade humana vai se tornando bem mais vulnerável a experiências temporais do que foi o caso até agora. Enquanto os acontecimentos temporais a que os seres humanos estavam expostos e em relação aos quais tinham de assumir uma atitude interpretativa podiam ser interpretados de tal maneira que esses acontecimentos mesmos são regidos por um sentido ao qual o ser humano podia se submeter (porque tinha de fazê-lo), cada transformação continha uma chance de sentido. O sentido não podia ser destruído porque as próprias forças destruidoras da transformação temporal sempre foram tidas ("cridas") como carregadas de sentido. Porém, no momento em que a significância do trato com a experiência temporal passa a ser da alçada da subjetividade humana, esta pode ser desafiada ao extremo e fundamentalmente negada pelas experiências temporais no que se refere à competência de sentido que lhe foi acrescida. A experiência temporal pode se tornar traumática e, no trauma das experiências catastróficas da história, o sentido do tempo da subjetividade humana encontra o seu fim intransponível. Todavia, ele pode, uma vez mais, tomar uma atitude e dirigir um olhar desejoso para a dimensão das premissas de sentido que se perderam no processo de sua própria produção.

1.8 Meios de comunicação

As múltiplas e diferenciadas formatações de sentido do tempo e sua mudança histórica dependem essencialmente dos meios pelos quais a experiência e a interpretação do tempo são transmitidas. Do começo ao fim o fator determinante é a linguagem, mesmo que também haja percepção do tempo e formatação do tempo na esfera do imaginativo, na imagem e no som, em edifícios e na dança. Determinantes para a formatação da consciência de tempo são as modalidades em que a linguagem regula a comunicação humana.

A comunicação do sentido do tempo se efetuou originalmente através do discurso *oral*, que continua perfeitamente efetivo – pelo menos na esfera da vida privada. Nas culturas orais, ele geralmente possui um direcionamento conservador em termos políticos: torna-se obrigatória, por meio dela, a ordem mundial previamente dada pela tradição; experiências temporais novas são integradas nela de modo a confirmar o conjunto essencial de normas da sociedade e sua autocompreensão nele baseada. O tempo é apresentado de modo concreto-sensível; ele sucede numa comunicação face a face e tem um efeito imediato que lhe corresponde. Cognitivamente ele contém a experiência acumulada de muitas gerações; no plano da história dos acontecimentos, ele retrocede para aquém das gerações mais jovens, cujas memorações registram fatos intramundanos, até um tempo mítico que liga o presente genealogicamente com a origem do mundo que tudo determina. Os seus critérios de sentido são do tipo mítico; isso quer dizer que acontecimentos reais, "históricos" no sentido mais estrito, não são portadores de normatividade norteadora da ação. Suas pretensões de validade são propostas e ganham plausibilidade de modo repetitivo mediante os rituais.

O meio da *escrita* domina há vários milênios a cultura hegemônica da interpretação do tempo (na qual, no entanto, os elementos orais sempre permanecem importantes e efetivos, até mesmo constitutivos – pelo menos na educação). Ela tira a pressão da imediatidade de uma situação comunicativa e cria uma distância entre experiência temporal enquanto conteúdo e interpretação do tempo enquanto forma de comunicação[32]. Essa

---

32 ONG. *Orality and Literacy.*

distância amplia de modo bastante considerável o horizonte de experiência da consciência de tempo e possibilita novos procedimentos metodológicos de acumulação e controle da experiência. A literalidade desonera a memória, fixa fatos, cria novas formas de comunicação, desacopla o cosmo do sentido temporal de contextos imediatos da ação e faz dele um fenômeno *sui generis*. Junto com as novas chances de subjetivação no trato com a experiência temporal abrem-se também novas chances de subjetivação da interpretação; narradores se transformam em autores e os receptores das interpretações do tempo obtêm um espaço ampliado de leitura crítica. As pretensões de validade são fixadas mediante canonização ou transformadas em assunto de fundamentação discursiva. Nos dois casos, a interpretação se converte numa práxis intelectual bem própria da formação histórica de sentido (com o correspondente quadro de especialistas e os problemas decorrentes da tradução e popularização). A relação original entre poesia e verdade se rompe; os mitos são submetidos a uma crítica fundamental. A conceitualidade passa a ser um elemento cognitivo essencial da interpretação histórica, de modo que – a longo prazo – as interpretações do tempo mediante histórias até conseguiram se tornar aptas para a ciência e a teoria.

Nos últimos tempos, os *novos meios* modificam o modo da formação de sentido. Ainda não é possível apontar linhas claras de desenvolvimento nem estruturas sólidas; o que se pode indicar são as inovações, em relação às quais se pode supor que trarão transformações fundamentais da interpretação do tempo. Na cultura pública, uma gigantesca enxurrada de imagens toma conta da memória coletiva. As formas de consciência resultantes da literalidade – sobretudo as da racionalidade distanciadora – podem perder importância e especialmente eficácia política com bastante rapidez. A gramática da interpretação do tempo se transforma em imagologia de apresentações, nas quais todos os tempos aparecem simultaneamente e a concepção fundante de um sentido contínuo do tempo se dissipa numa corrente desconexa de instantes estéticos. A diferença constitutiva do tempo pode ser anulada numa simultaneidade universal, que não mais pode ser narrativamente ordenada. Nesse caso, a existência de uma "ordem do histórico" específica no nexo temporal norteador da ação entre passado, presente e futuro terá se tornado no mínimo questionável. O termo "pós-história" e a discussão travada com o auxílio dele sobre uma forma de vida sem orientação genuinamente histórica aponta para essa questão aberta[33]. A isso se soma uma enorme ampliação do acesso empírico a fenômenos e interpretações do tempo. Os novos meios de armazenamento de informações propiciam novas modalidades de experiência temporal e levantam com radicalidade a questão dos critérios de sentido que permitem tomar decisões sobre temas essenciais. Ao mesmo tempo, os novos meios de comunicação (*internet*) não permitem uma decisão politicamente sancionada a respeito disso. A profusão das possibilidades e a multiplicidade das vozes exigem novas estratégias, novas formas e novos conteúdos de pertencimento e delimitação historicamente fundamentados. Em todo caso, as concepções fixas da essencialidade e substância duradouras do próprio são ultrapassadas pela multiplicidade da comunicação global em favor de diferenciações dinâmicas e abertas. Contra isso se voltam, então, reações que, nessa mesma comunicação e através dela, insistem teimosamente nas diferenciações etnocêntricas.

1.9 Interculturalidade

A diferença cultural desempenha um papel heurístico especial na era da globalização. Conflitos políticos e sociais são car-

---

33 NIETHAMMER. *Posthistoire – Ist die Geschichte zu Ende?*

regados com as energias culturais da luta por reconhecimento e desse modo tornam-se especialmente agudos. As ciências culturais são instituições sociais, nas quais são tratadas as orientações e os autoentendimentos culturais normativos. A experiência de culturas estranhas e diferentes é sistematicamente elaborada e interpretada e a comunicação intercultural é efetuada na prática[34]. Essa comunicação sempre ocorre também ao natural. As culturas se interpenetram, delimitam-se umas em relação às outras, combatem-se, aprendem umas das outras e se modificam no relacionamento mútuo. Os processos naturais espontâneos dessas "tratativas" proporcionam às ciências da cultura duas premissas problemáticas, estreitamente ligadas entre si: uma monadologia cultural e a lógica da formação de sentido etnocêntrica.

A *monadologia cultural* – seus representantes mais proeminentes são Oswald Spengler e Arnold Toynbee – apresenta as culturas como universos semânticos que seguem um código próprio e se inter-relacionam apenas superficialmente. A sua peculiaridade fechada universal pode ser decifrada hermeneuticamente e as diferentes culturas podem ser comparadas entre si mediante uma tipologia universal[35]. O *etnocentrismo* carrega a diferença cultural com valorações assimétricas que afirmam o próprio à custa do outro (por exemplo, civilização *versus* barbárie). Ele tende para uma interpretação teleológica de desenvolvimentos e segue uma ordem especial centralista (o próprio constitui o centro do mundo, o outro fica à margem).

As duas premissas têm força também em discursos acadêmicos. Essa força só pode ser quebrada reflexivamente quando

---

34 P. ex., RÜSEN (org.). *Westliches Geschichtsdenken* – Eine interkulturelle Debatte.

35 GALTUNG. *Die "Sinne" der Geschichte.* Fica em aberto como tal comparação é epistemologicamente possível sem a aceitação de um ponto de vista metacultural exterior quando se pressupõe que os sistemas culturais de sentido sejam semanticamente fechados.

se favorece uma relação de reconhecimento mútuo, um tempo reconstrutivo em vez de um tempo teleológico e uma ordem espacial policêntrica em vez de centralista. As comparações culturais podem corrigir o erro de usar o seu próprio paradigma cultural como parâmetro se recorrerem a universais antropológicos e conceberem a diferença como constelação específica de elementos e fatores comuns a todas as culturas. Esse modo de pensar favorece procedimentos metodológicos da tipologia ideal.

A própria comparação é apenas um fator ao lado de outros num processo de comunicação, no qual todos os envolvidos tratam discursivamente as suas concepções de interpretação. Se todos obedecerem juntos à regra da argumentação conceitual que tem a experiência como referencial e orientarem as suas tratativas para o objetivo do reconhecimento mútuo, o pensamento científico-cultural pode civilizar a função ideológica do etnocentrismo no embate das culturas, ou seja, ele pode criticar o seu potencial destrutivo de agressão e dar início a forças motrizes do entendimento[36].

1.10 Limites

O ato de pensar o tempo de modo significativo compartilha os limites próprios de toda concepção de sentido. No sentido do tempo, sempre já estão incluídos na reflexão também o contrassenso e a falta de sentido – mesmo que com frequência isso ocorra apenas implicitamente sem que haja ênfase especial nem explicitação, mas, antes, o fato seja reprimido e suprimido. A ameaça da perda de sentido em virtude da mudança temporal do tempo interpretado é fonte permanente de motivos para

---

36 Sobre isso cf. WIMMER. *Die Pragmatik der kulturellen Produktion* – Anmerkungen zur Ethnozentrismusproblematik aus ethnologischer Sicht. • RENN; STRAUB & SHIMADA (orgs.). *Übersetzung als Medium des Kulturverstehens und sozialer Integration.* • STRAUB. *Verstehen, Kritik, Anerkennung* – Das Eigene und das Fremde in der Erkenntnisbildung interpretativer Wissenschaften.

repensar e reinterpretar o tempo. O sentido como resultado da interpretação sempre é abrangente. Só a partir dele se determina o que é sem sentido e contrassenso. O seu limite situa-se onde novas experiências temporais têm de ser reinterpretadas. Isso pode acontecer pela aplicação de concepções já desenvolvidas de sentido do tempo a novas experiências ou pela modificação dos padrões e das estratégias de interpretação – nesse caso, enfrentando a correspondente resistência das experiências em questão. Mas sempre pode acontecer também que as experiências destruam o sentido. Nesse caso, elas são catastróficas ou traumáticas e têm um efeito posterior significativo sobre o que não foi compreendido. Na cultura ocidental, elas são representadas paradigmaticamente (mas não com exclusividade) pelo Holocausto. Na qualidade de condenações dentro do tempo interpretado, elas permitem reconhecer a fragilidade desse tempo. Na qualidade de rastros, elas levam à beira, ao limite da formação de sentido com referência temporal. A vontade de sobrevivência dos atingidos força-os à destraumatização das experiências temporais devoradoras do sentido na própria posterioridade dessas experiências. O conhecimento científico-cultural pode (e deve) ajudar a efetuar com seus recursos interpretativos mediante argumentação racional essa destraumatização – todo conhecimento faz sentido, mesmo que esteja direcionado para os traumas. Porém, se a intenção é que ele não faça desaparecer, mas que possa trazer a lume o caráter experiencial específico do traumático (e criticar seu nivelamento numa aparente normalidade), então ele necessita de novas modalidades de interpretação e de representações bem próprias. O pensamento cognitivo foi metodologicamente comprometido com a formação de sentido negativa.

1.11 Perspectiva

A diferenciação entre natureza e cultura é fundamental para a atual cultura das sociedades modernas. Ela está na base de diversas áreas do conhecimento e de suas estratégias cognitivas determinantes de tratar o tempo, mesmo que não seja possível fazer uma separação estrita entre ciências da cultura e ciências da natureza. Critério de diferenciação pode ser a suposição de uma qualidade de sentido no âmbito do objeto. Se a determinidade de sentido (feitos interpretativos e suas objetivações culturais) for determinante para o mundo humano, a "natureza" seria âmbito objetal de um pensamento que exclui metodologicamente a sua própria subjetividade enquanto fonte de sentido do estar dado dos seus objetos. Esse pensamento de fato também faz sentido, mas as interpretações do tempo feitas por ele permanecem exteriores ao sujeito. Tradicionalmente essa exterioridade mesma ainda era determinante do intelecto; ela possuía qualidade divina e, como tal, detinha uma posição superior à do ser humano. O seu tempo de vida, o tempo das suas lides para cumprir o prazo da vida, obtinham seu sentido desse fato. Ela se tornou "natureza" no sentido moderno por meio de "desencantamento e racionalização", ou seja, tornou-se um encadeamento de fatos dentro de um nexo condicional, cuja forma decisiva experimentou uma matematização contínua na física. Nela se dissolveu sem deixar vestígios a diferença qualitativa entre passado e futuro, que distingue a vida humana no atual campo de tensão entre memoração e expectativa. Na passagem da física newtoniana para a física moderna, voltou a afirmar-se a subjetividade humana enquanto dependência de determinações temporais do ponto de vista do observador; o tempo absoluto de Newton foi recolhido numa pluralidade incontornável de dimensões heterogêneas do tempo.

As ciências culturais podem constatar tais interpretações do tempo e sua mudança. Se elas próprias fossem interpretadas como feitos culturais na mudança do tempo, entrariam no jogo concepções específicas acerca do tempo – sobretudo do tipo histórico, ocasionalmente também do tipo estético e, em casos excepcionais, até mesmo do tipo religioso –, que, no entanto, diferenciam-se rigorosamente em termos lógicos das concepções de tempo por elas tematizadas.

Essa diferença é um problema. Cultura e natureza constituem diferenciações conceituais que fazem sentido em vista de procedimentos cognitivos. O mundo humano, porém, é ambas as coisas; por exemplo, não existe tempo histórico sem o tempo físico (cronométrico). A conexão entre tempo humano e não humano é um fato do qual não se consegue dar conta satisfatoriamente em termos científicos porque não há uma categoria englobante para sua interpretação que pudesse mediar entre a determinidade de sentido da cultura e a outra qualidade ontológica da natureza.

Todavia, à luz de conhecimentos pertinentes de ordem física, astronômica, química, geológica e biológica, a natureza tem uma "história" que vai do seu início absoluto até o presente e cujo acontecimento futuro não pode ser predito. Desse modo, ela compartilha, no aspecto formal, o caráter histórico da cultura humana. Esta constitui uma parte da natureza e, inversamente, a natureza constitui uma parte da história humana. Para a totalidade, para o nexo temporal interior entre natureza e cultura, falta um critério narrativo de sentido englobante, no qual é suspensa a diferença entre ambas[37]. Os reducionismos, complementares e

---

[37] Günter Dux propõe pensar esse nexo a partir "da primazia da natureza". Isso, porém, leva à renúncia a uma concepção englobante de sentido. Só o que faz sentido é a dissolução crítica de todas as concepções desse tipo. DUX. *Denken vom Vorrang der Natur* – Die Naturalisierung des Geistes. • DUX. *Wie der Sinn in die Welt kam und was aus ihm wurde.*

incompatíveis ao mesmo tempo, oferecidos pelo naturalismo ou pelo culturalismo, não convencem. Eles só conseguem integrar as duas dimensões da natureza e da cultura uma à custa da respectiva outra. E, no plano da teoria do conhecimento, as duas seguem paradigmas de conhecimento que se excluem reciprocamente (pelo menos em parte). O tempo rege ambas, natureza e cultura, e as mantém coesas numa totalidade de sentido. Não sabemos o que é essa totalidade de sentido nem como o tempo age nela, apesar de vivermos nela e a partir dela.

2
Sociedade civil e religião
Ideia de relação*

> *If religion is not part of the solution, it will certainly be part of the problem.*
> Jonathan Sacks**

> *O encontro do ser humano e da religião consigo mesmos não acontece na existência que se delimita em relação aos outros e os discrimina, mas numa proexistência aberta, doadora e receptiva. Porém, apenas estamos a caminho disso, na esperança de que predomine o pró e não o contra.*
> Johannes Kopp***

2.1 Conflitos culturais como desafio para a sociedade civil

A diferença religiosa produz conflitos culturais para os quais a sociedade civil não está suficientemente preparada. O princípio

---

* Primeira versão com o título "Sociedade civil e religião – ideia de relação" foi publicada em AUGUSTIN, C.; WIENAND, J. & WINKLER, C. (orgs.). *Religiöser Pluralismus und Toleranz in Europa*. Wiesbaden: Verlag für Sozialwissenschaften, 2005.

** ["Se a religião não for parte da solução, ela certamente será parte do problema."] SACKS. *The Dignitiy of Difference* – How to Avoid the Clash of Civilizations, p. 9.

*** KOPP. *Schneeflocken fallen in die Sonne* – Christuserfahrungen auf dem Zen-Weg, p. 29.

da igualdade e o imperativo da tolerância de fato representam conquistas históricas que quebraram o aguilhão político dos conflitos religiosos; mas ambos têm uma relação apenas abstrata com o fenômeno da diferença cultural: o princípio da igualdade abstrai da desigualdade do pertencimento cultural e, portanto, também religioso carregado de sentido, e a tolerância desmerece as diferenças religiosas como indiferentes ou de igual validade [*gleichgültig*].

Os potenciais conflitivos na vida das sociedades modernas dados com a diferença cultural e a desigualdade religiosa – o 11 de setembro de 2001 é o sinal contemporâneo mais carregado de sentido para isso – foram excluídos por um período longo demais da cultura política das sociedades civis. Isso, porém, fez que se perdesse de vista a carga de conflito da diferença cultural, especialmente da religiosa. Até hoje faltam regulações efetivas que permitam resolver essa diferença e não abstrair dela.

Não é suficiente enfatizar igualdade e tolerância e – caso necessária – impô-las com os meios do monopólio estatal do poder. Faltam pontos de vista e regras de como proceder com a própria diferença cultural quando ela é levada a termo num contexto vital comum englobante (no nível da sociedade civil), isto é, quando se faz dela uma questão de diferenciação e delimitação conscientes[38].

O que falta é uma cultura desenvolvida, legalmente sancionada, ancorada e ativa na consciência de todos os envolvidos, de reconhecimento da diferença. Imprescindível para tal cultura é sua fundação sobre as conquistas históricas da sociedade civil, ou seja, sobre as normas universalistas que a determinam, que vinculam o modo de lidar com a diferença cultural estritamente ao princípio da igualdade e ao imperativo da tolerância. É preciso que se trate de um reconhecimento entre iguais e, para o modo

---

38 Cf. sobre isso os trabalhos compilados na "Parte III: Identidade e alteridade no espelho da história". In: RÜSEN. *Geschichte im Kulturprozess.*

desse reconhecimento, isso significa que ele deve estar *compro-metido com o ponto de vista da reciprocidade* [39]. Trata-se, portan-to, de uma cultura em que o ponto de vista do *reconhecimento recíproco da diferença* regula a relação entre diferentes pertenci-mentos. Tal cultura é capaz de quebrar a força do etnocentris-mo, que confere carga normativa ao fato singelo das diferenças culturais na vida dos seres humanos, tornando-a carregada de conflitos com o potencial de agressão da autoafirmação humana no trato com os outros [40].

Poder diferenciar-se dos demais é um pressuposto necessário para que o ser humano seja ele mesmo: não há identidade sem diferença, não há si mesmo sem que se estabeleça o ser diferente dos outros. O etnocentrismo ganha efetividade quando identidade e ser si mesmo, pertencimento e comunidade se formam cultural-mente na diferenciação e delimitação em relação a outros. Essa junção e delimitação acontecem por meio da luta pelo poder que os seres humanos constantemente são forçados a travar no contexto da vida social. Ele tem seu extremo no fato de que, por causa desse próprio em oposição ao outro, também se mata e se morre em caso de conflitos. A identidade é uma questão de vida e morte.

A agressividade latente que a diferença cultural costuma assumir como meio da construção identitária humana baseia-se sem procedimentos mentais de pertencimento e delimitação, de construção identitária individual e coletiva, que seguem a lógi-

---

39 Esse aspecto muitas vezes é ignorado nos debates em torno do exercício livre da reli-gião sob o teto das formas de vida da sociedade civil. A minoria que reclama o seu direito de desenvolver livremente a sua diferença cultural, sem encarar como normativos para si mesma exatamente os mesmos pontos de vista que acabaram tornando tal direito signifi-cativo, priva-se, por assim dizer, *a priori* desse direito.

40 Cf. RÜSEN. *How to Overcome Ethnocentrism*: Approaches to a Culcure of Recognition by History in the 21st Century.

ca do etnocentrismo[41]. Em conformidade com ela, o ser próprio e o ser si mesmo recebe carga normativa positiva e o ser diferente dos outros, via de regra, é desvalorizado. Essa assimetria normativa adquire a força capaz de acirrar conflitos pelo fato de que as qualidades e experiências do si mesmo que incomodam os atingidos, dificultam a sua vida e prejudicam sua autoestima são canalizadas para os traços do ser diferente dos outros, são desterritorializadas do próprio para o outro. Nesse tocante, o próprio também está inseparavelmente ligado ao outro, não consegue se desvencilhar dele, visto que sempre contém elementos do próprio desvalorizado, o outro sempre também ainda é o próprio, e justamente aquele que nós mesmos não queremos ser.

Essa assimetria é recíproca e é nisso que consiste a razão mental do "clash of civilizations", no qual a diferença cultural se afirma como problema[42]. Não se pode deixar esse problema de lado alegando que o etnocentrismo é um fenômeno universal em termos antropológicos. Mesmo que encaremos o embate das culturas como "natural", ele necessita uma regulamentação para não fazer com que a inter-relação dos seres humanos seja permanentemente tão ameaçadora que uma vida mais ou menos aceitável se torne impossível. Com a crescente densidade da comunicação aumenta a pressão por uma solução para esse problema. Que soluções se oferecem?

2.2 Tentativas de solução

A pior solução é a que estabelece uma separação política de diferentes pertencimentos culturais. Ela repetidamente foi tenta-

---

41 MÜLLER. *Ethnicity, Ethnozentrismus und Essentialismus.* • RÜSEN. *Kann Gestern besser werden? – Essays zum Bedenken der Geschichte*, p. 101ss.

42 Cf. ACKERMANN & MÜLLER (orgs.). *Patchwork: Dimensionen multikultueller Gesellschaften – Geschichte, Problematik und Chancen.*

da ao longo da história em diversas formas de reassentamentos forçados e, no século XX, atingiu um grau inaudito de barbárie em forma de limpeza étnica na esteira do nacionalismo étnico. Portanto, a única solução que entra em cogitação é a da coexistência política; e também para isso a cultura da sociedade civil com seu princípio de igualdade e seu imperativo da tolerância criou pressupostos importantes e incontornáveis. Mas como tornar plausível com base nesses pressupostos o passo adiante que leva até uma cultura do reconhecimento da diferença cultural (recíproco) efetivado positivamente?

As culturas ocidentais desenvolveram as primeiras tentativas de feitos de reconhecimento desse tipo que podem ser tomados como ponto de partida. A que mais vingou situa-se na esfera da arte. Com uma compreensão genuinamente estética da arte, a profusão infinita das formações artísticas se tornou, em perspectiva sincrônica e diacrônica, campo de experiência da riqueza cultural. Aqui são justamente a diferença, a diversidade, a variação que perfazem a profusão das manifestações artísticas e que são tidas como valiosas na modalidade da experiência estética; é a elas que se dá acesso e elas são percebidas de diferentes modos.

Em estreita conexão com esse enriquecimento estético mediante a diferença cultural está a hermenêutica das ciências culturais[43]. Compreender é um pressuposto necessário do reconhecimento, e as ciências culturais ampliaram de modo crescente o horizonte do compreensível em termos sincrônicos e diacrônicos até que acabaram abarcando todas as manifestações culturais do gênero humano[44].

---

43 MÜLLER, F. (org.). *Phänomen Kultur* – Perspektiven und Aufgaben der Kulturwissenschaften.

44 Isso não significa que o arsenal teórico e metodológico desenvolvido pela hermenêutica nas ciências culturais, que se sedimentou em sua cultura científica específica a partir do

No seu desenvolvimento mais recente, a hermenêutica inclusive chegou ao ponto de acolher no horizonte hermenêutico da intersubjetividade também o estranho imemorial, que (supostamente) escapa à compreensão, e de estender o feito humano da compreensão ao reconhecimento do estranho enquanto incompreensível[45].

A estetização e a hermenêutica foram acompanhadas de uma historização abrangente da autocompreensão humana. O historismo produziu um feito de reconhecimento de um tipo bem especial: a qualidade humanitária, que sempre desempenhou um papel extraordinariamente importante na formação de pertencimento e delimitação, foi ampliado universalisticamente a todos os integrantes do gênero e a unidade carregada de identidade da humanidade foi divisada e historicamente concretizada na multiplicidade das culturas. A concessão de uma qualidade humanitária cultural a todo membro do gênero fez da categoria da igualdade a grandeza determinante de uma perspectiva histórico-universal, na qual pôde ser localizada a profusão da particularidade cultural[46]. O sentido histórico que se explicitou nessa perspectiva pôde assumir o direcionamento de uma "promoção da humanidade" (Herder) no processo englobante da comunicação que ia se tor-

---

século XVIII, já seja suficiente para resolver os problemas atuais da comunicação intercultural. Quem descreveu de modo impactante tudo o que ainda está pela frente e à espera de uma solução foi MATTHES, J. *Interkulturelle Komperenz – Ein Konzept, sein Kontext und sein Potential*. Naturalmente, não se deveria esquecer que as ciências da cultura também podem ser instrumentos de uma cultura oposta, ao representarem, por exemplo, modelos etnocêntricos de formação de identidade. Isso é evidenciado pelo testemunho notável da participação de renomados cientistas culturais na propaganda em favor da Primeira Guerra Mundial. Sobre isso cf. FLASCH. *Die geistige Mobilmachung – Die deutschen Intellektuellen und der Erste Weltkrieg; Ein Versuch*.

45 Cf. KOGGE. *Die Grenzen des Verstehens.* • WALDENFELS. *Der Stachel des Fremden.* • WALDENFELS. *Verfremdung der Moderne – Phänomenologische Grenzgänge.*

46 Cf. as explanações anteriores sobre Kant, Lessing, Schiller e Droysen.

nando mais densa. O iluminista August Ludwig Schlözer acentuou a qualidade empírica desse direcionamento: "Ora, o meu fundamento é apenas a associação maior dos seres humanos efetivada, em sua maior parte, por meio de conquistas. Os seres humanos se convertem em povos (modelo). Outros povos, no Oriente Médio, no Norte da África e no Sul da Europa, convertem-se em Estados maiores (Antiguidade). Três parcelas do mundo, excetuando apenas o Sul da África e o Norte da Ásia, juntam-se (Idade Média). Por fim, Diaz, Colombo e Jermak estabelecem uma relação duradoura entre todos os filhos de Adão, excetuando o Sul da Índia"[47]. E, apesar de sua conhecida crítica à categoria do progresso do Iluminismo, Leopold von Ranke caracterizou esse mesmo direcionamento inequivocamente como "progresso": "A atração das diversas nações e dos indivíduos para a ideia da humanidade e da cultura significa um progresso incondicional"[48].

2.3 A ambivalência da religião

Na formação e institucionalização dessas chances de reconhecimento, a religião desempenhou um papel extremamente ambivalente. Sem dúvida o judaísmo e o cristianismo figuram entre os pressupostos históricos da cultura da sociedade civil. Seu monoteísmo transpôs todas os limites naturais do pertencimento social e dotou a subjetividade humana de um poder de transcendência que, no longo prazo, fez dela, para além de todas as institucionalizações delimitadoras, uma poderosa grandeza de determinação da identidade. O efeito dessa força não se deteve nem diante da diferença religiosa. Uma vez liberada, sob as condições favoráveis da sociedade burguesa, ela se voltou contra sua pró-

---

47 SCHLÖZER, *Vorstellung einer Universalhistorie (1772/1773)*, Vorrede.

48 RANKE. *Über die Epochen der neueren Geschichte*, p. 80.

pria institucionalização religiosa e se desconstruiu criticamente na particularidade histórica da crença religiosa, em sua qualidade de diferença e delimitação, nos processos de pertencimento subjetivo baseados na certeza da salvação. O universalismo religioso transcendeu a si mesmo na universalização secular da qualidade humanitária, na qual se fundamente culturalmente a forma de vida da sociedade civil. *Educação do gênero humano* (1780), de Lessing, dá um testemunho eloquente dessa universalização, que deixa para trás os contextos particulares de sua origem. A diferença histórica deveria ser dissolvida na subjetividade que se entende como humanidade. Tendências genuinamente religiosas dessa subjetividade na forma da positividade histórica foram vistas como ultrapassadas e, em sua atuação atual, tidas como assunto particular que não deveria ter mais nenhum significado para os reguladores normativos da vida política e social.

A religião assim chamada "positiva" ou "histórica", de constituição eclesial e confessional, converteu-se, no que tange aos reguladores normativos, uma religião civil que coibiu toda a diferença crítica, mas ao mesmo tempo quis munir as pretensões de validade da orientação cultural da sociedade civil com a capacidade de persuasão da crença religiosa[49]. Exatamente nessa imbricação de particularidade religiosa e universalidade da sociedade civil aninha-se o problema não resolvido do reconhecimento da diferença religiosamente determinada pela própria religião. Tradicionalmente essa diferença recebeu sua formatação final ao assumir uma pretensão universalista assassina. O direcionamento universalista interior das religiões de constituição positivo-parti-

---

49 Sobre o contexto histórico e teológico da religião civil cf. VÖGELE. *Menschenwürde zwischen Recht und Theologie* – Begründungen von Menschenrechten in der Perspektive öffentlicher Theologie. • JAEGER. *Amerikanischer Liberalismus und zivile Gesellschaft* – Perspektiven sozialer Reform zum Beginn des 20. Jahrhunderts.

cular forçosamente se tornou incapaz de uma postura de reconhecimento das outras religiões, e isto tanto mais quanto mais universalista era a tendência dos outros. Os *pogroms* contra os judeus e a guerra confessional dos cristãos na Europa do século XVII dão testemunho eloquente disso. Porém, a tolerância, o regulador pertinente da sociedade civil para as estratégias exclusivistas das religiões entre si, apenas consegue provocar um armistício na guerra religiosa entre cada uma das pretensões de universalidade de constituição particular. Paz verdadeira é outra coisa.

O Estado moderno desarmou as religiões e quebrou o aguilhão político de sua particularidade histórica. A intenção era tornar inofensivas as energias mentais da crença religiosa e remetê-las ao íntimo da subjetividade crente. A longo prazo, essa estratégia de pacificação foi bem-sucedida nos países ocidentais. Pôde-se até mesmo recorre ao cristianismo e ao judaísmo para legitimar e reforçar mentalmente a ordem secular da sociedade civil – todavia, correndo o risco da concessão de um privilégio legal, no qual as velhas pretensões de exclusividade entrassem em cena com nova roupagem [50].

Porém, qual a contribuição das próprias religiões para uma cultura do reconhecimento de que a sociedade civil necessita se quiser superar com perspectiva de futuro os problemas prementes da diferença cultural, mais precisamente onde essa diferença se manifesta em primeira linha em termos religiosos e, devido a isso, ostenta agudeza especial e força mental? Não basta uma reminiscência histórica de que a cultura secular da sociedade civil tem pressupostos religiosos. A questão se coloca de modo bem

---

50 Sobre isso cf. BIELEFELDT. *Philosophie der Menschenrechte*, p. 188ss. [ed. bras.: *Filosofia dos direitos humanos*: fundamentos de um ethos de liberdade universal. São Leopoldo: Unisinos, 2012].

mais radical: se são justamente os elementos religiosos que hoje em dia fazem da diferença cultural um problema a ser regulamentado, não deveria, nesse caso, advir da própria religião um impulso para o reconhecimento?

No contexto histórico da gênese da sociedade civil, pôde até parecer como se a religião fosse capaz de desencantar-se em razão secular dos reguladores humanitários, como se a sua força mental pudesse contribuir para o fortalecimento das convicções pós-religiosas básicas comuns aos portadores da práxis vital da sociedade civil. Essa esperança foi ilusória. Justamente no ponto em que a religião em seus referenciais transcendentes visou à salvação dos seres humanos, ela não permitiu a secularização; simplesmente por que, sob condições puramente seculares, não havia como obter a salvação de que tratavam as religiões com suas concepções transcendentes. Pior: todas as tentativas de realizar a salvação do ser humano nas condições intramundanas e, desse modo, tornar a religião supérflua, levaram à desgraça, a crimes monstruosos contra a humanidade, a qual deveria mais propriamente ser libertada da opressão e da necessidade.

A religião permaneceu sendo, portanto, um momento eficaz da orientação cultural e sempre conseguiu se afirmar contra todas as tentativas de eliminá-la a favor de outras concepções da salvação. Ela conseguiu ganhar credibilidade especialmente como catalisador de conflitos culturais. Ela pode emprestar à diferença cultural exatamente a mesma incisividade com que ela carrega a subjetividade humana com referenciais de transcendência e potenciais de sentido específicos e altamente eficazes na vida prática.

Tradicionalmente esses referenciais de transcendência e potenciais de sentido eram universalistas e exclusivos ao mesmo tempo. (Em comparação, a atratividade intelectual do politeís-

mo[51] parece fraca e até mesmo ridícula, quando ela própria aparece em formas irreligiosas, desencantadas[52].) Essas tradições
ainda estão em atividade e não há nada contra a possibilidade
de que, em condições vitais de crise, elas possam revitalizar-se
consideravelmente. A pergunta decisiva pelo papel da religião
na sociedade civil tem, pois, o seguinte teor: essa mistura tradicional de universalismo e exclusividade permanecerá essencial
também para a vida religiosa sob as condições da sociedade civil? Ou as próprias religiões podem mudar nessas condições
na lógica das suas pretensões de validade? É concebível que o
seu universalismo assuma traços inclusivos (e desse modo pela
primeira vez se universalize de verdade)? Se fosse o caso, a
religião poderia, de fato, converter-se num fator eficaz de uma
cultura do reconhecimento.

Tendo em vista a problemática das sociedades ocidentais,
essa pergunta se dirige, antes de tudo, às três religiões abraâmicas, mas abrange, em última análise, também as outras que
cunharam grandes espaços culturais e figuram entre os fatores

---

51 MARQUARD. *Lob des Polytheismus* – Über Monomythie und Polymythie.

52 Jan Assmann, em contrapartida, não propõe um politeísmo religioso artificial, mas um
fortalecimento do panteísmo, que, na origem da Modernidade, afigurou-se como alternativa pacífica à luta pelo monopólio monoteísta da verdade em meio à diferença cultural dos universalismos religiosos excludentes (ASSMANN. *Die mosaische Unterscheidung
oder der Preis des Monotheismus*. • ASSMANN, J. "Es bleibt die Unterscheidung zwischen
wahrer und falscher Religion – Auf der Gedächtnisspur der Toleranz kommt man als
Dienstspürhund nicht weiter: Eine Replik auf die Kritiker der Monographie "Moses der
Ägypter". *Frankfurter Allgemeine Zeitung*, 28/12/2000, p. 54. Cf. a crítica em ESSEN.
Ethischer Monotheismus und menschliche Freiheit – Theologische Annäherungen an den
Pluralismus der Moderne. • ESSEN. *Sinnstiftende Unruhe im System des Rechts* – Religion im
Beziehungsgeflecht von modernem Verfassungsstaat und säkularer Zivilgesellschaft). O
neopaganismo de Assmann não resolveu nem o problema da verdade nem o problema da
historicidade das religiões positivas. As duas coisas talvez pudessem ser alcançadas contra
as coerções cortantes de uma luta implacável pela verdade por meio do primado da razão
prática e das pretensões de verdade da salvação bem-sucedida que lhe correspondem
contra a sua petrificação em teoremas dogmáticos.

essenciais da identidade cultural e da comunicação intercultural nos processos atuais da modernização e globalização. Trata-se, antes de tudo, da relação entre universalismo de um lado e particularismo, diferença e positividade histórica de outro. Nesse tocante, todas as religiões com traços universalistas estão em jogo – ou seja, as assim chamadas religiões mundiais[53]. Salta aos olhos a brisância da questão referente ao modo como elas interligam sua particularidade histórica com seu direcionamento humanitário universalista. Essa questão é representada pelo desafio proposto pelo fundamentalismo. Não são só as religiões abraâmicas que ameaçam a cultura da sociedade civil com seus movimentos fundamentalistas. O hinduísmo também conhece esse tipo de movimento com considerável força explosiva de cunho político, e é provável que as demais religiões mundiais também venham a ter versões parecidas em sua relação com a modernidade[54].

O fundamentalismo chama a atenção de todos. Isso não se deve somente ao fato de ter se tornado uma enorme força política que, com suas configurações radicais, é capaz de concentrar em si mesmo um extraordinário potencial de agressão e convertê-lo em ações terroristas de grande efeito midiático. O decisivo é, muito antes, que esse potencial tem uma qualidade especificamente religiosa, nutrindo-se, portanto, dos referenciais da transcendência que são essenciais para a religião. É justamente essa qualidade religiosa do terror político que lhe empresta um caráter especialmente incisivo e implacável. A religião volta a ocupar o palco da história como força de transformações políticas, do qual ela parecia (do ponto de vista ocidental da teoria

---

53 Sobre o conceito "religião mundial" cf. OHLIG. *Religion in der Geschichte der Menschheit – Die Entwicklung des religiösen Bewusstseins*, p. 111.

54 P. ex., o confucianismo poderia tomar um rumo semelhante se fracassar o experimento capitalista na China comunista.

da modernização) ter descido com o surgimento e a imposição no plano histórico-mundial das modernas formas seculares de viver. Levando sua força motivadora do agir e sofrer humanos ao extremo fundamentalista, a religião parece ter se aliado com as forças que se opõem à sociedade civil, tornando-se, portanto, uma ameaça atual para ela.

De fato: a profundidade e a força da convicção religiosa se nutre de sua particularidade, de sua constituição histórica concreta específica. Ora, se com a versão universalista das pretensões de validade de cunho religioso essa constituição só puder ser vivida e afirmada numa relação excludente com outras particularidades e constituições, então a sociedade civil só poderá conviver com uma forma atenuada desse particularismo. Ela deve estar interessada no enfraquecimento estrutural desse particularismo mediante todos os tipos de secularização e mediante a estrita delimitação do seu espaço vital.

O quanto esse extremismo é acertado? Com certeza é possível desparticularizar as convicções religiosas básicas em questão num *ethos* mundial. Essa possibilidade é representada pelo universalismo das próprias religiões mundiais [55]. Porém, junto com essa desparticularização desaparecem também as forças especificamente religiosas que deveriam conferir a esse *ethos* a sua força de persuasão. A religião se transforma em simples moral, que se comporta de modo abstrato e, desse modo, em última análise, de modo fraco diante das particularidades concretas da vida religiosa.

Em meio à composição dos princípios universalistas na cultura da modernidade, a religião afirmou sua particularidade, sua positividade histórica, haurindo dela a força e a solidez de sua autoafirmação. Junto com isso, ela se ateve ao encanto de seu referencial transcendente contra todas as tendências de

_____

55 KÜNG. *Projekt Weltethos* [ed. bras.: *Projeto de ética mundial*. São Paulo: Paulinas, 1993].

desencantamento da racionalidade modernizante e lhe conferiu validade onde a subjetividade humana reclamou sentido aquém e além do universalismo das modernas concepções racionais. Justamente no ponto em que o eu humano é marcado pelo imemorial e sabe que foi projetado para o imemorial, a fonte genuinamente religiosa deveria ser localizada e posta à disposição de uma cultura do reconhecimento.

2.4 Quais as chances de reconhecimento religioso da diferença cultural?

Um primeiro passo consiste em que as religiões em sua particularidade concreta se aproximem dos fundamentos culturais das sociedades civis seculares, abram-se para eles e inclusive se incorporem a esses fundamentos (cada qual segundo a sua capacidade). Nesse aspecto, eles deveriam realizar uma virada para a religião civil. O termo "religião civil" se refere à capacidade de persuasão de um acervo básico das orientações culturais que ancora a forma de viver de uma sociedade civil moderna e sua correspondente organização legal-democrática de dominação política nas profundezas da subjetividade de suas cidadãs e seus cidadãos. Tais orientações não servem à delimitação e diferenciação de posturas normativas, mas determinam o modo de lidar com estas. Uma virada das religiões para a sociedade civil justamente não significa que elas se anulariam num acervo mínimo de religião civil composto de orientações culturais universalmente aceitáveis (do qual fariam parte, por exemplo, o ponto de vista legal da igualdade, a regra de ouro das exigências comportamentais recíprocas e a concepção de uma elevada qualidade normativa da humanidade do ser humano). É claro que não. Elas apenas teriam de abrir-se para esses reguladores fundamentais da vida civil, para poderem fortalecê-los com o poder de seu referencial transcendente e sua certeza de salvação. O desenvolvimento histórico do judaísmo e do cristianismo mostrou que isso é possível sem perda de substância. Essa abertura e assimilação podem se dar sem prejuízo de suas convicções básicas bem mais amplas a respeito da disposição e do direcionamento da salvação humana. As religiões podem, então, tornar plausíveis a força de sua fé e a certeza da salvação na medida em que sobrepujarem em termos religiosos a própria religião civil.

No plano intrarreligioso, essa virada poderia carregar as religiões com a potencialidade do humanismo, que foi parida e posta em vigor como crítica à religião pela virada secular da sociedade civil.

Um segundo passo decisivo rumo a uma cultura do reconhecimento por parte das religiões consistiria em pôr afirmativamente em jogo, com esse sobrepujamento, a respectiva particularidade e positividade histórica bem próprias. A força do concreto seria conservada nas diversas concepções de transcendência e se associaria à infinitude interior do transcendente. Decisivo é o modo de associação de ambos. O universalismo das concepções salvíficas só pode se desdobrar de modo excludente caso queira preservar e afirmar a sua substância religiosa? Não vejo razão forçosa para considerar insuperável o cunho etnocêntrico tradicional do universalismo religioso. Pelo contrário: o próprio universalismo religioso deveria chegar a uma compreensão histórica de si mesmo, isto é, analisar-se à luz de um desenvolvimento dinâmico que pode levar da exclusão para a inclusão. Neste caso, ele perderia a sua força destrutiva de subjugação de todos os outros ao seu próprio. Em vez disso, ele se espelharia no universalismo dos outros como sendo o seu próprio no outro.

Essa ideia não é tão artificial como parece à primeira vista. Em primeiro lugar, o particularismo religioso próprio de cada qual nunca existe numa forma pura, mas se manifesta sempre em formas variadas e até divergentes, pelas quais ele se adapta à mudança histórica de suas circunstâncias e, ao fazer isso, também adapta as circunstâncias a si. Todo particularismo religioso sempre se manifesta empiricamente de modo pluralista. Num exame preciso, borram-se os limites que separam do outro.

Todavia, nessas formas plurais é mantida a diferenciação entre o próprio e o outro, entre o interior e o exterior, entre o pertencente e o estranho. Perceber o outro fundamentalmente como o outro do próprio significa dar um passo qualitativo para além desse pluralismo da diferença interior; um passo na direção da diferença mais universal. Essa universalidade seria realmente abrangente; ela corresponderia à universalidade da própria concepção de transcendência e de salvação. Tal prolongamento honraria a sua própria pretensão de universalidade quando se deparasse com algum outro.

Trata-se de perceber essa outra pretensão de universalidade como espírito do seu próprio espírito da universalidade da religião e libertá-lo das coerções da subjugação e assimilação de todo o diferente. O próprio universalismo perderia o caráter coercivo com que gera a diferença a partir de si mesmo, perderia a sua negatividade interior, sua força assassina. Em vez disso, o próprio universalismo se consumaria espelhando a sua própria particularidade vigorosa específica na dos outros e, por essa via, afirmando e até fortalecendo, quando não consumando, o que lhe é mais próprio.

Não é possível vislumbrar o que isso significa no detalhe. Porém, certamente é possível mencionar experiências religiosas com o outro que servem à formatação final, à melhor compreensão e à apreensão mais profunda (por não ser tão coerciva) da própria convicção [56].

---

56 Como exemplo aponte-se o significado do zen-budismo para o cristianismo, como ressaltado por Hugo M. Enomiya-Lassalle com base na sua própria experiência religiosa: *Der*

Tais experiências ocorrem apenas aqui e ali. Porém, é possível vinculá-las à perspectiva de um desenvolvimento histórico, no qual o universalismo interno transcende a particularidade própria de cada qual e identifica o seu próprio universal no outro estranho. O exemplo da luta de Las Casas pela dignidade dos índios mostra que tais feitos de reconhecimento se inflamam (ou podem se inflamar) na experiência de que a nossa própria religião com sua negatividade subjugadora, que abstrai do outro destruindo-o, também destrói a sua própria substância. Acresce-se a isso que as potencialidades de reconhecimento na cultura das sociedades civis modernas se nutrem historicamente (também) de fontes religiosas. O limite entre religião e cultura civil é fluida e permeável (para ambos os lados). Talvez a demanda da sociedade civil por uma crescente cultura do reconhecimento exerça uma força de atração sobre as religiões: elas poderão ver nessa necessidade objetiva uma chance de reafirmar-se de maneira inaudita e, não obstante, ao mesmo tempo fazê-lo com toda a força de sua particularidade (compreendida de maneira nova) e historicidade.

Com a parábola dos anéis Lessing pretendeu dizer que as três religiões abraâmicas compartilham um universalismo de regras de vida humanizadoras, em vista do qual suas diferenças históricas não têm peso. Sabemos que essas diferenças têm um grande peso – precisamente o da concreção histórica. Esse peso deveria ser posto no prato da balança da cultura civil e, nesse caso, a parábola poderia ser narrada nestes termos:

Um pai tinha três filhos entre os quais queria repartir sua herança em partes iguais. Porém, ele possuía um único anel, que

---

Versenkungsweg – Zen-Meditation und christliche Mystik. Johannes Kopp, que trabalha nessa tradição cristã zen, disse o seguinte: "A minha experiência zen-budista fez de mim um cristão melhor" (em diálogo com este autor). Cf. KOPP. *Schneeflocken fallen in die Sonne* – Christuserfahrungen auf dem Zen-Weg, p. 37ss.

era a mais preciosa de todas as suas posses. Esse anel emitia uma luz tão forte que ofuscava qualquer olho humano, de modo que ninguém podia alegrar-se com o seu aspecto e era preciso mantê-lo encoberto. Quando o pai sentiu que seu fim se aproximava, ele chamou seus filhos e lhes disse: não posso legar o anel para nenhum de vocês, pois do contrário os outros ficariam em desvantagem. Ademais, o seu brilho ofusca todo aquele que o recebe como propriedade. Em consequência, dispus que um joalheiro o fracionasse em três partes. Nessas partes o seu brilho diminuiu de tal maneira que agora ele reluz em diversas cores. No seu colorido fracionado, a sua preciosidade pode agora ser admirada por vocês e pelos outros. Quanto mais irmanados vocês ficarem, tanto mais belo e chamativo será o brilho de um dos anéis e tanto mais os outros dois que se encontram em sua proximidade ostentarão o seu jogo de cores. Todavia, se considerarem o esplendor de um dos anéis como a luz propriamente dita e afastarem dele os outros dois anéis, ele escurecerá e perderá seu poder benfazejo. Alegrem-se, portanto, com esse jogo de cores. Dizendo essas palavras, ele deu um anel para cada um e morreu.

3

Repensar a utopia

A favor de uma cultura da inspiração*

*Iso liwela umfula ugcwele**.*

O tema "utopia" não está em alta hoje em dia. Em vez do entusiasmo utópico, rege em toda parte o pragmatismo. Os graves problemas na política, sociedade e cultura – a reforma do Estado de bem-estar social e o conflito das culturas, a regulamentação do desequilíbrio de poder no sistema estatal e a crescente disparidade entre Norte e Sul, os problemas ambientais prementes e a leviandade no modo de lidar com eles – requerem soluções concretas e efetivas e não as imagens utópicas às avessas de um mundo perfeito. Junto com as formas de viver que se tornaram um hábito a que nos apegamos e que atualmente começam a perder sua aptidão para o futuro, tornaram-se obsoletos também os anseios e as esperanças que no passado foram depositadas nelas. Foi-se a confiança na competência de regulamentação do Estado. A esfera econômica dos mercados distanciou-se mais do que nunca do al-

---

* Primeira versão em *Kulturpolitische Mitteilungen*, vol. 100, n. I, 2003, p. 34-37. Em inglês: "Rethinking Utopia: A Plea for a Culture of Inspiration". In: RÜSEN, J.; FEHR, M. & RIEGER, T.W. (orgs.). *Thinking Utopia* – Steps into Other Worlds. Nova York/Oxford: Berghahn Books, 2005, p. 276-281.

** "O olho atravessa o rio (mesmo que os pés não possam)" – provérbio dos zulus segundo COLENSO. "Zulu-English Dictionary", apud GUY. *The View Across the River* – Harriett Colenso and the Zulu Struggle against Imperialism, p. 1.

cance do Estado, e sua dinâmica desenfreada oferece mais ensejo à crítica do que ainda poderia conter em termos de potencial de esperança de bem-estar para todos. Mudanças consideráveis nas circunstâncias de vida (por exemplo, do tipo demográfico) levam a novas incertezas e geram uma clara demanda por ação. Até agora, contudo, não se logrou compensar essas incertezas com um objetivo abrangente, inspirador e passível de consenso visando uma nova forma de viver. O pragmatismo autoritário da ação para solucionar problemas anda a par com uma peculiar ausência de concepções que estimulem à ação e que poderiam representar um contraponto adequado às concepções culturais norteadoras do pós-guerra que se tornaram obsoletas.

Acresce-se a isso que os projetos utópicos de ação devidos ao ideal da factibilidade das condições de vida humanas malbarataram a sua credibilidade. Onde foram assumidas pelo agir cônscio do seu poder, as utopias tiveram efeitos devastadores: a ideia norteadora da ação da humanidade factível transformou-se no terror da desumanidade experimentada.

3.1 Voltar a perguntar pela utopia

Por que deveríamos voltar a falar de utopia hoje?[57] A resposta é simples e singela: porque ela foi declarada morta e, não obstante, faz parte da vida da cultura. E porque ela sempre precisa desenvolver de maneira nova a linguagem que lhe corresponde.

No grande ano epocal de 1989, a utopia foi declarada liquidada e descartada, e isso foi tido como um grande progresso espiritual. O "fim da utopia" se transformou em bordão eficaz[58]. Havia

---

57 Cf. os cadernos temáticos dedicados ao tema "utopia": *Merkur*, vol. 55, 2001. • *Gegenworte. Zeitschrift für den Disput über Wissen*, vol. 10, outono/2002.

58 WINTER. *Ende eines Traums – Blick zurück auf das utopische Zeitalter Europas*. • SAAGE. *Das Ende der politischen Utopie*. • FEST. *Der zerstörte Traum – Vom Ende des utopischen Zeitalters*.

boas razões para isso: junto com os Estados socialistas na Europa, chegara a um fim deplorável o experimento político, no qual declaradamente deveria tratar-se de realizar na prática objetivos originalmente utópicos. A realidade não foi ultrapassada utopicamente para dentro do puro reino das possibilidades, mas deveria ser remodelada para conformar-se à utopia. Isso teve consequências terríveis: a realidade não permitiu a simples remodelação, mas partiu implacavelmente para o contragolpe. A tentativa de realizar uma concepção utópica da libertação definitiva do ser humano da opressão e da necessidade resultou no seu oposto, em opressão, assassinato e miséria. A outra experiência de terror do século XX, a do nazismo, pode ser interpretado de modo similar. Ele também apresenta os traços de uma política guiada pela utopia[59].

A eliminação dessas versões questionáveis do utópico enquanto projeto de práxis, enquanto imposição do possível ao real, acarretou o fim de toda e qualquer utopia? Os seus adeptos a entenderam como "utopia real" – mais propriamente uma contradição em si. Residia aí um efeito funesto. Em contraposição, seria de perguntar pelo propriamente utópico que justamente não tem lugar na realidade. Porque dificilmente se pode conceber que a cultura possa renunciar seriamente a um movimento espiritual rumo ao totalmente novo e outro.

3.2 O aparente "fim da utopia"

A crítica da utopia mostrou de modo convincente e enfático que se deve diferenciar claramente entre um pragmatismo realista que toma conhecimento dos fatos com sobriedade e o salto para

---

59 Cf. MOMMSEN. *Die Realisierung des Utopischen*: Die "Endlösung der Judenfrage" im "Dritten Reich".

dentro do totalmente diferente. Se essas duas coisas são vistas como uma só a práxis sóbria se torna irrealista, e ao mesmo tempo a utopia perde o que tem de mais valioso, a saber, justamente seu caráter isento de lugar, sua inspiração ideal e sua construtividade inalcançável e de tipo ideal.

A cultura da Era Moderna reiteradamente foi vítima dessa mistura das esferas. No início, temos a *Utopia*, de Tomás Morus, do ano de 1516, com sua visão de um sistema comunitário ideal organizado de acordo com princípios racionais. Morus falou de uma brincadeira com a qual ele espelhou a amarga experiência de opressão e necessidade da sua época. Ele poderia ter imaginado que essa brincadeira um dia se converteria num jogo mortalmente sério? Esse passo rumo à localização forçada dos ideais utópicos na realidade foi reiteradamente tentado. Nessa tentativa, justamente o salto ideal para dentro do totalmente outro, que deveria abrir os olhos para as possibilidades, forçosamente resultou em cegueira para a realidade que distorceu a ação.

Não foram poucos os que interpretaram o processo da modernização à luz de tal dialética do utópico. O fato de terem sucedido os terrores do século XX não raro foi posto na conta da influência dessa visão da factibilidade do desejável. O pensamento utópico da Era Moderna, que teria se acabado como ilusão de factibilidade e ao mesmo tempo encontrado a si mesmo como sonho a respeito razão, sucumbiu nos crimes contra a humanidade que foram cometidos e legitimados em nome de fins últimos e supremos.

No modo de lidar com o pensamento utópico, é preciso restringir-se a evocar os terrores de tais obcecações, visando advertir contra sua repetição no futuro? Deveríamos desistir, portanto, da visão da práxis conduzida pela razão? Deveríamos privar a cultura do estímulo à transposição de limites?

Max Weber certa vez caracterizou a ação política como "perfuração lenta e potente de tábuas duras com paixão e olho clínico"[60]. As duas coisas são necessárias: olho clínico, para perceber a realidade como ela é, e paixão que leva para além dos fatos dados. Política sem paixão é fraca na ação, a paixão sem olho clínico leva ao erro.

Deve-se falar de utopia porque a situação atual é caracterizada por um excesso de olho clínico e falta de paixão. O *status quo* para ter se transformado no fetiche da intransponibilidade dos limites da ação. O olhar por cima dos limites dos fatos dados na direção do novo e diferente perdeu força e mal consegue carregar culturalmente a ação humana e estatal com o sentido para a transformação.

Hoje em dia, nas sociedades ocidentais, política e sistema comunitário verdadeiramente não são movidos por projeções utópicas do futuro. Onde estão as ideias indicativas do caminho a seguir nas reformas, na hora de pôr-se a caminho e na orientação corajosa num mundo que de modo crescente clama por novas orientações?

Algo parecido parece se aplicar às ciências. Nelas o utópico também pode se tornar atuante. A ciência tenta pensar o que ainda não foi pensado e formular o novo em hipóteses, construtos e teorias. A ciência enquanto projeção de hipóteses pode ser lida como procedimento utópico[61]. Onde não se vai mediante hipóteses resolutamente além do que está dado e já é sabido não pode haver progresso do conhecimento. O mar revolto das suposições, que são provisoriamente pensadas e discutidas como

---

60 WEBER. *Politik als Beruf*, p. 88.

61 Max Weber, por exemplo, denominou "utopia" o instrumento conceitual para obter o conhecimento da realidade social: *Die "Objektivität" sozialwissenschaftlicher und sozialpolitischer Erkenntnis*, p. 190.

o provisório, também é o reino das utopias científicas e o campo de atuação do utópico na busca do saber. Onde são levantadas perguntas e respostas amadurecem no ato de pensar, rompe-se a blindagem dura que protege de mudanças o reino da necessidade e do tradicional. Esse passo para o novo e impensado com frequência esteve associado à esperança e à visão de poder regular as questões humanas com a razão – com a razão que as ciências veem atuando em si mesmas. Onde foi parar a paixão carregada de utopia no discurso científico? A pós-modernidade nos deixou sem força para respirar diante do brilho cintilante do *anything goes* [tudo é válido]. Onde foi parar a visão sumamente persuasiva da justiça social? Ela silenciou em meio ao coro dos apologistas das coerções econômicas. Parece que entregamos a vontade de transformação aos fundamentalistas de todos os matizes, que só conseguem validá-lo de modo destrutivo. Estaremos na defensiva diante deles enquanto não tivermos ideias melhores com força motivadora de configuração viva e humana das relações para confrontar com as ideias mortais com que promovem a destruição.

3.3 Inspirações, visões e utopias como elixir da vida para a cultura

Como podemos entender o utópico hoje? Para não ter de renunciar às forças mentais do pensamento visionário é preciso redefinir o utópico. A experiência amarga do século XX, que levou o agir conduzido pela utopia a provocar catástrofes horripilantes na humanidade, deve ser sistematicamente levada em conta nessa redefinição. Minha pergunta mira no fundamental: É verdade que somente aquilo que é tido como factível é capaz de motivar culturalmente para a ação? Se fosse assim, as utopias de fato seriam supérfluas. Mas é mais provável que o oposto seja o correto: necessitamos de perspectivas utópicas para o nosso mundo, que vão além de todo o factível e controlável, para dar um sentido sustentável ao nosso agir. Precisamos sonhar (durante a noite) para fazer o nosso trabalho sóbrios e despertos (durante o dia). Essa deveria ser a relação entre utopia e senso pragmático de realidade. O que seria a nossa relação modeladora e criativa com a realidade sem nossa capacidade para a ficção? No entanto, o papel do pensamento visionário em nossos projetos de vida prática deve ser analisado com mais exatidão, ou seja, justamente do pensamento que vai além das condições e circunstâncias concretas do agir prático e mostra palpavelmente as possibilidades do totalmente diferente e melhor.

Trata-se, em primeiro lugar, de estímulos para a ação: O que é a política sem a ideia do bem comum que se inflama na visão da felicidade para todos. O que é política sem a ideia da justiça social que se contrapõe conscientemente à experiência da desigualdade? Como é possível suportar fracassos e frustrações, como é possível aguentar sofrimento sem que se transforme em ação de resistência à luz de sua superação?

As potencialidades do utópico constituem a força inspiradora e fantasista de transpor os limites inibidores e, de modo geral, a força espiritual do entusiasmo nas interpretações culturais e determinações de sentido da vida humana. Esse ato de transpor e esse entusiasmo de ir além de tudo que está dado ocorrem em todas as épocas e em todas as culturas. Eles aparecem em formações extremamente variadas: seja na arte como reflexo da reconciliação, na religião como salvação que transcende todo sofrimento e na ciência como regulador contrafático da argumentação livre de dominação e guiada pela razão; seja na técnica como visão da possibilidade de dominar a natureza segundo fins propostos pelo próprio ser humano, seja na política como fonte de legitimação de dominação na vontade comum dos dominados, seja na economia como felicidade da satisfação das necessidades e na sociedade como projeto de justiça social. Esse princípio do transcender possui amplitude e profundidade antropológicas, possuindo algo de universal e fundamental. Ele se mostra no sorriso de uma criança, no entusiasmo do amor, no ser tomado pela experiência estética ou religiosa, no anseio por liberdade e felicidade – em suma: ele se mostra sempre que seres humanos transcendem resolutamente, no sofrer e no agir, o que está dado no aqui e agora e se projetam na direção de um outro, no qual querem encontrar a si mesmos.

As ciências culturais existem para pesquisar as interpretações que os seres humanos têm de dar ao seu mundo e a si mesmos, para poderem viver nele e consigo mesmos. A cultura é a quinta-essência dessas interpretações e o sentido é seu princípio. Não há cultura sem extrapolação interpretativa, não há sentido sem a transposição fundamental do aqui e agora, das circunstâncias e condições da práxis vital.

É obscuro e controvertido que papel o utópico pode e deve desempenhar hoje enquanto modalidade do extrapolante nas formações de sentido da cultura. Essa falta de clareza é um problema. Ela reduz a força das ideias animadoras e inspiradoras. Ela promove paralisia e desânimo. Desânimo com a política, estagnação social, desmobilização de movimentos esperançosos de renovação podem ser observados em toda parte.

Em contraposição, está por acontecer uma transmissão concreta de utopia, reforma e pragmatismo. A questão é como fazer com que aconteça. Bastam as utopias que prometem um progresso desembaraçado da ciência e da técnica? Elas estão o tempo todo em ação, mas em vista das possibilidades até agora inauditas de lidar com a natureza do ser humano suscitam fortes dúvidas éticas, provocando em algumas pessoas até mesmo visões aterrorizantes de uma nova barbárie em nome do progresso.

Rememoremos: nem faz tanto tempo assim que a opinião pública alemã foi fortemente sacudida por ponderações filosóficas no sentido de converter a própria humanidade do ser humano em assunto da remodelação planificadora e da previdência do futuro e, nesse processo, relegar definitivamente *ad acta* a tradição do humanismo[62].

3.4 A utopia como "inquietude da cultura"

O pensamento utópico alude à inquietude da cultura que faz com que os seres humanos sempre pensem, desejem, esperem e temam ir além do que está dado em seu mundo, a fim de orientar o seu agir em pontos de vista da significatividade. Porém, qual é o sentido que leva além da pura reprodução das atuais circunstâncias de vida e descortina novos horizontes? Como podemos avaliá-lo e como podemos estabelecer contato com ele?

A utopia como "inquietude da cultura" tem um sentido duplo: um sentido perturbador, intranquilizador, irritante, bem como um sentido mobilizador, estimulante e vivaz. Se lograrmos ponderar os elementos utópicos da orientação cultural da ação de maneira a afastar o perigo de pervertê-los em instrumentos de poder e violência, eles poderão inspirar nosso agir como fontes vivas de força, aguçar nosso olhar crítico para as circunstâncias e desenvolvimentos do mundo e fortalecer as esperanças que são o elixir da nossa vida.

---

62 SLOTERDIJK. *Regeln für den Menschenpark* – Ein Antwortschreiben zu Heideggers Brief über den Humanismus.

Referências

ACKERMANN, A. & MÜLLER, K.E. (orgs.). *Patchwork*: Dimensionen multikultureller Gesellschaften – Geschichte, Problematik und Chancen. Bielefeld: Transcript, 2002.

AHR FORUM. "History and Memory". *The American Historical Review*, vol. 102, 1997, p. 1.372-1.412.

ANGVIK, M. & BORRIES, B. (orgs.). *Youth and History* – A Comparative European Survey on Historical Consciousness and Political Attitudes among Adolescents. 2 vols. Hamburgo: Körber-Stiftung, 1997.

ANKERSMIT, F.R. "The sublime Dissociation of the Past: Or How to Be(come) what one is no longer". *History and Theory*, vol. 40, 2001, p. 295-323.

_____. *De historische Ervaring*. Groningen: Historische Uitgeverij, 1993.

ASSMANN, A. *Erinnerungsräume* – Formen und Wandlungen des kulturellen Gedächtnisses. Munique: Beck, 1999.

_____. *Zeit und Tradition* – Kulturelle Strategien der Dauer. Colônia: Böhlau, 1999 [Beiträge zur Geschichtskultur, vol. 15].

ASSMANN, A. & FREVERT, U. *Geschichtsvergessenheit – Geschichtsversessenheit* – Vom Umgang mit deutschen Vergangenheiten nach 1945. Stuttgart: Deutsche Verlagsanstalt, 1999.

ASSMANN, A. & HARTH, D. (orgs.). *Mnemosyne* – Formen und Funktionen der kulturellen Erinnerung. Frankfurt am Main: Fischer, 1991.

ASSMANN, J. *Die mosaische Unterscheidung oder der Preis des Monotheismus*. Munique: Hanser, 2003.

_____. "Das kulturelle Gedächtnis". *Erwägen, Wissen, Ethik*, vol. 13, n. 2, 2002, p. 239-247.

_____. *Das kulturelle Gedächtnis* – Schrift, Erinnerung und politische Identität in frühen Hochkulturen. Munique: Beck, 1992.

ASSMANN, J. & HÖLSCHER, T. (orgs.). *Kultur und Gedächtnis*. Frankfurt am Main: Suhrkamp, 1988.

AUERBACH, E. "Figura". *Gesammelte Aufsätze zur romanischen Philologie*. Berna: Francke, 1967, p. 55-92.

BARRELMEYER, U. *Geschichtliche Wirklichkeit als Problem* – Untersuchungen zu geschichtstheoretischen Begründungen historischen Wissens bei Johann Gustav Droysen, Georg Simmel und Max Weber. Münster: Lit, 1997.

BAUMGARTNER, H.M. *Kontinuität und Geschichte* – Zur Kritik und Metakritik der historischen Vernunft. Frankfurt am Main: Suhrkamp, 1972.

BECHER, U. et al. (orgs.). *Internationale Verständigung* – 25 Jahre Georg-Eckert-Institut für internationale Schulbuchforschung in Braunschweig. Hannover: Hahn, 2000.

BECHER, U.A.J.; FAUSSER, K. & RÜSEN, J. "Geschichtsbewusstsein". In: GREIFFENHAGEN; MARTIN & GREIFFENHAGEN, S. (orgs.). *Handwörterbuch zur politischen Kultur der Bundesrepublik Deutschland*. 2. ed. Wiesbaden: Westdeutscher, 2002, p. 169-176.

BENJAMIN, W. "Über den Begriff der Geschichte". In: TIEDEMANN, R. & SCHWEPPENHÄUSER, H. (orgs.). *Gesammelte Schriften*. Vol. I,2. Frankfurt am Main: Suhrkamp, 1991.

BERGMANN, K. "Die neue Geschichtsdidaktik – ein langer Blick zurück und ein kurzer Blick nach vorne". In: BLANKE, H.-W.; JAEGER, F. & SANDKÜHLER, T. (orgs.). *Dimensionen der Historik - Geschichtstheorie, Wissenschaftsgeschichte und Geschichtskultur heute* – Jörn Rüsen zum 60. Geburtstag. Colônia: Böhlau, 1998, p. 127-138.

BERGMANN, K. et al. (orgs.). *Handbuch der Geschichtsdidaktik*. 5. ed. Seelze-Velber: Kallmeyer, 1997.

BERNHEIM, E. *Lehrbuch der Historischen Methode und der Geschichtsphilosophie* – Mit Nachweis der wichtigsten Quellen und Hülfsmittel zum Studium der Geschichte. 5./6. ed. Leipzig, 1908 [1. ed., Leipzig, 1889, com o título: *Lehrbuch der Historischen Methode*].

BIELEFELDT, H. *Philosophie der Menschenrechte*. Darmstadt: Wissenschaftliche Buchgesellschaft, 1998.

BIRN, R.B. "Revising the Holocaust". *Historical Journal*, vol. 40, 1997, p. 195-215.

BLANKE, H.W. *Historiographiegeschichte als Historik*. Stuttgart-Bad Cannstatt: Frommann-Holzboog, 1991 [Fundamenta Historica, vol. 3].

BÖHME, H.; MATUSSEK, P. & MÜLLER, L. *Orientierung Kulturwissenschaft* – Was sie kann, was sie will. Reinbek: Rowohlt, 2000.

BOOCKMANN, H. *Geschichte im Museum?* – Zu den Problemen und Aufgaben eines Deutschen Historischen Museums. Munique: Deutscher Kunstverlag, 1987.

BORSDORF, U. & GRÜTTER, H.T. (orgs.). *Orte der Erinnerung* – Denkmal, Gedenkstätte, Museum. Frankfurt am Main: Campus, 1997.

BREUILLY, J.J. "Wo bleibt die Handlung?" – Die Rolle von Ereignissen in der Gesellschaftsgeschichte". In: NOLTE, P. et al. (orgs.). *Perspektiven der Gesellschaftsgeschichte*. Munique: Beck, 2000, p. 36-42.

BRONFEN, E.; ERDLE, B.R. & WEIGEL, S. (orgs.). *Trauma* – Zwischen Psychoanalyse und kulturellem Deutungsmuster. Colônia: Böhlau, 1999.

BRÜGGEMEIER, F.J. & KOCKA, J. (orgs.). *"Geschichte von unten - Geschichte von innen"* – Kontroversen um die Alltagsgeschichte. Fernuniversität Hagen, 1985.

CALLIES, J. (org.). *Geschichte, wie sie nicht im Schulbuch steht* – Der Schülerwettbewerb Deutsche Geschichte um den Preis des Bundespräsidenten. Rehburg-Loccum: Evangelische Akademie Loccum, 1991.

CARR, D. "Phenomenology and historical knowledge". In: ORTH, WOLFGANG, E. & CHEUNG, C.-F. (orgs.). *Phenomenology of interculturality and life-world*. Friburgo: Alber, 1998, p. 112-130 [Phänomenologische Forschungen, volume especial].

_____. "Die Realität der Geschichte". In: MÜLLER, K.E. & RÜSEN, J. (orgs.). *Historische Sinnbildung* – Problemstellungen, Zeitkonzepte, Wahrnehmungshorizonte, Darstellungsstrategien. Reinbek: Rowohlt, 1997, p. 309-327.

_____. "Narrative and the Real World: An Argument for Continuity". *History and Theory*, vol. 25, 1986, p. 117-131.

_____. *Time, narrative and history* – Studies in phenomenology and existential philosophy. 2. ed. Bloomington: Indiana UP, 1986, 1991.

CARUTH, C. *Unclaimed experience* – Trauma, narrative and history. Baltimore: The John's Hopkins University Press, 1996.

CASSIRER, E. *Zur Logik der Kulturwissenschaften* – Fünf Studien. Darmstadt: Wissenschaftliche Buchgesellschaft, 1961.

_____. "Der Begriff der symbolischen Form im Aufbau der Geisteswissenschaften". *Wesen und Wirkung des Symbolbegriffs*. Darmstadt: Wissenschaftliche Buchgesellschaft, 1959, p. 169-200.

CHEVENAL, F. *Philosophie in weltbürgerlicher Bedeutung* – Über die Entstehung und die philosophischen Grundlagen des supranationalen und kosmopolitischen Denkens der Moderne. Basel: Schwabe, 2002.

COLENSO, J.W. *Zulu-English Dictionary*. 4. ed. [s.l.]: [s.e.], 1905 [org. por H.E. Colenso].

DANIEL, U. "'Kultur' und 'Gesellschaft' – Überlegungen zum Gegenstandsbereich der sozialen Geschichte". *Geschichte und Gesellschaft*, vol. 19, 1993, p. 69-99.

DEWEY, J. *Erfahrung und Natur*. Frankfurt am Main: Suhrkamp, 1995.

DINER, D. "Zwischen Aporie und Apologie – Über Grenzen der Historisierbarkeit des Nationalsozialismus". In: DINER, D. (org.). *Ist der Nationalsozialismus Geschichte?* – Zu Historisierung und Historikerstreit. Frankfurt am Main: Fischer Taschenbuch, 1987, p. 62-73.

DÖRNER, A. *Politischer Mythos und symbolische Politik* – Der Hermann-Mythos: Zur Entstehung des Nationalbewusstseins der Deutschen. Wiesbaden, 1995 [Reinbek: Rowohlt, 1996].

DROYSEN, J.G. "L'uomo e l'umanita". In: CANTILLO, G. *L'eccedenza del passato* – Per uno storicismo esistenziale. Nápoles, 1993, p. 105-144.

_____. *Historik* – Historisch-kritische Ausgabe. Vol. 1. Stuttgart-Bad Cannstatt: Fromann-Holzboog, 1977 [org. por P. Leyh].

_____. *Istorica* – Lezioni sulla Enciclopedia e Metodologia della Storia. Milão/Nápoles, 1966 [trad. de L. Emery].

_____. *Historik* – Vorlesungen über Enzyklopädie und Methodologie der Geschichte. 4. ed. Darmstadt: Wissenschaftliche Buchgesellschaft, 1960 [org. por R. Hübner].

_____. *Vorlesungen über das Zeitalter der Freiheitskriege.* 2. ed. Gotha, 1886.

DUBIEL, H. *Niemand ist frei von der Geschichte* – Die nationalsozialistische Herrschaft in den Debatten des Deutschen Bundestages. Munique: Hanser, 1999.

DÜDING, D. et al. (orgs.). *Öffentliche Festkultur* – Politische Feste in Deutschland von der Aufklärung bis zum Ersten Weltkrieg. Reinbek: Rowohlt, 1988.

DÜLMEN, R. *Historische Anthropologie* – Entwicklung - Probleme - Aufgaben. Colônia: Böhlau, 2000.

DUX, G. *Historisch-genetische Theorie der Kultur - Instabile Welten* – Zur prozessualen Logik im kulturellen Wandel. Weilerswist: Velbrück Wissenschaft, 2000.

_____. "Wie der Sinn in die Welt kam und was aus ihm wurde". In: MÜLLER, K.E. & RÜSEN, J. (orgs.). *Historische Sinnbildung* – Problemstellungen, Zeitkonzepte, Wahrnehmungshorizonte, Darstellungsstrategien. Reinbek: Rowohlts Enzyklopädie, 1997, p. 195-217.

_____. "Denken vom Vorrang der Natur – Die Naturalisierung des Geistes". In: BUBNER, R.; GLADIGOW, B. & HAUG, W. (orgs.). *Die Trennung von Natur und Geist*. Munique: Fink, 1990, p. 161-180.

_____. *Die Zeit in der Geschichte* – Ihre Entwicklungslogik von Mythos zur Weltzeit. Frankfurt am Main: Suhrkamp, 1989.

ENGELBERT, G. (org.). *Ein Jahrhundert Hermannsdenkmal 1875-1975*. Lippe: Naturwissenschaftliche und Historischer Verein, 1975.

ENOMIYA-LASSALLE, H.M. *Der Versenkungsweg* – Zen - Meditation und christliche Mystik. Friburgo im Breisgau: Herder, 1992.

ESSEN, G. *Sinnstiftende Unruhe im System des Rechts* – Religion im Beziehungsgeflecht von modernem Verfassungsstaat und säkularer Zivilgesellschaft. Göttingen: Wallstein, 2004 [Essener kulturwissenschaftliche Vorträge, vol. 14].

_____. *Ethischer Monotheismus und menschliche Freiheit - Theologische Annäherungen an den Pluralismus der Moderne* – Rede (in verkürzter Form) vorgetragen anlässlich der Übernahme der ordentlichen Professur für dogmatische Theologie an der Theologischen Fakultät der Katholieke Universiteit Nijmegen am Mittwoch den 9. Oktober 2002. Nijmegen: Katholieke Universiteit, [s.d.].

_____. "Geschichte als Sinnproblem – Zum Verhältnis von Theologie und Historik". *Theologie und Philosophie*, vol. 71, 1996, p. 321-333.

_____. *Historische Vernunft und Auferweckung Jesu* – Theologie und Historik im Streit um den Begriff geschichtlicher Wirklichkeit. Mainz: Matthias-Grünewald-Verlag, 1995.

FEHR, M. & STEFAN, G. (orgs.). *Geschichte, Bild, Museum* – Zur Darstellung von Geschichte im Museum. Colônia: Wienand, 1989.

FEST, J. *Der zerstörte Traum* – Vom Ende des utopischen Zeitalters. Berlim: Siedler, 1991.

FEYERABEND, P.K. *Wider den Methodenzwang*. Frankfurt am Main: Suhrkamp, 1975.

FINKELSTEIN, N.G. & BIRN, R.B. *Eine Nation auf dem Prüfstand* – Die Goldhagen-These und die historische Wahrheit. Hildesheim: Claassen, 1998.

FLAIG, E. "Amnestie und Amnesie in der griechischen Kultur – Das vergessene Selbstopfer für den Sieg im athenischen Bürgerkrieg 403 v. Chr". *Saeculum*, vol. 42, 1991, p. 129-149.

FORRESTER, V. *Der Terror der Ökonomie*. Viena: Zsolnay, 1997.

FRANÇOIS, E. (org.). *Lieux de Memoire*: Erinnerungsorte. Berlim: Centre Marc Bloch, 1996.

FRANÇOIS, E. & SCHULZE, H. (orgs.). *Deutsche Erinnerungsorte*. 3 vols. Munique: Beck, 2001.

FREI, N. *Vergangenheitspolitik* – Die Anfänge der Bundesrepublik und die NS-Vergangenheit. Munique: Beck, 1996.

FREUD, S. *Vorlesungen zur Einführung in die Psychoanalyse Und Neue Folge*. Frankfurt am Main: S. Fischer, 1969 [Studienausgabe, vol. 1].

_____. *Totem und Tabu*. Viena, 1913.

FREUDIGER, J.; GRAESER, A. & PETRUS, K. (orgs.). *Der Begriff der Erfahrung in der Philosophie des 20. Jahrhunderts*. Munique: Beck, 1996.

FRIEDLÄNDER, S. (org.). *Probing the Limits of Representation*: Nazism and the "Final Solution". Cambridge, Mass: Harvard University Press, 1992.

FRÖHLICH, K. et al. (orgs.). *Geschichtskultur*. Pfaffenweiler: Centaurus, 1992 [Jahrbuch für Geschichtsdidaktik, n. 3].

FULDA, D. "Die Texte der Geschichte – Zur Poetik modernen historischen Denkens". *Poetica* – Zeitschrift für Sprach- und Literaturwissenschaft, vol. 31, 1999, p. 27-60.

_____. *Wissenschaft aus Kunst* – Die Entstehung der modernen deutschen Geschichtsschreibung 1760 bis 1860. Berlim: De Gruyter, 1996.

FÜRET, F.; VON THADDEN, R. & MEIER, C. "Goldhagen und die Deutschen". *Internationale Zeitschrift für Philosophie*, 1997, p. 111-123.

FÜSSMANN, K. et al. (orgs.). *Historische Faszination* – Geschichtskultur heute. Colônia: Böhlau, 1994.

GADAMER, H.-G. *Wahrheit und Methode* – Grundzüge einer philosophischen Hermeneutik. Tübingen: Mohr/Siebeck, 1960.

GALTUNG, J. "Die 'Sinne' der Geschichte". In: MÜLLER, K.E. & RÜSEN, J. (orgs.). *Historische Sinnbildung. Problemstellungen, Zeitkonzepte, Wahrnehmungshorizonte, Darstellungsstrategien*. Reinbek: Rowohlt, 1997, p. 118-141.

GEERTZ, C. *Dichte Beschreibung* – Beiträge zum Verstehen kultureller Systeme. Frankfurt am Main: Suhrkamp, 1983.

GIESEN, B. *Die Entdinglichung des Sozialen* – Eine evolutionstheoretische Perspektive auf die Postmoderne. Frankfurt am Main: Suhrkamp, 1991.

GINZBURG, C. *Spurensicherung* – Über verborgene Geschichte, Kunst und soziales Gedächtnis. Munique: Deutscher Taschenbuchverlag, 1988.

_____. *Der Käse und die Würmer* – Die Welt eines Müllers um 1600. Frankfurt am Main: Syndikat, 1979.

GIRARD, R. *Das Heilige und die Gewalt*. Frankfurt am Main: Fischer Taschenbuch, 1999.

GOBODO-MADIKIZELA, P. *A human being died that night* – A story of forgiveness. Clarmont: David Philip, 2003.

_____. "Remorse, forgiveness, and rehumanization: stories from South Africa". *Journal of humanistic psychology,* vol. 42, n. 1, 2002, p. 7-32.

GOERTZ, H.-J. *Unsichere Geschichte* – Zur Theorie historischer Referentialität. Stuttgart: Reclam, 2001.

GOLDHAGEN, D.J. *Hitlers willige Vollstrecker* – Ganz gewöhnliche Deutsche und der Holocaust. Berlim: Siedler, 1996.

GRAEVENITZ, G. & MARQUARD, O. (orgs.). *Kontingenz*. Munique: Fink, 1998 [Poetik und Hermeneutik, vol. XVII].

GRÜTTER, H.T. "Die Präsentation der Vergangenheit – Zur Darstellung von Geschichte in historischen Museen und Ausstellungen". In: FÜSSMANN, K. et al. (orgs.). *Historische Faszination* – Geschichtskultur heute. Colônia: Böhlau, 1994, p. 173-187.

GUY, J. *The View Across the River* – Harriett Colenso and die Zulu Struggle against Imperialism. Cape Town: David Philip, 2001.

HAMBURGER INSTITUT FÜR SOZIALFORSCHUNG (org.). *Eine Ausstellung und ihre Folgen* – Zur Rezeption der Ausstellung "Vernichtungskrieg - Verbrechen der Wehrmacht, 1941-1944". Hamburgo: Hamburger, 1999.

HARDTWIG, W. "Der bezweifelte Patriotismus – Nationales Bewusstsein und Denkmal 1786 bis 1933". *Geschichte in Wissenschaft und Unterricht*, vol. 44, 1993, p. 773-785.

HAUPT, H.-G. & KOCKA, J. (orgs.). *Geschichte und Vergleich* – Ansätze und Ergebnisse international vergleichender Geschichtsschreibung. Frankfurt am Main: Campus, 1996.

HEIDBRINK, L. "Gibt es Verantwortung für die Vergangenheit?" *Philosophische Rundschau*, vol. 45, 1998, p. 149-162.

HETTLING, M. & NOLTE, P. (orgs.). *Bürgerliche Feste* – Symbolische Formen politischen Handelns im 19. Jahrhundert. Göttingen: Vandenhoeck & Ruprecht, 1993.

HOFFMANN, D. (org.). *Das Gedächtnis der Dinge* – KZ-Relikte und KZ-Denkmäler 1945-1995. Frankfurt am Main: Campus, 1997.

HÖLKESKAMP, K.-J. et al. (orgs.). *Sinn in der Antike* – Wertkonzepte, Leitbilder und Orientierungssysteme im Altertum. Mainz: Philipp von Zabern, 2003.

KÖLSCHER, L. "Geschichte als "Erinnerungskultur". In: DABAG, M. & PLATT, K. (orgs.). *Generation und Gedächtnis* – Erinnerung und kollektive Identitäten. Opladen: Leske und Budrich, 1995, p. 146-168.

HUANG, C. "'Time' and 'Supertime' in Chinese Historical Thinking". In: CHUN-CHIEH, H. & HENDERSON, J.B. (orgs.). *Notions of Time in Chinese Historical Thinking*. Taipei: Chinese University Press, 2005.

_____. "Salient Features of Chinese Historical Thinking". *Medieval Historical Journal*, vol. 7, n. 2, jul.-dez./2004, p. 243-254.

HUMBOLDT, W. "Über die Aufgabe des Geschichtschreibers". *Schriften zur Anthropologie und Geschichte* – Werke in fünf Bänden. Vol. 1. Darmstadt, 1960, p. 585-606, 35-56 [Gesammelte Schriften [Akademie-Ausgabe], vol. IV] [org. por A. Flitner e K. Giel].

HUNTINGTON, S.P. *Der Kampf der Kulturen - The Clash of Civilizations* – Die Neugestaltung der Weltpolitik im 21. Jahrhundert. Munique: Siedler im Goldmann, 1996.

HUSSERL, E. *Vorlesungen zur Phänomenologie des inneren Zeitbewusstseins.* 2. ed. Tübingen, 1928 [org. por M. Heidegger].

JAEGER, F. *Amerikanischer Liberalismus und zivile Gesellschaft*: Perspektiven sozialer Reform im 20. Jahrhundert. Göttingen: Vandenhoeck & Ruprecht, 2001.

_____. "Traditionen der Kulturwissenschaften im deutsch-amerikanischen Vergleich". In: JAEGER, F. (org.). *Kulturwissenschaftliche Perspektiven in der Nordamerika-Forschung*. Tübingen: Stauffenberg, 2001, p. 209-238.

_____. *Bürgerliche Modernisierungskrise und historische Sinnbildung* – Kulturgeschichte bei Droysen, Burckhardt und Max Weber. Göttingen: Vandenhoeck & Ruprecht, 1994 [Bürgertum – Beiträge zur europäischen Gesellschaftsgeschichte, vol. 5].

JAEGER, F. & RÜSEN, J. *Geschichte des Historismus* – Eine Einführung. Munique: Beck, 1992.

JAUSS, H.R. *Ästhetische Erfahrung und literarische Hermeneutik* – Vol. 1: Versuche im Feld der ästhetischen Erfahrung. Munique: Fink, 1977.

JEISMANN, M. (org.). *Mahnmal Mitte* – Eine Kontroverse. Colônia: DuMont, 1999.

KALBE, R. & ZUCKERMANN, M. *Ein Grundstück in Mitte* – Das Gelände des künftigen Holocaust-Mahnmals in Wort und Bild. Göttingen: Wallstein, 2000.

KANT, I. "Idee zu einer allgemeinen Geschichte in weltbürgerlicher Absicht". KANT, I. *Schriften zur Anthropologie, Geschichtsphilosophie, Politik und Pädagogik*. 1. Teil. Darmstadt, 1968, p. 31-61 [org. por W. Weischedel, vol. 9] [10 vols.].

KETTNER, M. "Nachträglichkeit – Freuds brisante Erinnerungstheorie". In: RÜSEN, J. & STRAUB, J. (orgs.). *Die dunkle Spur der Vergangenheit* – Psychoanalytische Zugänge zur Geschichte. Frankfurt am Main: Suhrkamp, 1998, p. 33-69 [Erinnerung, Geschichte, Identität, vol. 2].

KIRSCH, J.-H. "Wir haben aus der Geschichte gelernt" – Der 8. Mai als politischer Gedenktag in Deutschland. Colônia: Böhlau, 1999.

KITTSTEINER, H.-D. *Listen der Vernunft* – Motive geschichtsphilosophischen Denkens. Frankfurt am Main: Fischer-Taschenbuch, 1998.

KITTSTEINER, H.-D. (org.). *Geschichtszeichen*. Colônia: Böhlau, 1999.

KLÜGER, R. *Weiter leben* – Eine Jugend. Göttingen: Wallstein, 1992.

KOCH, G. (org.). *Bruchlinien* – Tendenzen der Holocaustforschung. Colônia: Böhlau, 1999.

KOCKA, J. "Comparison and beyond". *History and Theory*, vol. 42, 2003, p. 39-44.

_____. "Historische Sozialwissenschaft heute". In: NOLTE, P. et al. (orgs.). *Perspektiven der Gesellschaftsgeschichte*. Munique: Beck, 2000, p. 5-24.

_____. "Perspektiven für die Sozialgeschichte der neunziger Jahre". In: SCHULZE, W. (org.). *Sozialgeschichte, Alltagsgeschichte, Mikro-Historie*. Göttingen: Vandenhoeck & Ruprecht, 1994, p. 33-39.

_____. "Folgen der deutschen Einigung für die Geschichts- und Sozialwissenschaft". *Deutschland Archiv*, 1992, p. 793-802.

_____. *Sozialgeschichte* – Begriff - Entwicklung - Probleme. 2. ed. Göttingen: Vandenhoeck & Ruprecht, 1987.

KODALLE, K.M. "Gabe und Vergebung. Kierkegaards Theorie des verzeihenden Blicks". In: KODALLE, K.-M. & STEIN-MEIER, A. (orgs.). *Subjektiver Geist Reflexion und Erfahrung im Glauben* (Festschrift Traugott Koch). Würzburg: Königshausen & Neumann, 2002, p. 71-86.

_____. "Verzeihung - Hegels Denkanstoss - Wider die Verdrängung eines zentralen philosophischen Themas". *Hegel-Jahrbuch 2002* – "Phänomenologie des Geistes". 2. Teil. Berlim, 2002, p. 88-99.

_____. "Diesseits der Logik des Moralismus: Vom 'Geist' der Verzeihung bei Kierkegaard, Nietzsche, Scheler, Dostojewski und Camus". In: *Kierkegaard Revisited*. Berlim, 1997, p. 387-409 [Kierkegaard Studies; Monograph Series 1].

_____. *Verzeihung nach Wendezeiten?* – Über Unnachsichtigkeit und misslingende Selbst-Entschuldung. Erlangen/Jena: Palm/ Enke, 1994 [Jenaer philosophische Vorträge und Studien, vol. 12].

KOGGE, W. *Die Grenzen des Verstehens*. Weilerswist: Velbrück Wissenschaft, 2002.

KÖLBL, C. & STRAUB, J. "Geschichtsbewusstsein im Jugendalter – Theoretische und exemplarische empirische Analysen". *Forum qualitative Sozialforschung*, vol. 2, n. 3, set./2001 [Disponível em http://qualitative-research.net/fgs].

KÖLMEL, W. "Typik und Atypik – Zum Geschichtsbild der kirchenpolitischen Publizistik (11.-14. Jahrhundert)". *Speculum Historiale* – Festschrift Johannes Spörl. Munique, 1965, p. 277-302.

KOPP, J. *Schneeflocken fallen in die Sonne* – Christuserfahrungen auf dem Zen-Weg. Annweiler: Plöger, 1994.

KORFF, G. "Ausgestellte Geschichte". *Saeculum*, vol. 43, 1992, p. 9-37.

KORFF, G. (org.). *Das historische Museum* – Labor, Schaubühne, Identitätsfabrik. Frankfurt am Main: Campus, 1990.

KOSELLECK, R. (org.). *Der politische Totenkult* – Kriegerdenkmäler in der Moderne. Munique: Fink, 1993.

KÜNG, H. *Projekt Weltethos*. 3. ed. Munique: Piper, 1996.

LAL, V. "Provincialising the West: World history in the perspective of Indian history". In: STUCHTEY, B. & FUCHS, E. (orgs.). *Writing World history 1800-2000*. Oxford: University Press, 2003, p. 271-289.

_____. *The History of History* – Politics and Scholarship in Modern India. Oxford: University Press, 2003.

LAMPRECHT, K. *Paralipomena der deutschen Geschichte*. Viena, 1910.

LeGOFF, J. *Geschichte und Gedächtnis*. Frankfurt am Main: Campus, 1992.

LESSING, G.E. "Die Erziehung des Menschengeschlechts". In: GÖPFERT, H.G. *Werke* – Vol. 8: Theologiekritische Schriften III, Philosophische Schriften. Darmstadt: Wissenschaftliche Buchgesellschaft, 1996.

_____. "Eine Duplik (1778)". In: GÖPFERT, H.G. *Werke* – Vol. 8: Theologiekritische Schriften III, Philosophische Schriften. Darmstadt: Wissenschaftliche Buchgesellschaft, 1996.

LIEBSCH, B. & RÜSEN, J. (orgs.). *Trauer und Geschichte*. Colônia: Böhlau, 2001 [Beiträge zur Geschichtskultur, vol. 22].

LOEWE, M. *Crisis and Conflict in Han China (104 BC to AD 9)*. Londres: George Allen & Unwin, 1974.

LORENZ, C. "Model murderers – Afterthoughts on the Goldhagen-method and history". *Rethinking history*, vol. 6, n. 2, 2002, p. 131-150.

_____. "Historical Knowledge and Historical Reality: A Plea for 'Internal Realism'". *History and Theory*, vol. 33, 1994, p. 297-327.

LOTH, W. & RUSINEK, B.A. (orgs.). *Verwandlungspolitik* – NS-Eliten in der westdeutschen Nachkriegsgesellschaft. Frankfurt am Main: Campus, 1998.

LÖWITH, K. *Weltgeschichte und Heilsgeschehen* – Die theologischen Voraussetzungen der Heilsgeschichte. Stuttgart: Metzler, 1953.

LÜBBE, H. *Die Zivilisationsökumene*. Munique: Fink, 2005.

_____. *"Ich entschuldige mich"* – Das neue politische Bussritual. Berlim: Siedler, 2001.

LÜDTKE, A. "Alltagsgeschichte, Mikro-Historie, historische Anthropologie". In: GOERTZ, J. (org.). *Geschichte – Ein Grundkurs*. Reinbek bei Hamburg: Rowohlt, 1998, p. 557-578.

LÜDTKE, A. (org.). *Alltagsgeschichte – Zur Rekonstruktion historischer Erfahrungen und Lebensweisen*. Frankfurt am Main: Campus, 1989.

MacDONALD, S. (org.). *Approaches to European Historical Consciousness*: Reflections and Provocations. Hamburgo: Körber-Stiftung, 2000.

MAI, E. & SCHMIRBER, G. (orgs.). *Denkmal - Zeichen – Monument* – Skulptur und öffentlicher Raum heute. Munique: Prestel, 1989.

MAKROPOULOS, M. *Modernität und Kontingenz*. Munique: Fink, 1997.

MARQUARD, O. "Verspätete Moralistik – Bemerkungen zur Unvermeidlichkeit der Geisteswissenschaften". *Kursbuch*, vol. 91, 1988, p. 13-18.

_____. "Über die Unvermeidlichkeit der Geisteswissenschaften". *Apologie des Zufälligen* – Philosophische Studien. Stuttgart: Reclam, 1986, p. 98-116.

_____. "Lob des Polytheismus – Über Monomythie und Polymythie". *Abschied vom Prinzipiellen*. Stuttgart: Reclam, 1981.

MARX, K. & ENGELS, F. "Feuerbach – Gegensatz von materialistischer und idealistischer Anschauung". *Deutsche Zeitschrift für Philosophie*, vol. 14, n. 10, 1966, p. 1.999-2.254.

MEDICK, H. *Weben und Überleben in Laichingen 1650-1900* – Lokalgeschichte als Allgemeine Geschichte. Göttingen: Vandenhoeck & Ruprecht, 1996.

MEGILL, A. "History, Memory, Identity". *History of the Human Sciences*, vol. 11, 1998, p. 37-62.

MEIER, C. *40 Jahre nach Auschwitz* – Deutsche Geschichtserinnerung heute. Munique: Beck, 1990.

MEINECKE, F. *Die deutsche Katastrophe*. Wiesbaden, 1946.

MIHALACHE, C. "History and Memory, asking the children". *Xenopoliana* – Buletinul Fundatiei Academicae "A.D. Xenopol" Din Iasi, vol. IX, 2001, p. 118-121.

MITSCHERLICH, A. & MITSCHERLICH, M. *Die Unfähigkeit zu trauern* – Grundlagen kollektiven Verhaltens. Munique: Piper, 1967 [reed. Leipzig, 1990].

MITTELSTRASS, J. "Bildung und ethische Masse". In: KILLIUS, N.; KLUGE, J. & REISCH, L. (orgs.). *Die Zukunft der Bildung*. Frankfurt am Main: Suhrkamp, 2002, p. 151-170.

_____. "Welches Bildungsideal braucht eine offene Wissensgesellschaft?" *Universitas,* vol. 57, n. 678, dez./2002, p. 1.263-1.271.

_____. *Glanz und Elend der Geisteswissenschaften*. Oldenburg, 1989 [Oldenburger Universitätsreden, n. 27].

MOMMSEN, H. "Die Realisierung des Utopischen: Die 'Endlösung der Judenfrage' im 'Dritten Reich'". *Der Nationalsozialismus und die deutsche Gesellschaft* – Ausgewählte Aufsätze. Reinbek bei Hamburg: Rowohlt, 1990, p. 184-232.

MOZES KOR, E. "Echoes from Auschwitz: My journey to healing". In: KULTURWISSENSCHAFTLICHES INSTITUT (org.). *Jahrbuch, 2002/2003*. Essen: Kulturwissenschaftliches Institut, p. 262-270.

_____. "Heilung von Auschwitz". *Universitas*, vol. 56, n. 665, 2001, p. 1.100-1.114.

MÜLLER, H. *Das Zusammenleben der Kulturen* – Ein Gegenentwurf zu Huntington. Frankfurt am Main: Fischer-Taschenbuch, 1998.

MÜLLER, K.E. "Sein ohne Zeit". In: RÜSEN, J. (org.). *Zeit deuten* – Perspektiven - Epochen - Paradigmen. Bielefeld: Transcript, 2003, p. 82-110.

_____. "Ethnicity, Ethnozentrismus und Essentialismus". In: ESSBACH, W. (org.). *Wir - Ihr – Sie* – Identität und Alterität in Theorie und Methode. Würzburg: Ergon, 2000, p. 317-343.

_____. *Die fünfte Dimension* – Soziale Raum-, Zeit- und Geschichtsverständnis in primordialen Kulturen. Göttingen: Wallstein, 1999.

_____. *Der Krüppel* – Ethnologia passionis humanae. Munique: Beck, 1996.

MUSCHG, A. *Was ist europäisch?* – Reden für einen gastlichen Erdteil. Munique: Beck, 2005.

MYSTIFIZINSKY, DEUTOBOLD SYMBOLIZETTI ALLEGORIOWITSCH [Vischer, Friedrich Theodor]. *Faust* – Der Tragödie Dritter Theil, treu im Geiste des zweiten Theils des Goetheschen Faust. 6. ed. Tübingen: Laupp, 1907.

NEUMANN, E. *Ursprungsgeschichte des Bewusstseins*. Frankfurt am Main: Fischer Taschenbuchverlag, 1986.

NIETHAMMER, L. *Kollektive Identität* – Heimliche Quellen einer unheimlichen Konjunktur. Reinbek bei Hamburg: Rowohlt, 2000.

_____. *Posthistoire* – Ist die Geschichte zu Ende? Reinbek bei Hamburg: Rowohlt, 1989.

_____. "Fragen - Antworten - Fragen – Methodische Erfahrungen und Erwägungen zur Oral History". In: NIETHAMMER, L. & VON PLATO, A. (orgs.). *Lebensgeschichte und Sozialkultur im Ruhrgebiet 1930-1960* – Vol. 3: "Wir kriegen jetzt andere Zeiten" – Auf der Suche nach der Erfahrung des Volkes in nachfaschistischen Ländern. Bonn/Berlim: Dietz, 1984, p. 392-445.

NIETHAMMER, L. & PAETROW, S. (orgs.). *Philosophische Fakultät Historisches Institut*: Droysen-Vorlesungen, 19. November 2001 bis 6. Februar 2003. Jena: Friedrich Schiller Universität, 2005.

NIETHAMMER, L. et al. (orgs.). *"Die Menschen machen ihre Geschichte nicht aus freien Stücken, aber sie machen sie selbst"* – Einladung zu einer Geschichte des Volkes in NRW. Berlim: Dietz, 1988.

NIETZSCHE, F. "Vom Nutzen und Nachteil der Historie für das Leben (Unzeitgemässe Betrachtungen, zweites Stück)". *Sämtliche Werke* – Kritische Studienausgabe in 15 Einzelbänden. Vol. 1. Munique, 1988, p. 243-334.

NORA, P. *Zwischen Geschichte und Gedächtnis*. Berlim: Wagenbach, 1990.

NORA, P. (org.). *Les lieux de memoire*. 3 vols. Paris: Gallimard, 1984-1992.

NOWOTNY, H. *Unersättliche Neugier* – Innovation in einer fragilen Zukunft. Berlim: Kulturverlag Kadmos, 2005 [Kulturwissenschaftliche Interventionen, vol. 5].

OEHLER, K. "Glanz und Elend der öffentlichen Erinnerung – Die Rhetorik des Historischen in Richard von Weizsäckers Rede zum 8. Mai und Philipp Jenningers Rede zum 9. November". FRÖHLICH, K. et al. (orgs.). *Geschichtskultur*. Pfaffenweiler: Centaurus, 1992.

_____. *Geschichte in der politischen Rhetorik* – Historische Argumentationsmuster im Parlament der Bundesrepublik Deutschland. Hagen: Rottmann, 1989.

OEXLE, O.-G. "Einmal Göttingen – Bielefeld einfach: auch eine Geschichte der deutschen Geschichtswissenschaft". *Rechtshistorisches Journal*, vol. 11, 1992, p. 185-213.

OEXLE, O.-G. & RÜSEN, J. (orgs.). *Historismus in den Kulturwissenschaften* – Geschichtskonzepte, historische Einschätzungen, Grundlagenprobleme. Colônia: Böhlau, 1996.

OHLIG, K.-H. *Religion in der Geschichte der Menschheit* – Die Entwicklung des religiösen Bewusstseins. Darmstadt: Wissenschaftliche Buchgesellschaft, 2002.

OLABARRI, I. "'New' history: a longue durée structure". *History and Theory*, vol. 34, 1995, p. 1-29.

ONG, W.J. *Orality and Literacy*. Londres: Methuen, 1982.

OSTERHAMMEL, J. *Geschichtswissenschaft jenseits des Nationalstaats* – Studien zu Beziehungsgeschichte und Zivilisationsvergleich. Göttingen: Vandenhoek & Ruprecht, 2001.

_____. "Sozialgeschichte im Zivilisationsvergleich – Zu künftigen Möglichkeiten komparativer Geschichtswissenschaft". *Geschichte und Gesellschaft*, vol. 22, 1996, p. 143-164.

PEIRES, J.B. *The Dead Will Arise* – Nonqawuse and die Great Xhosa Cattle-Killing Movement of 1856-7. Joanesburgo: Ravan Press, 1989.

PLATT, K. & DABAG, M. (orgs.). *Generation und Gedächtnis –* Erinnerungen und kollektive Identitäten. Opladen: Leske/Budrich, 1995.

POHL, D. "Die Holocaust-Forschung und Goldhagens Thesen". *Vierteljahrshefte für Zeitgeschichte*, vol. 45, 1997, p. 1-48.

POK, A.; RÜSEN, J. & SCHERRER, J. (orgs.). *European History*: Challenge for a Common Future. Hamburgo: Körber-Stiftung, 2002 [Eustory Serie, Shaping European History, vol. 3].

POMIAN, K. *Der Ursprung des Museums –* Vom Sammeln. Berlim: Wagenbach, 1993.

PORTMANN, A. "Die Zeit im Leben der Organismen". *Biologie und Geist*. Friburgo: Herder, 1963, p. 123-141.

PRANTL, H. (org.). *Wehrmachtsverbrechen –* Eine deutsche Kontroverse. Hamburgo: Campe, 1997.

PUVOGEL, U. et al. *Gedenkstätten für die Opfer des Nationalsozialismus –* Eine Dokumentation (Bundeszentrale für politische Bildung). 2 vols. Bonn, 1995, 1997.

RANKE, L. *Vorlesungseinleitungen*. Munique: Oldenbourg, 1975 [Aus Werk und Nachlass, vol. IV] [org. por DOTTERWEICH, V. & FUCHS, W.P.].

_____. *Über die Epochen der neueren Geschichte*. Munique: Oldenbourg, 1971 [Aus Werk und Nachlass, vol. II] [org. por SCHIEDER, T. & BERDING, H.).

_____. *Geschichten der romanischen und germanischen Völker von 1494-1514*. Leipzig, 1855 [Sämtliche Werke, vol. 33].

RAULFF, U. *Der unsichtbare Augenblick –* Zeitkonzepte in der Geschichte. 2. ed. Göttingen: Wallstein, 2000.

REICHEL, P. *Vergangenheitsbewältigung in Deutschland*. Munique: Beck, 2001.

_____. *Politik mit der Erinnerung* – Gedächtnisorte im Streit um die nationalsozialistische Vergangenheit. Munique: Hanser, 1995.

REINMUTH, E. *Hermeneutik des Neuen Testaments* – Eine Einführung in die Lektüre des Neuen Testaments. Göttingen: Vandenhoeck & Ruprecht, 2002.

RENN, J.; STRAUB, J. & SHIMADA, S. (orgs.). *Übersetzung als Medium des Kulturverstehens und sozialer Integration*. Frankfurt am Main: Campus, 2002.

RICOEUR, P. *Gedächtnis, Geschichte, Vergessen*. Munique: Fink, 2004.

_____. *Das Rätsel der Vergangenheit* – Erinnern - Vergessen - Verzeihen. Göttingen: Wallstein, 1998 [Essener Kulturwissenschaftliche Vorträge, vol. 2].

_____. *Zeit und Erzählung*. Vols. 1-3. Munique: Fink, 1988-1991.

RIGNEY, A. *Imperfect Histories* – The illusive past and the legacy of romantic historicism. Ithaca: Cornell UP, 2001.

_____. "Semantic slides: History and the Concept of Fiction". In: TORSTENDAHL, R. & VEIT-BRAUSE, I. (orgs.). *History--making* – The Intellectual and Social Formation of a Discipline: Proceedings of an International Conference. Uppsala, September 1994. Stockholm, 1996, p. 31-46.

_____. *The Rhetoric of Historical Representation* – Three narrative Histories of the French Revolution. Cambridge: Cambridge University Press, 1990.

ROHBECK, J. *Technik - Kultur - Geschichte* – Eine Rehabilitierung der Geschichtsphilosophie. Frankfurt am Main: Suhrkamp, 2000.

RÜSEN, J. "A Comment on Professor Chun-chieh Huang's 'Salient Features of Chinese Historical Thinking'". *Medieval History Journal*, vol. 8, n. 2, 2004, p. 267-327.

_____. "Culture: Universalism, Relativism or What Else?" *Journal of the Interdisciplinary Discourse*, vol. 1, n. 1, abr./2004, p. 1-8.

_____. "How to Overcome Ethnocentrism: Approaches to a Culture of Recognition by History in the 21st Century". *Taiwan Journal of East Asian Studies*, vol. 1, n. 1, jun./2004, p. 59-74. Tb. vol. 43, 2004, p. 118-129.

_____. "Was heisst und zu welchem Ende studiert man Kulturwissenschaften?" In: KÜHNE-BERTRAM, G.; LESSING, H.-U.; STEENBLOCK, V. (orgs.). *Kultur verstehen* – Zur Geschichte und Theorie der Geisteswissenschaften – Festschrift für Günther Scholtz. Würzburg: Könighausen /Neumann, 2003, p. 119-128.

_____. "Comparing Cultures in Intercultural Communication". In: FUCHS, E. & STUCHTEY, B. (orgs.). *Across Cultural Borders* – Historiography in Global Perspective. Lanham (Maryland): Rowman/Littlefield, 2002.

_____. "Die Ordnung der Geschichte – Moderne, Postmoderne und Erinnerung". *Geschichte im Kulturprozess*. Colônia: Böhlau, 2002, p. 125-156.

_____. "Disziplinäre Matrix". In: JORDAN, S. (org.). *Lexikon Geschichtswissenschaft* – Hundert Grundbegriffe. Stuttgart: Reclam, 2002, p. 61-64.

_____. *Geschichte im Kulturprozess*. Colônia: Böhlau, 2002.

_____. "Historische Methode und religiöser Sinn – Dialektische Bewegungen in der Neuzeit". *Geschichte im Kulturprozess*. Colônia: Böhlau, 2002, p. 9-42.

_____. "Interkulturell kommunizieren – die Herausforderungen des Ethnozentrismus und die Antwort der Kulturwissenschaften". *Geschichte im Kulturprozess*. Colônia: Böhlau, 2002, p. 207-230.

_____. *Kann Gestern besser werden?* – Essays zum Bedenken der Geschichte. Berlim: Kulturverlag Kadmos, 2002 [Kulturwissenschaftliche Interventionen, vol. 2].

_____. "Geschichte als Sinnproblem". *Zerbrechende Zeit* – Über den Sinn der Geschichte. Colônia: Böhlau, 2001, p. 7-42.

_____. "Die Zukunft der Vergangenheit". *Zerbrechende Zeit* – Über den Sinn der Geschichte. Colônia: Böhlau, 2001, p. 131-141 [tb. em JORDAN, S. (org.). *Zukunft der Geschichte* – Historisches Denken an der Schwelle zum 21. Jahrhundert. Berlim, 1999].

_____. *Zerbrechende Zeit* – Über den Sinn der Geschichte. Colônia: Böhlau, 2001.

_____. "Goldhagens Irrtümer". *Zerbrechende Zeit* – Über den Sinn der Geschichte. Colônia: Böhlau, 2001, p. 263-278.

_____. "Historisch trauern – Skizze einer Zumutung". *Zerbrechende Zeit* – Über den Sinn der Geschichte. Colônia: Böhlau, 2001, p. 301-324.

_____. "Historisches Erzählen". *Zerbrechende Zeit* – Über den Sinn der Geschichte. Colônia: Böhlau, 2001, p. 43-105.

_____. "Krise, Trauma, Identität". *Zerbrechende Zeit* – Über den Sinn der Geschichte. Colônia: Böhlau, 2001, p. 145-179.

_____. "Holocaust-Erinnerung und deutsche Identität". *Zerbrechende Zeit* – Über den Sinn der Geschichte. Colônia: Böhlau, 2001, p. 279-299.

_____. "Für eine interkulturelle Kommunikation in der Geschichte – Die Herausforderungen des Ethnozentrismus in der Moderne und die Antwort der Kulturwissenschaften". In: RÜSEN, J.; GOTTLOB, M. & MITTAG, A. (orgs.). *Die Vielfalt der Kulturen*. Frankfurt am Main: Suhrkamp, 1998, p. 12-36 [Erinnerung, Geschichte, Identität, vol. 4].

_____. "Geschichtskultur". *Geschichte in Wissenschaft und Unterricht*, vol. 46, 1995, p. 513-521.

_____. "'Das Gute bleibt – wie schön!' – Historische Deutungsmuster im Anfangsunterricht". In: RÜSEN, J. *Historisches Lernen* – Grundlagen und Paradigmen. Colônia: Böhlau, 1994, p. 141-155.

_____. "Die Individualisierung des Allgemeinen – Theorieprobleme einer vergleichenden Universalgeschichte der Menschenrechte". *Historische Orientierung* – Über die Arbeit des Geschichtsbewusstseins, sich in der Zeit zurechtzufinden. Colônia: Böhlau, 1994, p. 168-187.

_____. "Was ist Geschichtsbewusstsein? – Theoretische Überlegungen und heuristische Hinweise". *Historische Orientierung* – Über die Arbeit des Geschichtsbewusstseins, sich in der Zeit zurechtzufinden. Colônia: Böhlau, 1994, p. 3-24.

_____. *Historische Orientierung* – Über die Arbeit des Geschichtsbewusstseins, sich in der Zeit zurechtzufinden. Colônia: Böhlau, 1994.

_____. *Historisches Lernen* – Grundlagen und Paradigmen. Colônia: Böhlau, 1994.

_____. "Bemerkungen zu Droysens Typologie der Geschichtsschreibung". *Konfigurationen des Historismus* – Studien zur deutschen Wissenschaftskultur. Frankfurt am Main: Suhrkamp, 1993, p. 267-275.

_____. *Konfigurationen des Historismus* – Studien zur deutschen Wissenschaftskultur. Frankfurt am Main: Suhrkamp, 1993.

_____. "Die vier Typen des historischen Erzählens". *Zeit und Sinn* – Strategien historischen Denkens. Frankfurt am Main: Fischer Taschenbuch, 1990, p. 153-230.

_____. *Zeit und Sinn* – Strategien historischen Denkens. Frankfurt am Main: Fischer Taschenbuch, 1990.

_____. "Rekonstruktion der Vergangenheit". *Grundzüge einer Historik II*: Die Prinzipien der historischen Forschung. Göttingen: Vandenhoeck & Ruprecht, 1986.

_____. "Historische Vernunft". *Grundzüge einer Historik I:* Die Grundlagen der Geschichtswissenschaft. Göttingen: Vandenhoeck & Ruprecht, 1983.

RÜSEN, J. (org.). *Zeit deuten* – Perspektiven - Epochen - Paradigmen. Bielefeld: Transcript, 2003

_____. *Geschichtsbewusstsein* – Psychologische Grundlagen, Entwicklungskonzepte, empirische Befunde. Colônia: Böhlau, 2001 [Beiträge zur Geschichtskultur, vol. 21].

_____. *Westliches Geschichtsdenken* – Eine interkulturelle Debatte. Göttingen: Vandenhoeck & Ruprecht, 1999.

RÜSEN, J.; FEHR, M. & RAMSBROCK, A. (orgs.). *Die Unruhe der Kultur* – Potentiale des Utopischen. Weilerswist: Velbrück Wissenschaft, 2004.

RÜSEN, J. & STRAUB, J. (orgs.). *Die dunkle Spur der Vergangenheit* – Psychoanalytische Zugänge zum Geschichtsbewusstsein. Frankfurt am Main: Suhrkamp, 1998 [Erinnerung, Geschichte, Identität, vol. 2].

RÜSEN, J. et al. (orgs.). *Geschichte sehen* – Beiträge zur Ästhetik historischer Museen. Pfaffenweiler: Centaurus, 1988.

RUSTEMEYER, D. "Zeit und Zeichen". In: RÜSEN, J. (org.). *Zeit deuten* – Perspektiven - Epochen - Paradigmen. Bielefeld: Transcript, 2003, p. 54-81.

_____. *Sinnformen* – Konstellationen von Sinn, Subjekt, Zeit und Moral. Hamburgo: Meiner, 2001.

SAAGE, R. *Das Ende der politischen Utopie*. Frankfurt am Main: Suhrkamp, 1990.

SACKS, J. *The Dignitiy of Difference* – How to Avoid the Clash of Civilizations. Londres: Continuum, 2002.

SANDBOTHE, M. "Die Verzeitlichung der Zeit in der modernen Philosophie". In: GIMMLER, A.; SANDBOTHE, M. & ZIMMERLI, W.C.H. (orgs.). *Die Wiederentdeckung der Zeit* – Reflexionen - Analysen - Konzepte. Darmstadt: Primus, 1997, p. 41-62.

SANDEL, M.J. *Democracy's Discontent* – America in Search of a Public Philosophy. Cambridge, Mass.: Harvard University, 1996.

SCHÄFER, B. "Zeit in soziologischer Perspektive". In: EHLERT, T. (org.). *Zeitkonzeptionen, Zeiterfahrung, Zeitmes-*

sung – Studien ihres Wandels vom Mittelalter bis zur Moderne. Paderborn: Schöningh, 1997, p. 142-154.

SCHLEIER, H. *Historisches Denken in der Krise der Kultur* – Fachhistorie, Kulturgeschichte und Anfänge der Kulturwissenschaften in Deutschland. Göttingen: Wallstein, 2000 [Essener kulturwissenschaftliche Vorträge, vol. 7].

SCHLÖZER, A.L. "Vorstellung einer Universalhistorie (1772/73)". In: BLANKE, H.W. (org.). *Mit Beilagen*. Hagen: Margit Rottmann Medienverlag, 1990 [Beiträge zur Geschichtskultur, vol. 4].

_____. *Vorstellung einer Universalhistorie*. Vol. 1. 2. ed. Göttingen, 1775.

SCHLUMBOHM, J. (org.). *Mikrogeschichte - Makrogeschichte*: komplementär oder inkommensurabel? Göttingen: Wallstein, 1998.

SCHMIDT-GLINTZER, H. (org.). *Aufklärung im 21. Jahrhundert*. Vorträge/Wiesbaden: Harrassowitz, 2004 [Wolfenbütteler Hefte, vol. 18].

SCHNEIDER, M. "Die Goldhagen-Debatte – Ein Historikerstreit in der Mediengesellschaft". *Archiv für Sozialgeschichte*, vol. 37, 1997, p. 460-548.

SCHNEIDER, C.; STILLKE, C.; LEINEWEBER, B. *Das Erbe der Napola* – Versuch einer Generationengeschichte des Nationalsozialismus. Hamburgo: Hamburger Edition, 1966.

SCHOEPS, J. (org.). *Ein Volk von Mördern?* – Die Dokumentation zur Goldhagen-Kontroverse um die Rolle der Deutschen im Holocaust. Hamburgo: Hoffmann & Campe, 1996.

SCHOLEM, G. *Sabbatai Sevi*: The Mystical Messiah. Princeton, 1973.

SCHULZE, W. (org.). *Sozialgeschichte, Alltagsgeschichte, Mikro--Historie.* Göttingen: Vandenhoeck & Ruprecht, 1994.

SCHWAN, G. *Politik und Schuld* – Die zerstörerische Macht des Schweigens. Frankfurt am Main: Fischer Taschenbuch, 1997.

SEIDENSTICKER, M. *Geschichte in der Werbung* – Der *Spiegel* und die *Neue Illustrierte Revue*, 1947 bis 1987. Colônia: Böhlau, 1995.

SLOTERDIJK, P. *Regeln für den Menschenpark* – Ein Antwortschreiben zu Heideggers Brief über den Humanismus. Frankfurt am Main: Suhrkamp, 1999.

STEENBLOCK, V. *Theorie der kulturellen Bildung* – Zur Philosophie und Didaktik der Geisteswissenschaften. Munique: Fink, 1999.

STEINER, U.C. "Können die Kulturwissenschaften eine neue moralische Funktion beanspruchen?" *Deutsche Vierteljahrsschrift für Literaturwissenschaft und Geistesgeschichte,* vol. 71, 1997, p. 5-38.

STRAUB, J. *Verstehen, Kritik, Anerkennung* – Das Eigene und das Fremde in der Erkenntnisbildung interpretativer Wissenschaften. Göttingen: Wallstein, 1999 [Essener kulturwissenschaftliche Vorträge, vol. 4].

STÜCKRATH, J. "'Der Sinn der Geschichte' – Eine moderne Wortverbindung und Vorstellung?" In: MÜLLER, K.E. & RÜSEN, J. (orgs.). *Historische Sinnbildung* – Problemstellungen, Zeitkonzepte, Wahrnehmungshorizonte, Darstellungsstrategien. Reinbek bei Hamburg: Rowohlt, 1997, p. 48-78.

TACKE, C. *Denkmal im sozialen Raum* – Nationale Symbole in Deutschland und Frankreich im 19. Jahrhundert. Göttingen: Vandenhoeck & Ruprecht, 1995.

TILLICH, P. "Writings in the Philosophy of Religion". In: CLAYTON, J. (org.). *Religionsphilosophische Schriften*. Darmstadt: Wissenschaftliche Buchgesellschaft, 1987.

TOMASELLO, M. *Die kulturelle Entwicklung des menschlichen Denkens* – Zur Evolution der Kognition. Frankfurt am Main: Suhrkamp, 2002.

VÖGELE, W. *Menschenwürde zwischen Recht und Theologie* – Begründungen von Menschenrechten in der Perspektive öffentlicher Theologie. Gütersloh: Kaiser, 2000.

WAGNER, I. "Geschichtsschreibung und Psychoanalyse – Zur Frage der Positionalität in der Goldhagen-Debatte". In: BLANKE, H.-W.; JAEGER, F. & SANDKÜHLER, T. (orgs.). *Dimensionen der Historik* – Geschichtstheorie, Wissenschaftsgeschichte und Geschichtskultur heute. Colônia: Böhlau, 1998 , p. 415-425 [Jörn Rüsen zum 60. Geburtstag].

WALDENFELS, B. *Verfremdung der Moderne* – Phänomenologische Grenzgänge. Göttingen: Wallstein, 2001 [Essener Kulturwissenschaftlichen Vorträge, vol. 10].

_____. *Der Stachel des Fremden*. Frankfurt am Main: Suhrkamp, 1990.

WEBER, M. *Wissenschaft als Beruf*. Tübingen: Mohr/Siebeck, 1994 [Studienausgabe der Max-Weber-Gesamtausgabe, vol. I/17].

_____. "Politik als Beruf". In: WINCKELMANN, J. (org.). *Gesammelte politische Schriften*. 3. ed. Tübingen: Mohr/Siebeck, 1971.

_____. "Die 'Objektivität' sozialwissenschaftlicher und sozialpolitischer Erkenntnis". In: WINCKELMANN, J (org.). *Gesammelte Aufsätze zur Wissenschaftslehre*. 3. ed. Tübingen: Mohr/ Siebeck, 1968 [6. ed., 1985, p. 146-214].

_____. *Gesammelte Aufsätze zur Religionssoziologie.* Vol. 1. Tübingen: Mohr/Siebeck, 1922.

WEHLER, H.-U. *Historisches Denken am Ende des 20. Jahrhunderts, 1945-2000.* Göttingen: Wallstein, 2001 [Essener kulturwissenschaftliche Vorträge, vol. 11].

_____. *Die Herausforderung der Kulturgeschichte.* Munique: Beck, 1998.

_____ *Deutsche Gesellschaftsgeschichte.* 4 vols. Munique: Beck [vols. 1 e 2, 1987; vol. 3, 1995; vol. 4, 2003].

WEIGELIN-SCHWIEDRZIK, S. "Der erste Kaiser von China und das Problem des Rezitivs in der Historiographie der VR China". *Heidelberger Jahrbücher,* vol. 40, 1996, p. 120-146.

_____. "Der Erste Kaiser und Mao Zedong – Bemerkungen zu Politik und Geschichtsschreibung in der Volksrepublik am Beispiel der siebziger Jahre". In: LEDDEROSE, L. (org.). *Jenseits der Grossen Mauer* – Der Erste Kaiser von China und seine Terrakotta-Armee [catálogo da exposição]. Gütersloh: Bertelsmann Lexikon Verlag, 1990, p. 98-106.

WELSKOPP, T. "Die Sozialgeschichte der Väter – Grenzen und Perspektiven der Historischen Sozialwissenschaft". *Geschichte und Gesellschaft,* vol. 24, 1998, p. 173-198.

WHITE, H. "Literaturtheorie und Geschichtsschreibung". In: NAGL-DOCEKAL, H. (org.). *Der Sinn des Historischen* – Geschichtsphilosophische Debatten. Frankfurt am Main: Fischer-Taschenbuch, 1996, p. 67-106.

_____. *Metahistory* – Die historische Einbildungskraft im 19. Jahrhundert in Europa. Frankfurt am Main: Fischer-Taschenbuch, 1991.

_____. *Die Bedeutung der Form* – Erzählstrukturen in der Geschichtsschreibung. Frankfurt am Main: Fischer, 1990.

_____. *Auch Klio dichtet oder Die Fiktion des Faktischen* – Studien zur Tropologie des historischen Diskurses. Stuttgart: Klett-Cotta, 1986 [Sprache und Geschichte, vol. 10].

_____. "Droysen's Historik". *History and Theory*, vol. 19, 1980, p. 73-93.

_____. "The Historical Text as Literary Artefact". In: CANARY, R.H. & KOZICKY, H. (orgs.). *The Writing of History* – Literary Form and Historical Understanding. Madison: University of Wisconsin Press, 1978, p. 41-62.

_____. *Metahistory* – The Historical Imagination in Nineteenth Century Europe. Baltimore: Johns Hopkins University Press, 1973.

WIERLING, D. "Oral History". In: BERGMANN, K. et al. (orgs.). *Handbuch der Geschichtsdidaktik*. 5. ed. Seelze-Velber: Kallmeyer, 1997, p. 236-239.

WIMMER, A. "Die Pragmatik der kulturellen Produktion – Anmerkungen zur Ethnozentrismusproblematik aus ethnologischer Sicht". In: BROCKER, M. & NAU, H.-H. (orgs.). *Ethnozentrismus* – Möglichkeiten und Grenzen des interkulturellen Dialogs. Darmstadt: Wissenschaftliche Buchgesellschaft, 1997, p. 120-140.

WINKLER, H.A. *Der lange Weg nach Westen* – Vol. 1: Deutsche Geschichte vom Ende des Alten Reiches bis zum Untergang der Weimarer Republik; Vol. 2: Deutsche Geschichte vom "Dritten Reich" bis zur Wiedervereinigung. 3. ed. Munique: Beck, 2001.

WINTER, J. "The Generation of Memory: Reflexions on the 'Memory Boom' in Contemporary Historical Studies". *Bulletin of the German Historical Institute*, vol. 27, outono/2000, p. 69-92.

WINTER, M. *Ende eines Traums* – Blick zurück auf das utopische Zeitalter Europas. Stuttgart: Metzler, 1993.

WOLFRUM, E. *Geschichtspolitik in der Bundesrepublik Deutschland* – Der Weg zur bundesrepublikanischen Erinnerung 1948-1990. Darmstadt: Wissenschaftliche Buchgesellschaft, 1999.

ZUCKERMANN, M. *Gedenken und Kulturindustrie* – Ein Essay zur neuen deutschen Normalität. Berlim: Philo, 1999.

_____. *Zweierlei Holocaust* – Der Holocaust in den politischen Kulturen Israels und Deutschlands. Göttingen: Wallstein, 1998.

Textos Filosóficos

O SER
E O NADA

Ensaio de Ontologia
Fenomenológica

Jean-Paul Sartre

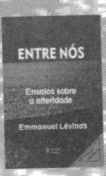

ENTRE NÓS

Ensaios sobre
a alteridade

Emmanuel Lévinas

SEIS ESTUDOS
SOBRE
"SER E TEMPO"

Ernildo Stein

QUE É ISTO -
A FILOSOFIA?

IDENTIDADE E
DIFERENÇA

Martin Heidegger

PROPEDÊUTICA
LÓGICO-SEMÂNTICA

Ernst Tugendhat
Ursula Wolf

O
PRINCÍPIO
VIDA

Fundamentos para
uma biologia filosófica

Hans Jonas

IMMANUEL KANT

Textos Seletos

ELOGIO DA
RAZÃO SENSÍVEL

Michel Maffesoli

SOBRE A
POTENCIALIDADE
DA ALMA

De quantitate animae

Santo Agostinho

O ACASO E A
NECESSIDADE

Jacques Monod

NO FUNDO DAS
APARÊNCIAS

Michel Maffesoli

HUMANISMO
DO OUTRO
HOMEM

Emmanuel Lévinas

O ENTE
E A
ESSÊNCIA

Tomás de Aquino

ENSAIOS DE
FRANCIS BACON

Francis Bacon

ASSIM FALAVA
ZARATUSTRA

Um livro para todos
e para ninguém

Friedrich Nietzsche

A ESSÊNCIA
DO
CRISTIANISMO

Ludwig Feuerbach

METAFÍSICA DE
ARISTÓTELES Θ 1-3

Sobre a essência
e a realidade da força

Martin Heidegger

O CARÁTER
OCULTO DA SAÚDE

Hans-Georg Gadamer

HERMENÊUTICA
EM
RETROSPECTIVA

Hans-Georg Gadamer

AURORA

Reflexões sobre os
preconceitos morais

Friedrich Nietzsche

OPOSICIONALIDADE

Deslocamento hermenêutico
a a filosofia

Günter Figal

MIGALHAS
FILOSÓFICAS

ou um bocadinho de
filosofia de João Clímacus

Sören Kierkegaard

SOBRE A
REPRODUÇÃO

Louis Althusser

CULTURAL

Administração
Antropologia
Biografias
Comunicação
Dinâmicas e Jogos
Ecologia e Meio Ambiente
Educação e Pedagogia
Filosofia
História
Letras e Literatura
Obras de referência
Política
Psicologia
Saúde e Nutrição
Serviço Social e Trabalho
Sociologia

CATEQUÉTICO PASTORAL

Catequese
 Geral
 Crisma
 Primeira Eucaristia

Pastoral
 Geral
 Sacramental
 Familiar
 Social
 Ensino Religioso Escolar

TEOLÓGICO ESPIRITUAL

Biografias
Devocionários
Espiritualidade e Mística
Espiritualidade Mariana
Franciscanismo
Autoconhecimento
Liturgia
Obras de referência
Sagrada Escritura e Livros Apócrifos

Teologia
 Bíblica
 Histórica
 Prática
 Sistemática

VOZES NOBILIS

Uma linha editorial especial, com
importantes autores, alto valor
agregado e qualidade superior.

REVISTAS

Concilium
Estudos Bíblicos
Grande Sinal
REB (Revista Eclesiástica Brasileira)
SEDOC (Serviço de Documentação)

VOZES DE BOLSO

Obras clássicas de Ciências Humanas
em formato de bolso.

PRODUTOS SAZONAIS

Folhinha do Sagrado Coração de Jesus
Calendário de Mesa do Sagrado Coração de Jesus
Agenda do Sagrado Coração de Jesus
Almanaque Santo Antônio
Agendinha
Diário Vozes
Meditações para o dia a dia
Guia Litúrgico

CADASTRE-SE

www.vozes.com.br

EDITORA VOZES LTDA.
Rua Frei Luís, 100 – Centro – Cep 25689-900 – Petrópolis, RJ
Tel.: (24) 2233-9000 – Fax: (24) 2231-4676 – E-mail: vendas@vozes.com.br

UNIDADES NO BRASIL: Belo Horizonte, MG – Brasília, DF – Campinas, SP – Cuiabá, MT
Curitiba, PR – Florianópolis, SC – Fortaleza, CE – Goiânia, GO – Juiz de Fora, MG
Manaus, AM – Petrópolis, RJ – Porto Alegre, RS – Recife, PE – Rio de Janeiro, RJ
Salvador, BA – São Paulo, SP